Eugène Snosko-Borowsky

Eröffnungsfallen am Schachbrett

Joachim Beyer Verlag

Die erste Auflage erschien 1939 unter dem Titel
„E. Snosko-Borowsky, Eröffnungsfallen am Schachbrett„
nach der englischen Ausgabe, bearbeitet von A. Becker

ISBN 978-3-95920-123-0

18. Auflage 2020

Ein Imprint des Schachverlag Ullrich, Zur Wallfahrtskirche 5, 97483 Eltmann

Herausgeber: Robert Ullrich

Inhaltsverzeichnis

I. Grundgedanken einiger Fallen

Das schnellste Matt auf dem Schachbrett ist allgemein bekannt: **1. g4? e5 2. f3?? ♕h4 matt.** Diese Züge, über die der schwächste Anfänger nur lächelt, kann man schwerlich eine Falle nennen. Es ist einfach Selbstmord, der Spieler stürzt in eine Grube, die er nicht seinem Gegner, sondern sich selbst gegraben hat. Bei Problemen nennt man dergleichen „Hilfsmatt", und Problemfreunde finden daran Gefallen. Aber sie sind Dichter, die Problemkunst ist die Poesie des Schachspiels. Wir praktischen Spieler sind realistischer und freuen uns keineswegs über den Anblick eines Schachfreundes, der seinen eigenen Untergang vorbereitet, sein eigenes Grab gräbt. Für uns soll es immer Kampf geben: der eine Spieler strebt einem bestimmten Ziel zu, sein Gegner ist mit allen Kräften bemüht, ihn an der Erreichung dieses Zieles zu hindern.

Trotzdem lässt sich aus diesen unsinnigen Zügen etwas lernen. In ihnen taucht ein Gedanke auf, welcher vielen wunderschönen Kombinationen und Fallen zugrunde liegt, die wir in zahlreichen Abarten und sehr vielen Eröffnungen antreffen werden. Es ist das Damenschach auf h4 bzw. durch Weiß auf h5, wenn der feindliche f-Bauer nicht mehr auf seinem Ausgangsfeld steht. Ist dieser Bauer weg, so ist sein König oft durch Drohungen in der Schrägen e1-h4 (bzw. e8-h5) gefährdet.

Ein gutes Beispiel dieser Gefahr ist aus einer netten Partie des Jahres 1932 zu ersehen (Caro-Kann-Verteidigung): **1. e4 c6 2. d4 ♘f6 3. ♗d3 d5 4. e5 ♘fd7 5. e6! fe6:?? 6. ♕h5+ g6 7. ♕g6:+ hg6: 8. ♗g6: matt.**

Verwickelter ist das Beispiel, das durch eine Partie aus der Stadtmeisterschaft von Paris 1931 geboten wird und ein altes Spiel von Greco getreu wiederholt (Damenfianchetto): **1. e4 b6 2. d4 ♗b7 3. ♗d3 f5** (um sich, wenn dieser Bauer geschlagen wird, auf g2 und h1 schadlos zu halten) **4. ef5: ♗g2: 5. ♕h5+ g6 6. fg6: ♘f6??** (richtig, wenn auch nach neuen Analysen trotzdem zum Vorteil von Weiß, ist 6. ... ♗g7)

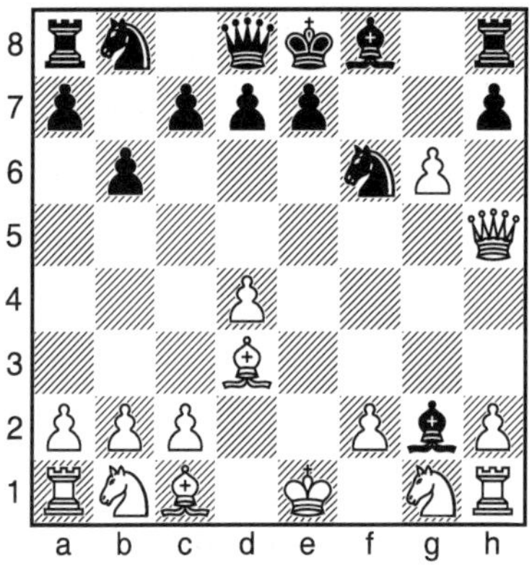

7. gh7:+ ♘h5: 8. ♗g6 matt

Noch ein ausgezeichnetes Beispiel dieses mörderischen Damenschachs liefert eine von F. Lazard in Paris 1922 gewonnene Partie (Damenbauerspiel): **1. d4 d5 2. ♘d2 ♘f6 3. b3 e5 4. de5: ♘g4 5. h3?? ♘e3** und Weiß gab auf. Seine Dame ist verloren, denn auf 6. fe3: folgt ♕h4+ und Matt im nächsten Zug.

In dieser Partie opfert Schwarz den Springer, um der Dame den Weg freizumachen. Er kann andererseits auch die Dame auf h4 opfern, um eine Mattsetzung zu ermöglichen (Abgelehntes Königsgambit): **1. e4 e5 2. f4 ♗c5 3. ♘f3 d6 4. ♘c3 ♘c6 5. f5 ♘f6 6. h3 d5 7. ♘e5:?** (besser ist 7. d3) **7. ... ♘e4: 8. ♘f3? ♕h4+! 9. ♘h4: ♗f2+ 10. ♔e2 ♘d4+ 11. ♔d3 ♘c5 matt.**

Matt ist aber nicht die einzige Absicht, die ein Spieler verfolgen kann, wenn er auf h5 bzw. h4 Schach bietet. Er kann auch mit Materialgewinn zufrieden sein. Nehmen wir z. B. an, dass eine schwarze Figur ungedeckt irgendwo auf der 5. Reihe steht und von h5 aus angegriffen werden kann. Dann gewinnt Weiß diese Figur durch das Damenschach auf h5, wie z. B. in der folgenden Partie aus einem russischen Meisterturnier 1934 (Französisch): **1. e4 e6 2. d4 d5 3. ♘c3 ♗b4 4. a3 ♗c3:+ 5. bc3: ♘c6 6. ♘f3 de4: 7. ♘g5 ♘ge7 8. ♗c4 ♘a5? 9. ♘f7: ♔f7: 10. ♕h5+** nebst ♕a5:.

Entsprechend dasselbe gilt bei Schwarz für die 4. Reihe und das Damenschach auf h4 (Aljechin-Verteidigung): **1. e4 ♘f6 2. e5 ♘d5 3. c4 ♘b6 4. c5 ♘d5 5. ♘c3 e6 6. ♗c4 ♘c3: 7. dc3: ♘c6 8. f4? ♘e5:! 9. fe5: ♕h4+** nebst ♕c4:.

Ein solcher Materialgewinn kommt verhältnismäßig selten vor; der gewöhnliche Fall ist der Gewinn des Königsturms und dies im allgemeinen die dem Damenschach zugrunde liegende Absicht. Das nächste Beispiel zeigt die einfachste Form einer derartigen Wendung: **1. e4 e5 2. ♘f3 f6?** (eine sehr schwache Verteidigung) **3. ♘e5: fe5:?** (3. ... ♕e7 sollte geschehen, obgleich Schwarz in der Entwicklung zurückgeblieben wäre) **4. ♕h5+ g6 5. ♕e5:+ ♕e7 6. ♕h8:** mit Qualitätsgewinn.

Indessen befindet sich die Dame nach dem Turmgewinn auf h8 bzw. h1 oft in gefährdeter Lage und kann manchmal abgefangen werden. Einen sehr klaren Fall zeigt die folgende Kurzpartie: **1. e4 e5 2. ♘f3 ♗c5 3. ♘e5: ♗f2:+? 4. ♔f2: ♕h4+ 5. g3 ♕e4: 6. ♕e2 ♕h1: 7. ♗g2** und gewinnt. Die Dame ist verloren, wohin immer sie zieht. Der Springer gibt Abzugschach und erobert sie, z. B. 7. ... ♕c1: 8. ♘d3+.

Die Wendungen, die im folgenden Beispiel zum Verlust der Dame führen, sind verwickelter, aber um so lehrreicher, denn man sieht, wie die Dame auf h1 unbeweglich steht und auf lange Zeit außer Spiel ist (Abgelehntes Königsgambit): **1. e4 e5 2. f4 ♗c5 3. ♘f3 ♘c6 4. fe5: ♘e5:? 5. ♘e5: ♕h4+ 6. g3 ♕e4:+ 7. ♕e2 ♕h1: 8. ♘f3+ ♘e7 9. d4 ♗b6 10. ♗e3 d6 11. ♘bd2 ♗g4 12. 0-0-0 0-0 13. ♕f2** und gewinnt. Schwarz kann aber 8. ... ♔d8 9. d4 ♘f6! spielen und fährt gut, wie W. Buhlmann, Düsseldorf, herausgefunden hat. Keres empfiehlt denn auch 8. d4! ♗e7 9. ♘f3 usw.

Daraus ersehen wir, dass es bei einem geplanten Damenschach auf h4 bzw. h5 mit nachfolgendem Turmgewinn nicht genügt, zu erkennen, dass wir den Turm schlagen können. Wir müssen uns auch überzeugen, dass die Dame wieder aus der Ecke herauskommen kann. Ist dies nicht der Fall oder sind wir nicht in der Lage, alle Verwicklungen zu durchschauen, dann lassen wir uns lieber auf diese Unternehmung nicht ein; vielleicht ist sie eine Falle, die uns der Gegner stellt. Wir haben bereits einige Beispiele hierfür gesehen; noch verwickelter sind jene Fälle, in denen der Turmgewinn von einem Springeropfer ♘e5xg6 bzw. ♘e4xg3 abhängt. Dann wird nicht die Dame gefangen, sondern der mit diesen Schachgeboten und Opfer-spielen verknüpfte Zeitverlust gewährt dem Gegner andere Vorteile und in manchen Fällen einen siegreichen Angriff.

So gibt es z. B. in der Wiener Partie eine reizende Falle von Würzburger: **1. e4 e5 2. ♘c3 ♘f6 3. f4 d5 4. fe5: ♘e4: 5. d3 ♕h4+ 6. g3 ♘g3: 7. ♘f3 ♕h5 8. ♘d5: ♘h1:** (auf 8. ... ♔d8 9. ♘f4 ♕g4 führt 10. ♗h3 zu einem hübschen, unerwarteten Damenfang) **9. ♘c7:+ ♔d8 10. ♘a8: ♗g4 11. ♗g2** und der schwarze Springer ist verloren.

Gleiches kann sich in der Spanischen Partie ereignen: **1. e4 e5 2. ♘f3 ♘c6 3. ♗b5 f5 4. ♗c6: dc6: 5. ♘e5: ♕d4 6. ♕h5+? g6 7. ♘g6: ♘f6 8. ♕h4 ♘g4! 9. ♘h8:? ♕e4:+** und gewinnt. Der König muss ausweichen und 10. ... ♘e3+ erobert die weiße Dame.

In einem Abspiel der Siesta-Variante derselben Eröffnung kommt Weiß, nachdem er den Damenausfall nach h5 unternommen hat, zu ewigem Schach, aber nicht mehr: **1. e4 e5 2. ♘f3 ♘c6 3. ♗b5 a6 4. ♗a4 d6 5. c3 f5 6. d4 fe4: 7. ♘e5: de5: 8. ♕h5+ ♔e7 9. ♗g5+ ♘f6 10. ♗c6: bc6: 11. de5: ♕d5 12. ♗h4 ♔e6** (auch nach 12. ... ♔d7 13. ♕g5 ist Remis wahrscheinlich, z. B. 13. ... ♔e6 14. ef6: ♕g5: 15. ♗g5: gf6: 16. ♗e3 mit Ausgleich, Honfi – Ciocaltea 1966/67)

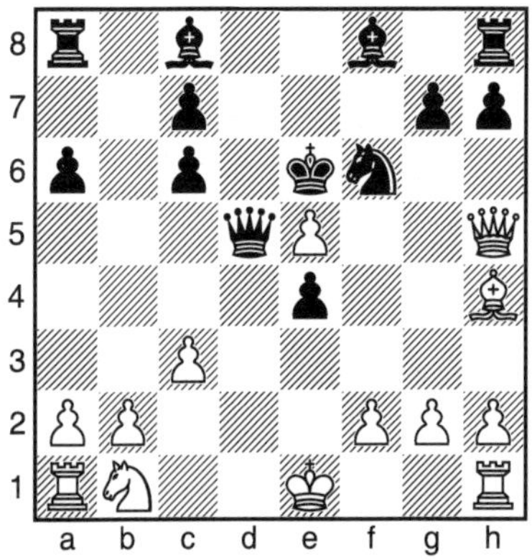

13. ♗f6: gf6: 14. ♕e8+ ♔f5 15. ♕h5+ ♔e6 16. ♕e8+ usw.

Merkwürdigerweise kann sich das gleiche ewige Schach mit vertauschten Farben auch in der Wiener Partie ereignen: **1. e4 e5 2. ♘c3 ♘f6 3. f4 d5 4. d3 ♗b4 5. fe5: ♘e4: 6. de4: ♕h4+ 7. ♔e2 ♗c3: 8. bc3: ♗g4+ 9. ♘f3 de4: 10. ♕d4 ♗h5 11. ♔e3** (hier ist 11. ♔d2 besser und bietet vielleicht kleine Aussichten auf Vorteil) **11. ... ♗f3: 12. gf3: ♕e1+ 13. ♔f4 ♕h4+ usw.**

Die Ursache ist darin zu suchen, dass der Zug ♕h5+ bzw. ♕h4+ unzweifelhaft eine klare Verletzung der Grundregel darstellt, die Dame nicht zu früh in den Kampf zu führen, insbesondere nicht zum Zweck eines Materialgewinns, der nur auf Kosten wertvoller Zeit erreicht wird. Oft wird dann die Dame durch feindliche Figuren angegriffen, die so ohne Zeitverlust entwickelt werden, während sie selbst zum Rückzug gezwungen ist und neuerlich Zeit verlieren muss. Deshalb kann es nützlich sein, den Gegner zu diesem Damenschach zu verleiten, besonders dann, wenn er ein schwacher Spieler ist – Anfänger können selten der Versuchung widerstehen, ein Schach zu geben.

Die Schwierigkeit ist die, dass es nicht immer leicht festzustellen ist, ob die zum Damenschach verführende Kombination gut oder schlecht ist, ob man für den Gegner eine Falle vorbereitet oder für sich selbst. Das französische Sprichwort „Dans le doute, abstiens-toi" (Im Zweifel Hände weg!) ist gerade hier mehr denn irgendwo anders anwendbar.

So fragwürdig sind derartige Damenausflüge, dass man sie in einigen Eröffnungen nicht mit der Absicht eines Damenfangs zulässt, sondern einfach als Verführung, die Dame zu früh ins Gefecht zu bringen. So z. B.

im Steinitz-Gambit **1. e4 e5 2. ♘c3 ♘c6 3. f4 ef4: 4. d4 ♕h4+ 5. ♔e2;** im Läufer-Gambit **1. e4 e5 2. f4 ef4: 3. ♗c4 ♕h4+ 4. ♔f1;** ferner in einer modernen Abart des Königsgambits: **1. e4 e5 2. f4 ef4: 3. ♘c3 ♕h4+ 4. ♔e2.**

Weiter finden sich Fälle, wo die provozierende Absicht so weit geht, dass Opfer an Material angeboten werden, nur damit die Dame bei ihrem verfrühten Ausflug wiederholt Zeit verliert. Als Beispiel betrachtet man es in Vorgabepartien mit Bauer und Zug (Bf7 ist nicht auf dem Brett) als günstig, wenn Schwarz durch Zulassung des Damenschachs noch einen Bauern verliert: **1. e4 c5 2. ♕h5+ g6 3. ♕c5:.** dasselbe gilt für die folgende Partie mit Vorgabe von Bauer und zwei Zügen (wieder ohne Bf7): **1. e4 2. d4 d6 3. ♗d3 ♘c6 4. e5? ♘d4: 5. ♕h5+ g6 6. ♗g6:+ hg6: 7. ♕h8: ♘c2:+ 8. ♔d1 de5:+! 9. ♔c2: ♗f5+ 10. ♔b3 ♕d1+ 11. ♔a3 e6+ 12. b4 ♕c1:+ 13. ♔b3 ♕c2+ 14. ♔a3 a5** und gewinnt. Man beachte die traurige Rolle, die die weiße Dame auf h8 spielt. Ihr König ist von feindlichen Figuren umzingelt und sogar der schwarze Königs-läufer, der gar nicht gezogen hat, beteiligt sich an der Mattsetzung.

Zwei der angeführten Beispiele zeigen das Opfer eines Springers oder Läufers auf f7 bzw. f2. Dieses Feld ist der schwächste Punkt in der Anfangsstellung jeder Partei und diese Schwäche bildet den zweiten Grundgedanken von verschiedenen Fallen. In vergangenen Zeiten erachtete man das Schlagen des feindlichen Bauern auf f7 bzw. f2, des natürlichen Schutzes seines Königs, für so stark, dass es zu einem wichtigen und wesentlichen Faktor in vielen Eröffnungen wurde. Die Spieler trugen keine Bedenken, eine oder sogar zwei Figuren zu opfern, nur um diesen Bauern wegzuräumen, auch dann, wenn kein direkter Gewinn folgte, sondern nur ein starker Angriff. Als Beispiel das Gambit Muzio-Lolli: **1. e4 e5 2. f4 ef4: 3. ♘f3 g5 4. ♗c4 g4 5. ♗f7:+ ♔f7: 6. ♘e5+** (oder sogar **6. 0-0 gf3: 7. ♕f3:,** Wildes Muzio-Gambit). Ähnlich in der modernen Abart des gleichen Gambits: **5. 0-0 d5 6. ♗d5: c6 7. ♗f7:+ ♔f7: 8. ♘e5+** usw. Im Allgaier-Gambit wird der Springer statt des Läufers geopfert: **1. e4 e5 2. f4 ef4: 3. ♘f3 g5 4. h4 g4 5. ♘g5 h6 6. ♘f7:,** und dasselbe geschieht im Gambit Hamppe-Allgaier mit Einschiebung des Zugpaares 2. ♘c3 ♘c6.

In diesen Fällen können wir nicht von einer Falle sprechen, weil die Kombinationen nicht zu einem erzwungenen Gewinn oder auch nur zu einwandfreiem Vorteil führen. Angriff allein ist nicht ausreichend, um ein Opfer als korrekt zu erweisen. Überdies kommt uns das Opfer nicht unerwartet und wir sind bereit, uns gegen den folgenden Angriff zu verteidigen.

Bei anderen Gelegenheiten ist dies aber nicht der Fall, und dann dürfen wir mit Recht das Opfer eine Falle nennen. Die erste und häufigste Falle zur Erläuterung dieses Gedankens findet sich in der Preußischen Partie: **1. e4 e5 2. ♘f3 ♘c6 3. ♗c4 ♘f6 4. ♘g5 d5 5. ed5: ♘d5:?!** (der beste Zug ist 5. ... ♘a5) **6. d4** (auch sofort 6. ♘f7:!? ist möglich) **6. ... ♗b4+** (auf 6. ... ed4: geschieht 7. 0-0) **7. c3 ♗e7 8. ♘f7: ♔f7: 9. ♕f3+ ♔e6 10. ♕e4** und der schwarze König ist in der Brettmitte allen möglichen Gefahren ausgesetzt.

Diese Opferkombination erfordert indessen manchmal eine genaue Untersuchung, ob sie wirklich so zwingend und einwandfrei ist, wie sie aussieht. Nach neueren Beispielen scheint es in obiger Variante z. B. zumindest nicht möglich, einen klaren Gewinn für Weiß nachzuweisen.

Auch in der Spanischen Partie ist es keineswegs klar, dass das Opfer tatsächlich zum Gewinn führt: **1. e4 e5 2. ♘f3 ♘c6 3. ♗b5 a6 4. ♗a4 ♘f6 5. 0-0 b5 6. ♗b3 d6 7. ♘g5 d5 8. ed5: ♘d5:** (besser ist 8. ... ♘d4) **9. ♘f7: ♔f7: 10. ♕f3+ ♔e6 11. ♘c3 ♘ce7** und Schwarz ist besser für die Verteidigung gerüstet, denn er verfügt über die Möglichkeit, ♗b7 und b4 zu spielen.

Einem weiteren Beispiel derselben Kombination begegnen wir im Möller-Angriff der Italienischen Partie: **1. e4 e5 2. ♘f3 ♘c6 3. ♗c4 ♗c5 4. c3 ♘f6 5. d4 ed4: 6. cd4: ♗b4+ 7. ♘c3 ♘e4: 8. 0-0 ♘c3: 9. bc3: ♗e7** (wegen 9. ... ♗c3: siehe Hauptteil) **10. d5 ♘a5 11. d6 cd6:** (falls 11. ... ♘c4:, so 12. de7: ♔e7: 13. ♕e2+ und gewinnt) **12. ♗f7:+ ♔f7: 13. ♕d5+ ♔f8** (oder 13. ... ♔g6 14. g4! bzw. 13. ... ♔e8 14. ♘g5 ♖f8 15. ♘h7:) **14. ♘g5**

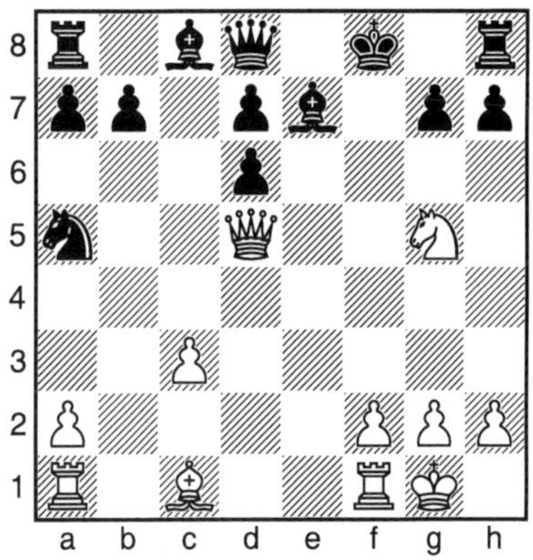

14. ... ♗g5: (auch sofort 14. ... ♕e8 15. ♕a5: ist nicht besser) **15. ♗g5: ♕e8** (wenn 15. ... ♕c7, dann 16. ♕f5+ ♔g8 17. ♖e1 und gewinnt) **16. ♖ae1 (♖fe1) ♕g6 17. ♖e3** und gewinnt. Der Verlust des f-Bauern verdirbt die schwarze Stellung völlig, der König gerät in eine hilflose Lage.

Diese Idee ist mit zwei anderen eng verknüpft. Wir wollen zunächst vom berühmten Matt des Legal sprechen, das hierzulande als Seekadettenmatt bekannt ist. Hierbei ist der wesentliche Punkt nicht ein Opfer auf f7, sondern ein Opfer der Dame als Einleitung zu einem entscheidenden Königsangriff mittels Läuferschach auf f7 und folgendem Matt auf verschiedenen Feldern, zumeist von d5 aus.

Die Falle rührt von M. de Kermuy, Sire de Legal, her, der Philidors Lehrer war. Ein Beispiel aus dem Läuferspiel: **1. e4 e5 2. ♗c4 d6 3. ♘f3 ♗g4 4. ♘c3 g6? 5. ♘e5:! ♗d1:? 6. ♗f7:+ ♔e7 7. ♘d5 matt.**

Dieselbe Falle kommt sehr oft in den verschiedensten Eröffnungen vor. Hierfür weitere Beispiele.

Ein Nordisches Gambit, das Falkbeer im Jahre 1847 gewann: **1. e4 e5 2. d4 ed4: 3. c3 dc3: 4. ♘c3: d6 5. ♗c4 ♘c6 6. ♘f3 ♗g4 7. 0-0 ♘e5? 8. ♘e5: ♗d1: 9. ♗f7:+ ♔e7 10. ♘d5 matt.**

Pillsbury gewann im Jahre 1900 die folgende Wiener Partie: **1. e4 e5 2. ♘c3 ♘c6 3. f4 d6 4. ♘f3 a6 5. ♗c4 ♗g4 6. fe5: ♘e5:? 7. ♘e5:**

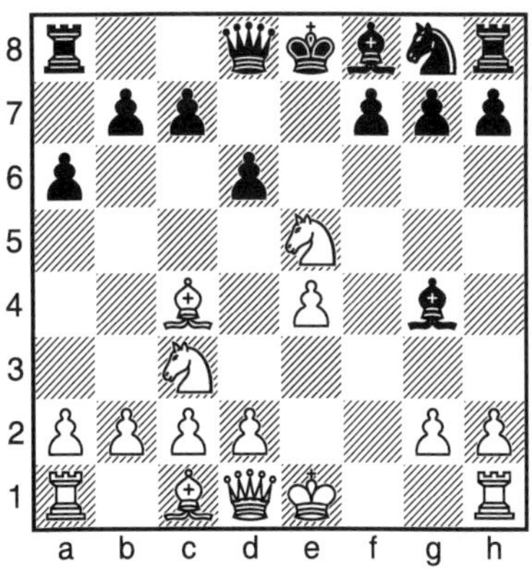

7. ... ♗d1: 8. ♗f7:+ ♔e7 9. ♘d5 matt.

Reizend ist eine 1922 gespielte Korrespondenzpartie Imbaud – Stroumillo (Skandinavisch): **1. e4 d5 2. ed5: ♘f6 3. ♘c3 ♘d5: 4. ♗c4 ♘b6 5. ♗b3 ♘c6 6. ♘f3 e5 7. d3 ♗g4** (Richtig ♗e7 nebst 0-0) **8. h3 ♗h5? 9. ♘e5:! ♗d1: 10. ♗f7:+ ♔e7 11. ♗g5+ ♔d6 12. ♘e4+! ♔e5: 13. f4+ ♔d4 14. ♖d1:! ♔e3 15. 0-0 ♘d4 16. ♖de1+ ♘e2+ 17. ♖e2:+ ♔e2: 18. ♗h5+ ♔e3 19. ♖f3+ ♔d4 20. ♗f7!** und Schwarz kann Matt in zwei Zügen nicht verhindern.

Eine Abart dieser Falle mit geändertem Matt zeigt das folgende Beispiel, in welchem der Abwechslung halber einmal Schwarz gewinnt (Russisch): **1. e4 e5 2. ♘f3 ♘f6 3. ♘e5: ♘c6 4. ♘c6: dc6: 5. d3 ♗c5 6. ♗g5? ♘e4:! 7. ♗d8: ♗f2:+ 8. ♔e2 ♗g4 matt.**

Ein gleichartiger Gewinn, nur mit vertauschten Farben (Läuferspiel): **1. e4 e5 2. ♗c4 ♘f6 3. ♘f3 ♘e4: 4. ♘c3 ♘c3: 5. dc3: d6 6. 0-0 ♗g4? 7. ♘e5: ♗d1: 8. ♗f7:+ ♔e7 9. ♗g5 matt.**

Wie man sieht, ist dieser Überfall in vielen Formen möglich. Gewöhnlich sind es die Anfänger, die auf diese Art hereinfallen, nicht nur weil sie diese Wendung nicht kennen, sondern auch weil sie selbst nicht zu einer derartigen Kombination fähig sind und das angebotene Opfer vertrauensselig annehmen. Der Anfänger hegt dabei die unumstößliche Gewissheit, dass das Opfer ein ebensolches Übersehen ist, wie er es selbst begeht.

Indessen können bei verwickelteren Formen auch starke Spieler dieser Kombination zum Opfer fallen, wenn sie zu fest davon überzeugt sind, dass eine gefesselte Figur nicht ziehen kann. Die große Überraschung der Kombination besteht darin, dass der gefesselte und zweimal angegriffene Springer plötzlich doch zieht und die Dame im Stich lässt.

Wenn diese Falle auf der anderen, der Damenseite auftritt und nicht zu sofortigem Matt führt, so können sogar Meister ihr Opfer werden. Nachstehend einige Beispiele dieser neuen Form der Kombination.

Eine hübsche, von Mieses 1896 gewonnene Partie (Skandinavisch): **1. e4 d5 2. ed5: ♕d5: 3. ♘c3 ♕d8 4. d4 ♘c6 5. ♘f3 ♗g4 6. d5 ♘e5?** (zuerst musste Schwarz auf f3 tauschen)

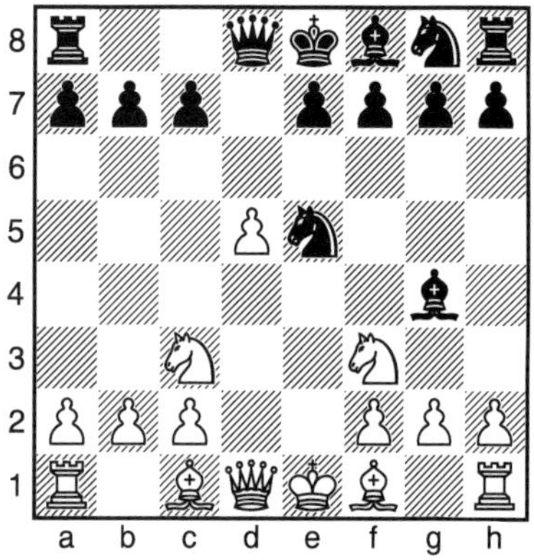

7. ♘e5:! ♗d1: 8. ♗b5+ c6 9. dc6: a6 10. c7+ und gewinnt.

Ein Damengambit, das G. C. A. Oskam im Jahre 1927 gewann: **1. d4 d5 2. c4 ♘f6 3. cd5: ♘d5: 4. e4 ♘f6 5. ♘c3 ♘c6 6. ♘f3 ♗g4 7. d5 ♘e5? 8. ♘e5: ♗d1: 9. ♗b5+ c6 10. dc6: ♕b6 11. cb7:+ ♕b5: 12. ba8:♕+** und Matt im nächsten Zug.

Eine einfachere Wendung aus der Orthodoxen Verteidigung, wo diesmal der Schwarze seinen Gegner überlistet: **1. d4 d5 2. c4 e6 3. ♘c3 ♘f6 4. ♗g5 ♘bd7 5. cd5: ed5: 6. ♘d5:? ♘d5: 7. ♗d8: ♗b4+ 8. ♕d2 ♗d2:+ 9. ♔d2: ♔d8:** und gewinnt.

In der Tarrasch-Verteidigung ist diese Falle ebenfalls anwendbar: **1. d4 d5 2. c4 e6 3. ♘c3 ♘f6 4. ♘f3 c5 5.**

♗g5 cd4: 6. ♘d4: e5 7. ♘db5 d4 8. ♘d5 ♘d5: 9. ♗d8: ♗b4+ 10. ♘c3? (richtig ist 10. ♕d2, siehe Hauptteil) **10. ... dc3:** und gewinnt.

Ein wunderschönes Beispiel derselben Kombination kam in der Partie Duras – Rubinstein, Wien 1908, vor (Damenbauernspiel): **1. d4 d5 2. ♘f3 c5 3. e3 ♘f6 4. dc5: ♕a5+ 5. ♘bd2 ♕c5: 6. a3 ♕c7 7. c4 dc4: 8. ♘c4: ♘c6 9. b4 ♗g4 10. ♗b2 b5? 11. ♘ce5 ♘e5: 12. ♘e5: ♗d1: 13. ♗b5:+ ♘d7 14. ♗d7:+ ♕d7: 15. ♘d7: ♗h5 16. ♘e5** und Weiß gewann. Auf 13. ... ♔d8 (statt ♘d7) wäre gefolgt: 14. ♖d1:+ ♔c8 15. ♗a6+ ♔b8 16. ♘c6+ ♕c6: 17. ♗e5+ ♕d6 18. ♖c1! und Matt im nächsten Zug.

In der Caro-Kann-Verteidigung habe ich mir eine Falle ausgedacht, bei der Weiß sich nach mehreren Fehlern ein amüsantes Matt gefallen lässt: **1. e4 c6 2. d4 d5 3. ed5: cd5: 4. c4 ♘c6 5. ♘c3 ♘f6 6. ♗g5 e5 7. ♘d5:(?) ♘d5:! 8. ♗d8: ♗b4+ 9. ♔e2 ♘d4:+ 10. ♔d3?** (Natürlich muss 10. ♕d4: geschehen) **10. ... ♗f5 matt.**

Offenbar ist es nicht möglich, sich alle Einzelfälle dieser Kombination zu merken, es ist aber leicht, ihren Grundgedanken zu behalten. Wenn wir diesen kennen, sind wir immer in der Lage, die kommende Gefahr vorauszusehen und abzuwenden.

Eine andere Kombination, die mit dem Figurenopfer auf f7 eng zusammenhängt, ist die folgende: Schlagen des Bauern f7, um das Feld e6 zu gewinnen. Ein einfaches Beispiel aus der Spielpraxis: **1. e4 d6 2. d4 ♘d7 3. ♗c4 g6 4. ♘f3 ♗g7? 5. ♗f7:+! ♔f7: 6. ♘g5+** und Weiß erobert mit 7. ♘e6 die Dame (Schwarz darf nicht 6. ... ♔f6 ziehen, weil 7. ♕f3 matt folgt).

Die folgende elegante Partie gewann der berühmte deutsche Problemkomponist Freiherr von Holzhausen (Preußisch): **1. e4 e5 2. ♘f3 ♘c6 3. ♗c4 ♘f6 4. d4 ed4: 5. ♘d4: d6 6. ♘c3 ♗e7 7. 0-0 0-0 8. h3 ♖e8 9. ♖e1 ♘d7?**

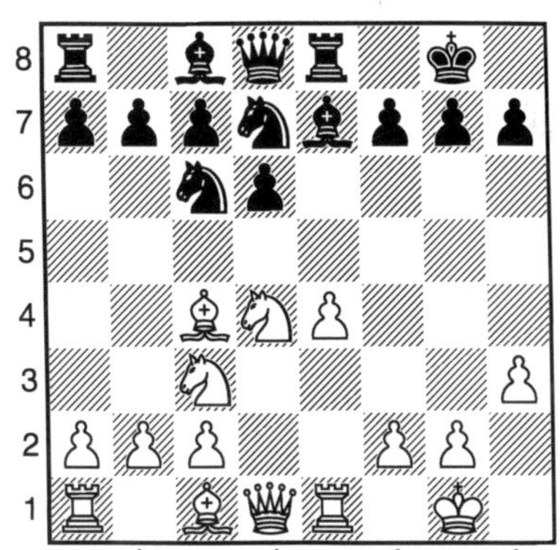

10. ♗f7:+ ♔f7: 11. ♘e6! und gewinnt. Schwarz kann nicht 11. ... ♔e6: spielen, weil 12. ♕d5+ ♔f6 13. ♕f5 matt folgt. Man beachte, dass bei dieser Falle der Zug ♘d7, der die schwarze Dame einkapselt, eine überragende Rolle spielt.

Einmal fiel ein Großmeister dieser Falle zum Opfer, als sie in noch versteckterer Form auftrat: Fischer–Reshewsky, New York 1958 (Sizilianisch): **1. e4 c5 2. ♘f3 ♘c6 3. d4 cd4: 4. ♘d4: g6 5. ♘c3 ♗g7 6. ♗e3 ♘f6 7. ♗c4 0-0 8. ♗b3 ♘a5? 9. e5 ♘e8?** (Schwarz ahnte nichts Böses. Aber auch das bessere 9. ... ♘b3: 10. ef6: ♘a1: 11. fg7: ♘c2:+ 12. ♕c2: ♔g7: 13. f4 führt nach einer Partie Bastrikow – Schamkowitsch 1958 bereits zu deutlichem Vorteil für Weiß) **10. ♗f7:+! ♔f7:** (Oder ♖f7: 11. ♘e6) **11. ♘e6** und gewann die Dame (♔e6:? 12. ♕d5+ ♔f5 13. g4+ ♔g4: 14. ♖g1+ nebst Matt).

Der gleiche Gedanke lässt sich auch unter anderen Umständen verwirklichen wie z. B. in der folgenden Variante des Schottischen Gambits: **1. e4 e5 2. ♘f3 ♘c6 3. d4 ed4: 4. ♗c4 ♗c5 5. ♘g5 ♘h6 6. ♕h5 ♘e5?** (6. ... ♕e7 ist der korrekte Zug) **7. ♘e6! de6: 8. ♕e5:** und gewinnt. Schwarz kann nicht zugleich den Läufer c5 und den Springer h6 retten. In diesem Beispiel sehen wir die drei bisher betrachteten Grundgedanken miteinander vereint: Diagonale h5-e8, Feld f7 und Feld e6.

Haben wir uns bisher vorzugsweise mit der Diagonalwirkung im Kampf der leichten Figuren beschäftigt, so spielen bei den Fallen in der Brettmitte schwere Figuren mit ihrer Linienwirkung eine wichtige Rolle. Hier gibt es zwei Formen von Kombinationen. In der einen setzt ein Springer matt, sehr oft in Verbindung mit einem aufgedeckten Schach. In der anderen werden die offenen Mittellinien zu einem Matt auf der letzten Reihe benutzt.

Die folgende Falle in der Russischen Partie ist in ihrer Einfachheit klassisch: **1. e4 e5 2. ♘f3 ♘f6 3. ♘e5: ♘e4:? 4. ♕e2 ♘f6?** (besser ist ♕e7) **5. ♘c6+** mit Damengewinn. Das hier vorkommende Abzugschach in der Brettmitte ist besonders gefährlich. Es führt zumeist zu Materialverlust und nicht selten zum Matt.

Beispiele dieser Fallenart sind zahlreich und treten in verschiedenen Eröffnungen auf. Ein einfaches Beispiel: **1. e4 g6 2. ♘c3 ♘f6 3. ♘d5 ♘e4: 4. ♕e2 ♘d6?? 5. ♘f6 matt.** Ein weiteres Beispiel aus dem Königsgambit: **1. e4 e5 2. f4 ef4: 3. ♘f3 d5 4. ♘c3 de4: 5. ♘e4: ♗g4 6. ♕e2 ♗f3:?? 7. ♘f6 matt**

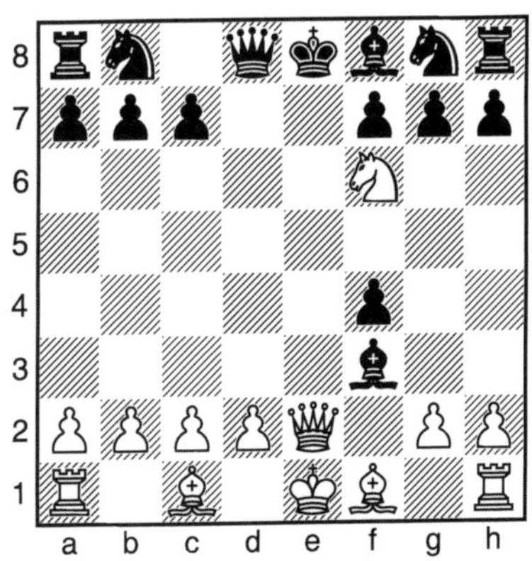

Das nächste Beispiel ergibt sich aus Alapins Eröffnung: **1. e4 e5 2. ♘e2 ♘f6 3. f4 ef4: 4. ♘f4: ♘e4:? 5. ♕e2 ♕e7 6. ♘d5 ♕e5 7. ♘bc3 c6 8. d4 ♕f5 9. ♘e4: cd5: 10. ♘d6+** und gewinnt.

Jedermann kann neue Anwendungen dieser Falle ersinnen und sie in fast allen Eröffnungen unter gütiger Mitwirkung des Gegners verwirklichen. Ein Beispiel aus der Spielpraxis (Caro-Kann): **1. e4 c6 2. d4 d5 3. ♘c3 de4: 4. ♘e4: ♘d7 5. ♕e2 ♘gf6?? 6. ♘d6 matt.**

Nun eine 1912 in Brooklyn gespielte Partie (Tenison-Gambit): **1. ♘f3 d5 2. e4 de4: 3. ♘g5 ♗f5 4. ♘c3 ♘f6 5. ♕e2 c6 6. ♘ge4: ♘bd7?? 7. ♘d6 matt.**

Ein weiteres Beispiel aus der Skandinavischen Partie: **1. e4 d5 2. ed5: ♕d5: 3. ♘c3 ♕a5 4. ♗c4 ♘f6 5. d3 ♗g4 6. f3 ♗h5 7. ♗d2 c6 8. ♕e2 ♘bd7? 9. ♘b5 ♕d8? 10. ♘d6 matt.**

Die folgende von Kostic gewonnene Kurzpartie zeigt ein etwas geändertes Mattbild und nicht ganz denselben Gedanken: **1. e4 e5 2. ♘f3 ♘c6 3. ♗c4 ♘d4 4. ♘e5: ♕g5 5. ♘f7:? ♕g2: 6. ♖f1 ♕e4:+ 7. ♗e2 ♘f3 matt.**

Bei der zweiten Form von Fallen in der Brettmitte arbeitet das schwere Geschütz auf den offenen Mittellinien. Hierbei ist es wesentlich, dass der feindliche König nicht mit seinen Figuren wirksam zusammenspielt, sonst klappt die Falle nicht zu. Diese Art von Zentrumsfalle kommt häufiger im Mittelspiel als in der Eröffnung vor; trotzdem ist es nützlich, sie in guter Erinnerung zu behalten.

Von den zahlreichen Beispielen dieser Falle ein besonders schönes (Caro-Kann): **1. e4 c6 2. d4 d5 3. ♘c3 de4: 4. ♘e4: ♘f6 5. ♗d3 ♕d4: 6. ♘f3 ♕d8 7. ♕e2 ♗f5 8. ♘f6:+ gf6: 9. ♗f5: ♕a5+ 10. ♗d2 ♕f5: 11. 0-0-0 ♕e6 12. ♕d3 ♕a2:??**

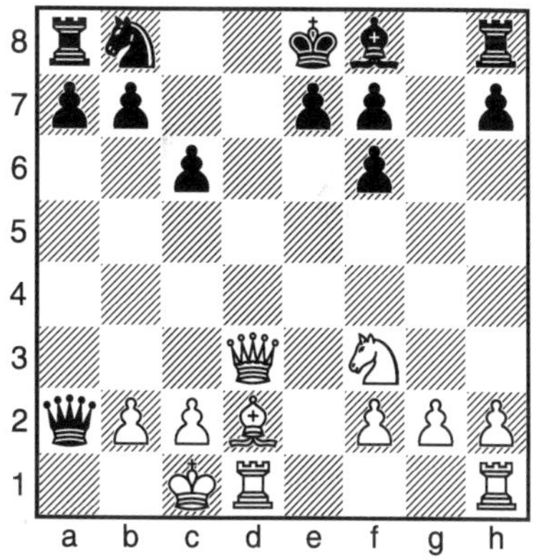

13. ♕d8+! ♔d8: 14. ♗a5++ nebst 15. ♖d8 matt.

Wahrhaft glänzend ist auch das folgende Beispiel aus der Meisterpraxis (Französisch): **1. e4 e6 2. d4 d5 3. ♘c3 ♘f6 4. ed5: ♘d5: 5. ♘f3 c5 6. ♘d5: ♕d5: 7. ♗e3 cd4: 8. ♘d4: a6 9. ♗e2 ♕g2:? 10. ♗f3 ♕g6 11. ♕d2 e5 12. 0-0-0! ed4: 13. ♗d4: ♘c6 14. ♗f6! ♕f6: 15. ♖he1+ ♗e7 16. ♗c6:+ ♔f8 17. ♕d8+ ♗d8: 18. ♖e8 matt.**

Jede Eröffnung hat ihre eigenen Kombinationen und Fallen, die eine besondere Anordnung der Figuren bedingen, und wir werden sie nun sorgfältig und systematisch untersuchen.

II. Offene Spiele

Spanische Partie

Von den Königsbauer-Eröffnungen ist die Spanische Partie die stärkste und folgerichtigste. Der ihr zugrundeliegende Gedanke ist, den Druck im Zentrum und auf den Punkt e5 möglichst lange aufrechtzuhalten, so dass Schwarz nahezu gezwungen ist, seinen e-Bauern abzutauschen oder statt dessen andere Nachteile auf sich zu nehmen. Auch gegen die beste Verteidigung behauptet Weiß lange Zeit die Anzugsinitiative. Die Schwierigkeiten, mit denen Schwarz in dieser Eröffnung zu kämpfen hat, haben zweifellos zur Beliebtheit der halboffenen Verteidigungen nach 1. e4 beigetragen: Sizilianisch, Französisch, Caro-Kann usw.

Keinesfalls darf man aber annehmen, dass Schwarz in der Spanischen Partie etwa schon auf verlorenem Posten stehe. Es gibt etliche Verteidigungen, die es ihm ermöglichen, das Gleichgewicht aufrechtzuhalten und Gegenspiel zu erlangen. Früher sehr gebräuchlich war die Steinitz-Verteidigung, in welcher Schwarz so lange wie möglich das Zentrum zu behaupten versucht, indem er 3. ... d6, 4. ... ♗d7, 5. ... ♘f6, 6. ... ♗e7 usw. spielt. Damit behält er zunächst eine gedrückte Stellung und ist in der Folge doch gezwungen, die Mitte aufzugeben. Er erhält aber dafür die halboffene e-Linie für seinen Turm und kann auf den weißen Königsbauern drücken. Diese Verteidigung lässt sich durch den Vorbereitungszug 3. ... a6 ausbauen, der zu vielen interessanten Abspielen führen kann und dem Schwarzen neue Möglichkeiten bietet. Heute am beliebtesten sind zwei Systeme; zum einen die Tschigorin-Verteidigung. Sie besteht aus einer raschen Mobilisierung des Damenflügels und dem Vorgehen mit a6, b5, ♘a5, c5 usw. , was dem Schwarzen auf diesem Flügel die Initiative verschafft, bevor Weiß Zeit findet, am Königsflügel anzugreifen. Das andere System ist die sog. Offene Verteidigung. In dieser beginnt

Schwarz nach 3. ... a6 eine mutige Unternehmung im Zentrum (5. ... ♘e4:) auf Kosten einer gewissen Schwächung seiner Bauernstellung am Damenflügel.

So viele analytische Arbeiten sind der Spanischen Partie gewidmet, so viele schöne Partien sind mit dieser Eröffnung gespielt worden und so inhaltsreich ist sie auch, dass natürlicherweise zahlreiche Kombinationen und Fallen entdeckt wurden. Der Lernende wird großen Nutzen daraus ziehen, wenn er die hier folgenden Beispiele nachspielt, die indessen den verfügbaren Stoff bei weitem nicht erschöpfen. Wir beginnen mit den schwächeren Verteidigungen und gehen dann zu den üblichen und korrekten über.

Das erste Beispiel (nach einer Partie zwischen Zukertort und Anderssen) illustriert die Mortimer-Verteidigung, die beschwerlich, aber nicht so ungünstig ist, wie es sich nach dem zweiten Fehler ergibt. Jedenfalls ist die drastische Bestrafung des Nachziehenden nicht dazu angetan, zur Anwendung dieser Verteidigung zu ermutigen. Nr. 2 zeigt die „klassische" Verteidigung. Der Damenfang gelang Wasjukow 1960 in der UdSSR. In Nr. 3 lässt sich Weiß zum Schlagen des Be5 verleiten. In dem der Spielpraxis entnommenen Beispiel Nr. 4 finden sich reizende Wendungen, wobei der Zusammenbruch des schwarzen Spiels von der durch g6 geschaffenen Schwächung herrührt. Diese schwierige Verteidigung sollte nur von starken Spielern angewendet werden, die sich klar vor Augen halten, dass nach einer Flankierung des Königsläufers die Rochadestellung ohne ihn nicht gut verteidigt werden kann. In Nr. 5 stellte Blackburne seinem Gegner Aljechin im St. Petersburger Turnier 1914 eine hübsche Falle. Sie zeigt, dass in manchen Varianten die Stellung des weißen Läufers auf b5 nicht immer ganz sicher ist.

Sehr originell ist das Spiel Nr. 6, mit dem Timchenko (Moskau 1956) die Theorie bereichert hat. Im beiderseitigen Fallenspiel fand man aber später für Weiß eine wichtige Verstärkung. Nr. 7 weist auf eine Art von Fehlern hin, die von unerfahrenen Spielern dadurch begangen werden, dass sie zwei Verteidigungssysteme miteinander vermengen. Die Gefahr vorzeitiger Damenausflüge wird in Nr. 8 dargelegt, wo ein zweiter Fehler die Nöte des Schwarzen noch vermehrt. Die Gefahren der nächsten Falle (Nr. 9) scheinen so handgreiflich zu sein, dass es schwer fällt zu glauben, jemand könne so verunglücken. Dieselbe Bemerkung gilt für Nr. 10, die sog. Tarrasch-Falle, mit der dieser aber sowohl Zukertort wie Gunsberg hereinlegen konnte.

Nr. 11 bringt die wohlbekannte Breslauer Variante. Dieses Beispiel ist keine eigentliche Falle, aber man muss es kennen, um nicht die Partie zu verlieren, die durch richtige Behandlung gerettet werden kann. Gleiches kann zu Nr. 12 gesagt werden, wo Schwarz mit seinem 11. Zug fehlgreift. Das Mattbild ist ebenso schön wie unerwartet. Im folgenden Beispiel Nr. 13 geht Weiß den üblichen Varianten mit dem Vorstoß 7. d5 aus dem Weg. Besonders K. Richter hat mit diesem Fallenspiel oft Erfolg gehabt.

Nr. 14 ist eine sehr feine Falle und die Mattwendungen nach dem Opfer der Dame oder des Turms sind prachtvoll. Der Zug 5. ♖e1 ist indessen nicht der stärkste, den Weiß zur Verfügung hat. 5. d4 ist besser, denn Schwarz kann nach dem Turmzug, wenn er die Falle meidet, leicht gleiches Spiel erlangen. Beispiel Nr. 15 ist eine sehr berühmte und besonders tiefe Falle. Dr. Tarrasch veröffentlichte 1891 eine Analyse darüber und konnte sie ein Jahr später gegen Marco im Dresdner Turnier praktisch anwenden. Die gesamte Wendung ist so plausibel, dass wohl schon Tausende von Spielern sich darin gefangen haben.

Nr. 16 zeigt uns, dass der Vorstoß d5, der gewöhnlich für Schwarz günstig ist und ihm gleiches Spiel einbringt, sorgfältig geprüft werden muss, ob er nicht verfrüht ausgeführt wird und dadurch Nachteile damit verbunden sind. Ähnlich ist das Schicksal des Weißen in Nr. 17, wo er durch die entsprechende Übereilung – verfrühtes d4 – einen Bauern gefährdet. Noch wäre nicht viel verdorben, doch da begeht Weiß einen zweiten Fehler und verliert.

Dem Beispiel Nr. 18 sollte der Lernende Aufmerksamkeit schenken, um es vermeiden zu lernen, schwachem Spiel auf naheliegende, aber unrichtige Weise zu begegnen. Nr. 19 zeigt die Gefahren einer Variante, die von Taimanow untersucht worden ist, bei der Schwarz den weißen Läufer unmittelbar abzutauschen bestrebt ist. Sehr verwickelt und wunderschön ist die nächste Falle Nr. 20, die von Nyholm erstmalig gespielt wurde. Weiß glaubt einen Bauern gewinnen zu können, öffnet aber hierbei sein Spiel und gerät infolge seiner rückständigen Entwicklung in Nachteil.

Der scharfe Marshall-Angriff, den Nr. 21 beschreibt, hat schon viele Opfer gekostet. In Nr. 22 sehen wir ein unerwartetes Springeropfer und als Folge davon eine starke Bauernmasse im Zentrum. In Nr. 23 ist die Spielführung besonders fein und widerlegt einen ähnlichen Fehler des Weißen wie in Nr. 20. Wenn man eine geschlossene Eröffnung gewählt hat, darf man nicht dem Gegner Linien öffnen. In diesem Beispiel tritt als einzige weiße Figur die Dame in Tätigkeit; sie führt einen verzweifelten Kampf gegen die gesamte schwarze Armee.

Nr. 1

1. e4 e5 2. ♘f3 ♘c6 3. ♗b5 ♘ge7 4. c3 d6 5. d4 ♗d7 6. 0-0 ♘g6 7. ♘g5 h6?

Schwaches Spiel in einer ungünstigen Verteidigung. 7. ... ♗e7 ist unerlässlich.

8. ♘f7:! ♔f7: 9. ♗c4+ ♔e7

Nicht viel besser ist 9. ... ♔e8 10. ♕h5 ♕f6 11. f4 usw.

10. ♕h5 ♕e8

Auf 10. ... ♗e8 folgt 11. ♗g5+ hg5: 12. ♕g5:+ ♔d7 13. ♕f5+ ♔e7 14. ♕e6 matt.

11. ♕g5+ hg5: 12. ♗g5: matt

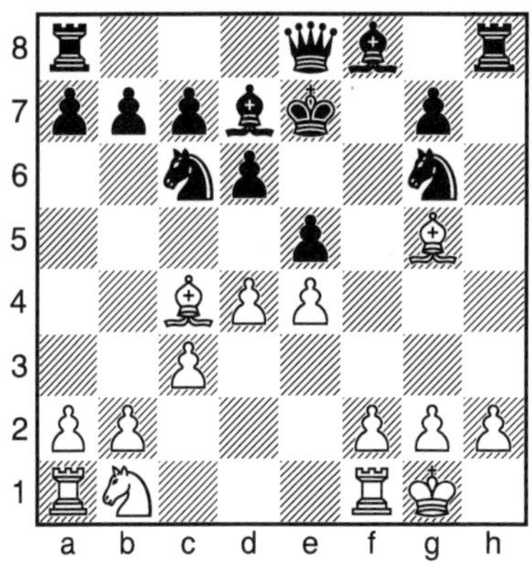

Nr. 2

1. e4 e5 2. ♘f3 ♘c6 3. ♗b5 ♗c5 4. c3 f5

Sicherer ist 4. ... ♘8e7 oder 4. ... ♘f6.

5. d4 fe4:

Oder 5. ... ed4: 6. e5! (Keres).

6. ♘g5 ♗e7?!

Notwendig ist 6. ... ♗b6 oder 6. ... ed4:.

7. de5:! ♘e5:?

Nach 7. ... ♗g5: 8. ♕h5+ stünde Weiß besser.

8. ♘e6 Ein amüsanter Damenfang.

Nr. 3

1. e4 e5 2. ♘f3 ♘c6 3. ♗b5 ♘f6 4. d3 ♘e7 5. ♘e5:?

Ein entscheidender Fehler. 5. ♘c3 ist der richtige Zug.

5. ... c6 6. ♘c4

Auf 6. ♗a4 gewinnt 6. ... ♕a5+ den Springer. Die letzte Hoffnung des Weißen ist eine Falle...

6. ... ♘g6

...welche Schwarz hiermit vermeidet. 6. ... cb5:? hätte das erstickte Matt 7. ♘d6 zur Folge. Weiß verliert nun eine Figur (7. ♗a4 b5 8. e5 ♘d5).

Nr. 4

1. e4 e5 2. ♘f3 ♘c6 3. ♗b5 d6 4. d4 ♗d7 5. ♘c3 ♘ge7 6. ♗c4 ed4: 7. ♘d4: g6

Besser ist 7. ... ♘d4: 8. ♕d4: ♘c6 mit nur dem freieren Spiel für Weiß.

8. ♗g5 ♗g7 9. ♘d5 ♗d4:?

1. Frage:

Wie kann Schwarz sofortigen Verlust vermeiden?

(Lösung S. 146)

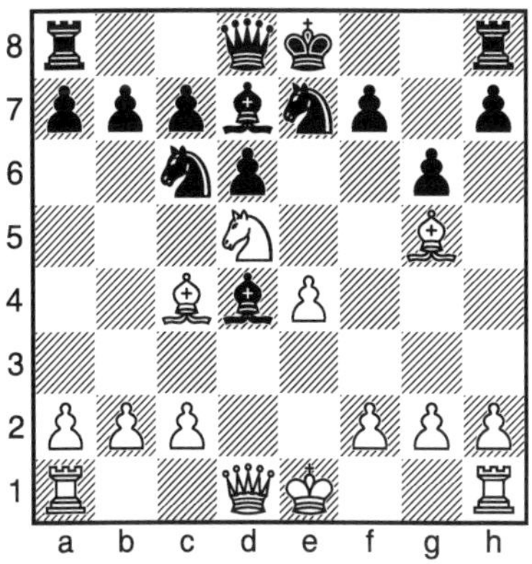

10. ♕d4:! 0-0

Auf 10. ... ♘d4: folgt 11. ♘f6+ ♔f8 12. ♗h6 matt.

11. ♘f6+ ♔h8 12. ♘g4+ ♘d4: 13. ♗f6+ ♔g8 14. ♘h6 matt.

In der einen Variante gibt Weiß mit dem Läufer auf h6 matt, während der Springer auf f6 steht, im anderen Abspiel gibt der Springer von h6 aus matt und der Läufer steht auf f6. Sehr nett!

Nr. 5

1. e4 e5 2. ♘f3 ♘c6 3. ♗b5 ♘d4

Der Zug von Bird.

4. ♘d4: ed4: 5. 0-0 g6 6. d3 ♗g7 7. f4 c6 8. ♗c4 d5 9. ed5: cd5: 10. ♗b5+ ♔f8 11. ♘d2?

Weiß übersieht die einfache Falle, die ihm der Gegner mit seinem letzten Zug gestellt hat. Als Folge verliert er den Läufer, der durch den Rückzug nach a4 gerettet werden konnte.

11. ... ♕a5 12. a4 a6 13. ♘b3 ♕d8 mit Figurengewinn.

Nr. 6

1. e4 e5 2. ♘f3 ♘c6 3. ♗b5 ♘d4 4. ♗c4 b5?!. Die Einleitung eines interessanten Fallenspiels, aber objektiv fragwürdig. **5. ♗f7:+ ♔f7: 6. ♘d4:**

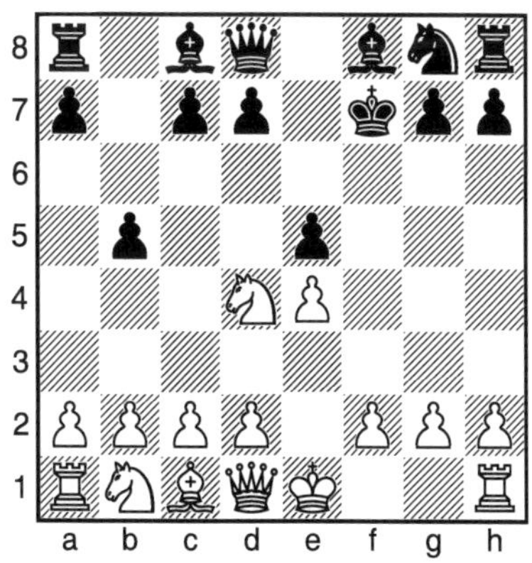

6. ... ♕h4!?

Das ist die Pointe. Auf 6. ... ed4:

erobert 7. ♕h5+ (g6 8. ♕d5+ bzw. 7. ... ♔e7 8. ♕e5+ ♔f7 9. ♕d5+) den Damenturm.

7. ♕f3+ ♘f6 8. ♘b5: ♗c5 9. ♘5c3?

Auf 9. ♘c7:? wäre ebenfalls 9. ... ♖f8 10. ♘a8: ♔g8 11. 0-0 ♘g4 mit starkem Angriff möglich. Aber auch die ruhige Behauptung des Mehrbesitzes ist für Weiß mit Problemen verbunden. Nur nach 9. d4! ed4: 10. ♘c7: hat er, wie die Theorie meint, alle Chancen, im Vorteil zu bleiben.

9. ... ♖f8 10. d3 ♔g8

Schwarz hat Angriff, der die geopferten Bauern mindestens wert sein dürfte. Nach den weiteren Zügen 11. ♕g3 ♕h5 12.0-0 ♘g4 (Saizew – Timoschenko, UdSSR 1956) ziehen die Bücher die schwarzen Chancen vor.

Nr. 7

1. e4 e5 2. ♘f3 ♘c6 3. ♗b5 ♘f6 4. 0-0 d6 5. d4 ♘e4:?

Ein schlechter Zug. Wenn Schwarz den e-Bauern nehmen wollte, hätte er dies im vorigen Zug tun sollen, um dann den Springer nach d6 zurückzuziehen (Berliner Verteidigung). Er vermengt diese mit der Steinitz-Verteidigung und macht zuerst einen Zug des einen, dann einen Zug des andern Systems. Durch 5. ... ♗d7 konnte er in der regulären Steinitz-Verteidigung verbleiben.

6. d5 a6 7. ♗d3 ♘f6?

Der zweite und entscheidende Fehler. Mit 7. ... ♘e7 konnte Schwarz die Figur retten, wenn auch vielleicht nicht die Partie, z. B. 8. ♗e4: f5 9. ♗d3 e4 10. ♖e1 ef3: (ed3:) 11. ♕f3: (♕d3:) mit sehr starkem Angriff.

8. dc6: e4 9. ♖e1 d5 10. ♗e2 ef3: 11. cb7: ♗b7: 12. ♗b5 matt. Ein bemerkenswertes Beispiel!

Nr. 8

1. e4 e5 2. ♘f3 ♘c6 3. ♗b5 a6 4. ♗a4 ♘f6 5. ♕e2 ♗c5 6. c3 b5 7. ♗c2 d5? 8. ed5: ♕d5: 9. d4 ♗d6

Mit 9. ... ♗b6 würde Schwarz wenigstens den nun folgenden Figurverlust vermeiden, obgleich Weiß mit 10. de5: günstig einen Bauern erobert.

10. ♗b3

Wahrscheinlich eine böse Überraschung für Schwarz.

10. ... ♕e4 11. ♕e4: ♘e4: 12. ♗d5 und gewinnt.

Wenn Schwarz b5 gezogen hat, hängt die Drohung ♗d5 immer in der Luft, und er tut gut, sie nie außer Berechnung zu lassen.

Nr. 9

1. e4 e5 2. ♘f3 ♘c6 3. ♗b5 a6 4. ♗a4 ♘f6 5. 0-0 ♘e4: 6. d4 b5 7. ♗b3 d5 8. de5: ♘e7

Der einzig richtige Zug ist 8. ... ♗e6.

9. ♖e1 c5?

Der eigentlich entscheidende Fehler. 9. ... ♘c5 wäre besser, obwohl Schwarz Schwierigkeiten hätte, eine befriedigende Stellung zu erlangen, weil sein Königsläufer eingeschlossen ist.

10. ♖e4:

Weiß gewinnt mindestens einen Bauern, denn 10. ... de4:? kommt wegen der Antwort 11. ♗f7:+ überhaupt nicht in Frage.

Nr. 10

1. e4 e5 2. ♘f3 ♘c6 3. ♗b5 a6 4. ♗a4 ♘f6 5. 0-0 ♘e4: 6. d4 b5 7. ♗b3 d5 8. de5: (soweit wie Nr. 9) **8. ... ♗e6 9. c3 ♗e7 10. ♖e1 0-0 11. ♘d4 ♕d7?**

Verliert auf der Stelle. Der unternehmungslustige Zug 11. ... ♘e5: leitet die Breslauer Variante ein (s. Nr. 11).

12. ♘e6: ♕e6: (fe6:) 13. ♖e4: und gewinnt.

Nr. 11

1. e4 e5 2. ♘f3 ♘c6 3. ♗b5 a6 4. ♗a4 ♘f6 5. 0-0 ♘e4: 6. d4 b5 7. ♗b3 d5 8. de5: ♗e6 9. c3 ♗e7 10. ♖e1 0-0 11. ♘d4 (soweit wie Nr. 10) **11. ... ♘e5: 12. f3 ♗d6 13. fe4: ♗g4 14. ♕d2 ♕h4 15. g3 ♕h5 16. ♕g5 ♕h3 17. ♗d5:? ♘f3+ 18. ♘f3: ♗f3: 19. ♕d2 ♗c5+** und gewinnt.

2. Frage:

Wo kann Weiß in dieser Breslauer Variante besser spielen und die Partie retten? (Lösung S. 146)

Nr. 12

1. e4 e5 2. ♘f3 ♘c6 3. ♗b5 a6 4. ♗a4 ♘f6 5. 0-0 ♘e4: 6. d4 b5 7. ♗b3 d5 8. de5: ♗e6 9. c3 ♗e7 (soweit wie Nr. 10) **10. ♗e3 0-0 11. ♘bd2 f5**

Sowohl ♘c5 wie ♘d2: sind bessere Züge.

12. ef6: ♘f6: 13. ♘g5 ♗f5?

Es gibt keinen voll befriedigenden Zug, da die Diagonale b3-g8 zu sehr geschwächt ist. Am ehesten geht noch 13. ... ♗f7.

14. ♘de4! ♘e4: 15. ♕d5:+ ♔h8?

15. ... ♕d5: 16. ♗d5:+ ♔h8 17. ♘e4: ist nicht unmittelbar verderblich, aber Weiß behält bei überlegener Stellung einen Bauern mehr.

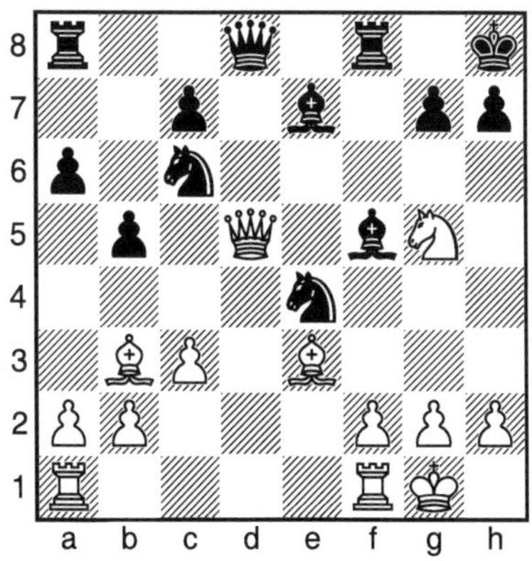

16. ♕g8+ und Matt im nächsten Zug.

Nr. 13

1. e4 e5 2. ♘f3 ♘c6 3. ♗b5 a6 4. ♗a4 ♘f6 5. 0-0 ♘e4: 6. d4 b5 7. d5

Ein typischer Fallenzug, den man kennen muss.

7. ... ♘e7

Einfacher ist 7. ... ba4: 8. dc6: d6.

8. ♖e1 ♘c5

Oder hier 8. ... ba4: 9. ♖e4: d6.

9. ♘e5: ba4:?

Jetzt wird Schwarz blitzartig überwältigt.

3. Frage:

Wie kann er sich besser verteidigen? (Lösung S. 146)

10. ♕f3! f6

Diese tödliche Schwächung ist unvermeidlich.

11. ♕h5+ und Weiß gewinnt.

Nr. 14

1. e4 e5 2. ♘f3 ♘c6 3. ♗b5 ♘f6 4. 0-0 ♘e4: 5. ♖e1 ♘d6 6. ♘c3 ♘b5: 7. ♘e5: ♘e5:?

7. ... ♘c3:? ist keineswegs besser: 8. ♘c6:+ ♗e7 9. ♘e7: ♘d1: 10. ♘g6+ ♕e7 11. ♘e7: und gewinnt. Aber der richtige Zug 7. ... ♗e7 bringt alles in Ordnung.

8. ♖e5:+ ♗e7 9. ♘d5! 0-0 10. ♘e7:+ ♔h8 11. ♕h5 g6

Auf 11. ... d6 kommt die schöne Schlusswendung 12. ♕h7:+ ♔h7: 13. ♖h5 matt.

12. ♕h6 ♖e8 13. ♖h5 gh5: 14. ♕f6 matt

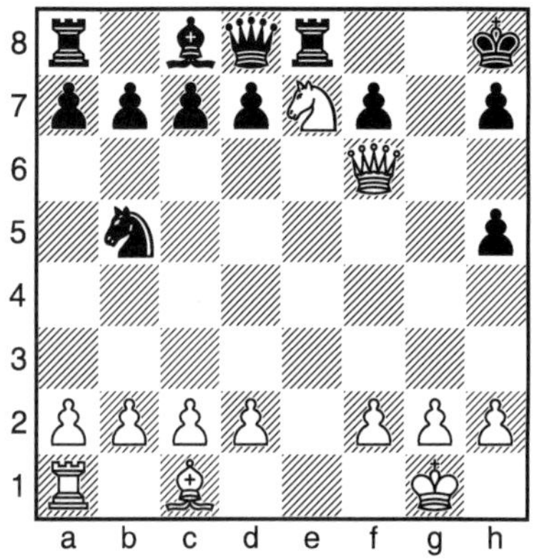

Nr. 15

1. e4 e5 2. ♘f3 ♘c6 3. ♗b5 ♘f6 4. 0-0 d6 5. d4 ♗d7 6. ♘c3 ♗e7 7. ♖e1 0-0?

Damit stürzt Schwarz in eine Falle, die er am besten mit 7. ... ed4: vermeiden konnte. Erstaunlich ist die Tatsache, dass der so natürlich aussehende Zug 0-0 zu Nachteil führt, während sogar der nutzlose Zeitverlust 7. ... a6 kein Material verliert und es Schwarz ermöglicht, die Partie zu halten, wenn auch unter Schwierigkeiten.

8. ♗c6: ♗c6: 9. de5: de5: 10. ♕d8: ♖ad8:

Auf 10. ... ♖fd8: folgt: 11. ♘e5: ♗e4: 12. ♘e4: ♘e4: 13. ♘d3 f5 14. f3

♗c5+ 15. ♔f1 ♖f8 16. ♔e2 ♗b6 17. fe4: fe4: 18. ♘f4 g5 19. ♘h3 und gewinnt.

11. ♘e5: ♗e4: 12. ♘e4: ♘e4: 13. ♘d3 f5 14. f3 ♗c5+ 15. ♘c5: ♘c5: 16. ♗g5 ♖d5 17. ♗e7 ♖e8 (♖f7) 18. c4 und Weiß gewinnt die Qualität.

Nr. 16

1. e4 e5 2. ♘f3 ♘c6 3. ♗b5 a6 4. ♗a4 ♘f6 5. 0-0 ♗e7 6. ♖e1 b5 7. ♗b3 d6 8. a4 ♖b8 9. c3 0-0 10. d3 ♗g4 11. ♘bd2 d5

Zu diesem verfrühten Vorstoß lässt sich Schwarz wahrscheinlich durch die anscheinende Harmlosigkeit der weißen Stellung verleiten. Er sollte 11. ... ♘a5 12. ♗c2 c5 spielen.

12. ab5: ab5: 13. ♖a6 ♕d7?

Mit 13. ... de4: konnte Schwarz den folgenden Bauernverlust vermeiden, behält aber die schlechtere Stellung.

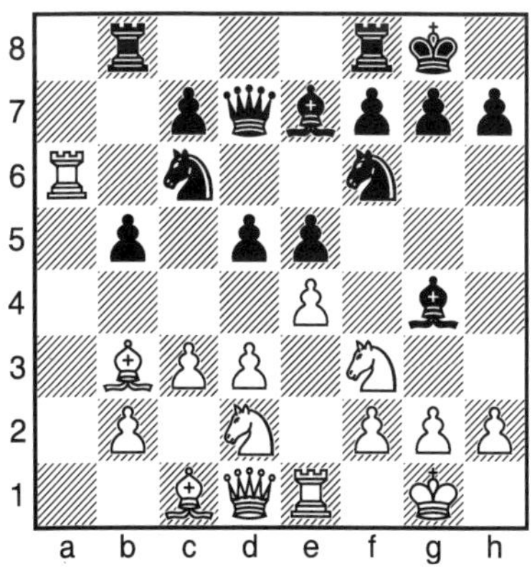

14. ed5: ♘d5: 15. ♖c6:! ♕c6: 16. ♘e5: ♗d1: 17. ♘c6: ♗b3: 18. ♘b8: mit Vorteil für Weiß.

Nr. 17

(Arche-Noah-Falle)

1. e4 e5 2. ♘f3 ♘c6 3. ♗b5 a6 4. ♗a4 d6 5. d4 b5 6. ♗b3 ♘d4: 7. ♘d4: ed4: 8. ♕d4:?

Der eigentliche Fehler, der in ähnlicher Form oft wiederkehrt. 8. ♗d5 hätte den Läufer in Sicherheit gebracht.

8. ... c5 9. ♕d5 ♗e6 10. ♕c6+ ♗d7 11. ♕d5 c4 und gewinnt.

Als Kuriosum sei erwähnt, dass ein Weltmeister den einfachen Gewinn mit 11. ... c4 übersah und in seinen Anmerkungen in einem Turnierbuch behauptete, dass Weiß durch Zugwiederholung unentschieden halten könne (er meinte wohl die Variante 8. c3 dc3: 9. ♕d5 usw.).

Nr. 18

1. e4 e5 2. ♘f3 ♘c6 3. ♗b5 a6 4. ♗a4 b5 5. ♗b3 ♗b7 6. d4 ♘d4:?

Das ist die kritische Stelle. Weiß kann nun mit 7. ♗f7:+ gewinnen, z. B. 7. ... ♔f7: 8. ♘e5:+ ♔e8 9. ♕d4: usw. So wie er aber spielt, kommt er in Nachteil.

7. ♘d4:? ed4: 8. ♕d4: c5 9. ♕e5+ ♕e7 10. ♕e7:+ ♘e7:

Die von Schwarz gestellte Falle, deren Idee dieselbe wie in Nr. 17 ist, hat ihre Schuldigkeit getan. Weiß verliert zumindest seinen e-Bauern.

Nr. 19

1. e4 e5 2. ♘f3 ♘c6 3. ♗b5 a6 4. ♗a4 b5?! 5. ♗b3 ♘a5

Die Theorie hielt früher 6. ♗f7:+ ♔f7: 7. ♘e5:+ „mit starkem Angriff" für die Widerlegung dieser Variante. Schwarz kann sich aber mit 7. ... ♔e7 nebst eventuell ♕e8 unmittelbaren Drohungen entziehen, und Weiß hat nach neuerer Ansicht nicht mehr als ausreichende Kompensation.

6. 0-0 d6 7. d4 ed4:

Nach heutiger Meinung räumen auch andere Alternativen wie 7. ... f6 oder 7. ... ♘b3: 8. ab3: f6 Weiß einen gewissen Vorteil ein.

8. ♕d4:.

Als gebräuchlich gilt 8. ♘d4:.

8. ... c5? 9. ♗f7:+! ♔f7: 10. ♕d5+ ♗e6 11. ♘g5+ und gewinnt.

Nicht immer gelingt die Einsperrung.

Nr. 20

1. e4 e5 2. ♘f3 ♘c6 3. ♗b5 a6 4. ♗a4 ♘f6 5. 0-0 ♗e7 6. ♖e1 b5 7. ♗b3 d6 8. c3 ♘a5 9. ♗c2 c5 10. d4 ♕c7 11. a4 ♖b8 12. ab5: ab5: 13. de5: de5: 14. ♘e5:?

Weiß glaubt an ein Übersehen des Gegners, irrt sich aber gründlich.

14. ... ♕e5: 15. ♖a5: ♘g4 16. f4

Auf 16. g3 erlangt Schwarz mit 16. ... ♕h5 17. h4 ♗h4: einen äußerst heftigen Angriff.

16. ... ♕c7 17. ♖b5: ♖b5: 18. ♗a4 0-0 19. ♗b5: c4

Diese Öffnung der Schrägen a7-g1 (die auch auf 17. ♖a1 erfolgt wäre) entscheidet das Spiel zugunsten von Schwarz.

Nr. 21

1. e4 e5 2. ♘f3 ♘c6 3. ♗b5 a6 4. ♗a4 ♘f6 5. 0-0 ♗e7 6. ♖e1 b5 7. ♗b3 0-0 8. c3 d5

Der Marshall-Angriff, der ein sehr scharfes Spiel einleitet.

9. ed5:

Mit 9. d4 ♘e4: 10. de5: ♗e6 11. ♘d4 kann das Spiel in die „Breslauer Variante" übergehen (siehe Nr. 11).

9. ... ♘d5:. Auch nicht harmlos, aber weniger chancenreich ist 9. ... e4 10. dc6: ef3: 11. d4!.

10. ♘e5: ♘e5: 11. ♖e5: ♘f6

Marshalls ursprüngliche Idee eines direkten Königsangriffs. Heute wird praktisch nur noch 11. ... c6 gespielt.

12. d4 ♗d6 13. ♖e1 ♘g4 14. h3 ♕h4 15. ♕f3 ♘f2:

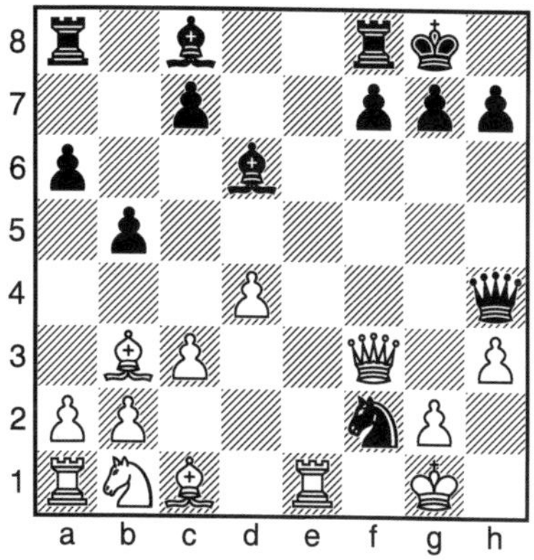

Die schlaue Falle Marshalls! Scheinbar kann Weiß sich auf 16. ♕f2: einlassen, weil 16. ... ♗g3 durch das überraschende Damenopfer 17. ♕f7:+! ♖f7: 18.♖e8 matt widerlegt wird.

16. ♕f2:

4. Frage:

Gibt es bessere Züge für Weiß?

(Lösung S. 146)

16. ... ♗h2+! 17. ♔f1 ♗g3

Damit kommt Schwarz in Vorteil, weil auf 18. ♕f7:+ der Turm mit Schachgebot (!) wiedernähme.

18. ♕e2 ♗h3:! 19. gh3: ♖ae8 und gewinnt.

Nr. 22

1. e4 e5 2. ♘f3 ♘c6 3. ♗b5 a6 4. ♗a4 ♘f6 5. 0-0 ♗e7 6. ♖e1 b5 7. ♗b3 d6 8. c3 0-0 9. h3 ♘b8 10. d4 ♘bd7 11. c4

Dieser aggressive Zug stammt noch aus der Zeit, als man versuchte, den „seltsamen“ Springerrückzug nach b8 direkt zu widerlegen. Heute erhält allgemein 11. ♘bd2 den Vorzug.

11. ... ♗b7?!

Am Platz ist 11. ... c6, damit der ♘c3 im folgenden nicht nach d5 kann. Auf 12. ♘c3 wäre in diesem Fall 12. ... b4 gefolgt von c5 mit Ausgleich möglich.

12. ♘c3 b4

Schwarz gibt sich besser mit 12. ... c6 13. a3 zufrieden, hat aber dann bereits ein schwieriges Spiel.

13. ♘d5 c6? 14. ♘b4:!

Gerade das glaubte Schwarz verhindert zu haben.

14. ... d5

Mit Doppelangriff auf b4 und e4. Aber...

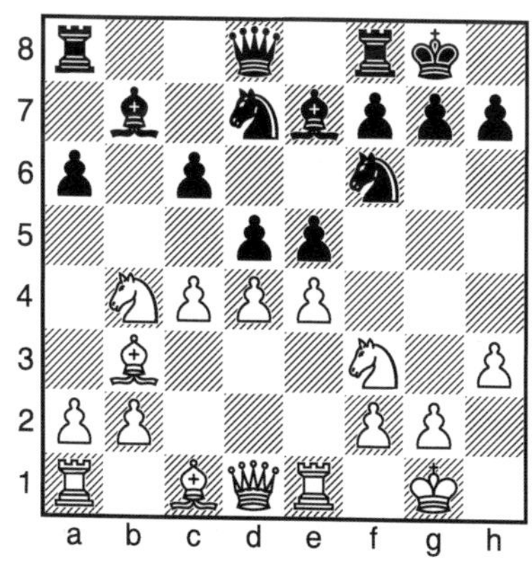

15. ♘c6:! ♗c6: 16. cd5: ♗b7 17. de5:

Weiß hat eine starke Bauernmasse in der Mitte, die die Figur mit Vorteil zurückgewinnt (z. B. 17. ... ♘e8 18. d6 ♗h4 19. g3).

Nr. 23

1. e4 e5 2. ♘f3 ♘c6 3. ♗b5 a6 4. ♗a4 ♘f6 5. d3 d6 6. c3 ♗e7 7. h3 0-0 8. ♘bd2 b5 9. ♗c2 d5 10. ♕e2 ♖e8 11. 0-0 ♗e6 12. ed5: ♗d5: 13. ♘e5:?

5. Frage:

Was würden Sie hier für Weiß spielen? (Lösung S. 146)

13. ... ♘e5: 14. ♕e5: ♗d6 15. ♕g5 ♖e5 16. ♕h4 ♖h5 17. ♕d4 c5 18. ♕e3 ♘g4!

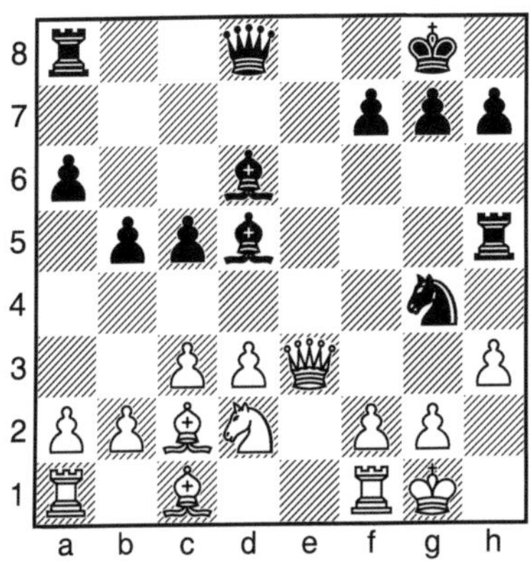

19. ♕e2

Falls 19. hg4:, so 19. ... ♖h1+ 20. ♔h1: ♕h4+ nebst Matt in zwei Zügen.

19. ... ♖h3:

Um auf 20. gh3: mit 20. ... ♗h2 mattzusetzen.

20. ♕g4: ♖h4 21. ♕f5 ♖h1+ Schwarz setzt in weiteren drei Zügen matt.

Vierspringerspiel

Hier kann man oft von einer Eröffnung ohne Kombinationen sprechen. Leicht kommt es zu symmetrischen Stellungen und solche geben keine Gelegenheit zu Fallen. Ruhiges Stellungsspiel ist im spanischen Vierspringerspiel die richtige Strategie, so dass kombinatorische Verwicklungen selten anzutreffen sind. Von allen Eröffnungen ist das Vierspringerspiel wohl die zahmste.

Die folgenden zwei Beispiele sind nicht wirkliche Fallen, sondern ziemlich schwache Spielführung. Nr. 24 zeigt eine für beide Teile schwierige Variante, in welcher Schwarz aufgrund des verfehlten 10. Zuges von Weiß eine Gewinnstellung erlangt. Bis dahin hat Schwarz fast nichts anderes getan als die Züge des Gegners nachgeahmt. Das zweite Beispiel (Nr. 25) ist einer Turnierpartie zwischen Capablanca und Dr. Tarrasch, St. Petersburg 1914, entnommen und enthält interessante Wendungen. Welche Gefahren ungedeckt stehende Figuren mit sich bringen, zeigt Nr. 26. dass es auch im Vierspringerspiel wild hergehen kann, hat

Rubinstein oft gezeigt. Nr. 27 ist ein typisches Beispiel. Wie Schwarz am besten auf den Angstzug h2-h3 reagiert, den Anfänger gern anwenden, führt Nr. 28 vor.

Nr. 24

1. e4 e5 2. ♘f3 ♘c6 3. ♘c3 ♘f6 4. ♗b5 ♗b4 5. 0-0 0-0 6. d3 d6 7. ♗g5 ♗g4 8. ♘d5 ♘d4 9. ♗c4

6. Frage:

Wie kann Weiß auf vorteilhafte Weise verhindern, dass ihm der Gegner alle Züge nachahmt?

(Lösung S. 146)

9. ... ♕d7 10. ♘b4:? ♗f3: 11. gf3: ♕h3 und gewinnt.

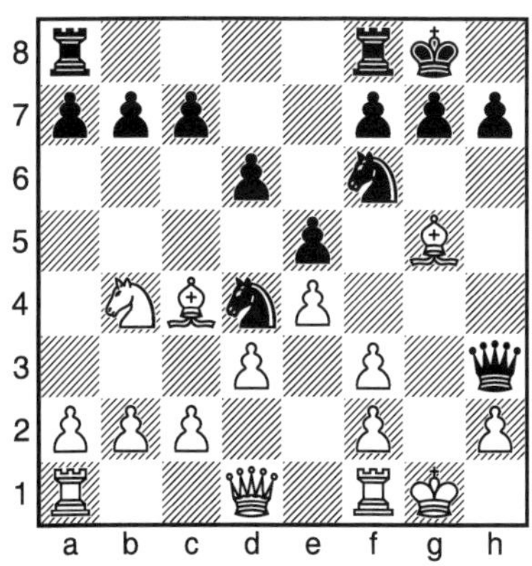

Nr. 25

1. e4 e5 2. ♘f3 ♘c6 3. ♘c3 ♘f6 4. ♗b5 ♗b4 5. 0-0 0-0 6. d3 ♗c3: 7. bc3: d5 8. ♗c6: bc6: 9. ♘e5: ♕d6 10. ♗f4 ♖e8 11. ♕f3

11. ed5: ♖e5: 12. d4 ♖e1! 13. ♗d6: ♖d1: 14. ♖fd1: cd6: 15. dc6: gilt heute als Hauptvariante, wobei eine Analyse von Keres dem Weißen nach 15. ... ♗e6(!) 16. ♖ab1 ♖c8 17. ♖b7 Vorteil einräumt.

11. ... de4:

Nun würde 11. ... ♖e5: wegen der Antwort 12. d4 schlecht sein.

12. de4: ♖e5: 13. ♖fd1

Im Gegensatz zu manchen Kommentaren noch kein ernsthafter Fehler. Mit 13. ♖ad1 ♗g4 erreicht Weiß auch nicht mehr, denn auf 14. ♕g3 geht zwar die Textvariante nicht, doch hat Schwarz die befriedigende Ausrede 14. ... ♘e4: 15. ♕g4: ♕e6. Und 14. ♖d6: ♗f3: 15. ♖f6: gf6: 16. ♗e5: fe5: 17. gf3: ♖b8 wird allgemein wohl zu Recht als Remisabwicklung betrachtet; der weiße Mehrbauer ist praktisch bedeutungslos, zumal der schwarze Turm als erster aktiv wird.

13. ... ♗g4 14. ♕g3??

Dieses grobe Übersehen aber verliert. Nach 14. ♖d6: ♗f3: 15. ♖f6: gf6: 16. ♗e5: käme es praktisch genauso wie in der vorherigen Variante.

14. ... ♗d1: 15. ♗e5: ♕d2!

Damit droht Matt und Schwarz behält eine Figur mehr. Bei jedem anderen Damenzug würde er einen Bauern verlieren.

16. f3 ♘h5 und Schwarz steht auf Gewinn.

Nr. 26

1. e4 e5 2. ♘f3 ♘c6 3. ♘c3 ♘f6 4. ♗b5 ♗b4 5. 0-0 0-0 6. d3 d6 7. ♗g5 ♗c3: 8. bc3: ♕e7

Leitet ein gutes Befreiungsmanöver ein, das von Metger herrührt.

9. ♖e1 ♘d8 10. d4 ♘e6 11. ♗c1

Ein unerwarteter Rückzug; aber auf 11. ♗h4 könnte 11. ... ♘f4! folgen, und woanders stünde der Läufer im Weg.

11. ... c5!

Ignoriert die Bedrohung von e5. Schwarz will das Zentrum festlegen.

12. de5:

Hier gibt es eine Reihe von Alternativen, aber vermutlich verspricht keine Weiß Vorteil.

12. ... de5: 13. ♘e5:?

7. Frage:

Wie spielt Weiß hier am besten?

(Lösung S. 147)

13. ... ♘c7! und Schwarz erobert eine Figur.

Nr. 27

1. e4 e5 2. ♘f3 ♘c6 3. ♘c3 ♘f6 4. ♗b5 ♘d4

Rubinsteins „Kampfvariante". Allerdings kann Weiß sich mit 5. ♘d4: ed4: 6. e5 in Remisgefilde begeben (siehe Nr. 232).

5. ♗c4

Nach 5. ♘e5: ♕e7 muss Weiß schon mit 6. ♘f3 ♘b5: 7. ♘b5: ♕e4:+ 8. ♕e2 auf Ausgleich spielen, denn 6. f4?! ♘b5: 7. ♘b5: d6 8. ♘f3 ♕e4:+ 9. ♔f2?! (besser noch immer 9. ♕e2) 9. ... ♘g4+ 10. ♔g3 ♕g6! (Teichmann) hat sich als günstig für Schwarz erwiesen. Heute üblich ist aber 5. ♗a4, um den Bd7 nicht so schnell zum aktiven Einsatz kommen zu lassen.

5. ... ♗c5 6. ♘e5: ♕e7!

Wiederum eine Falle.

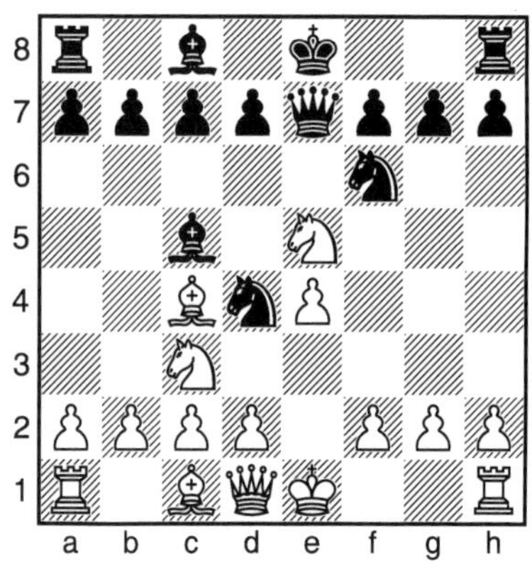

8. Frage:
Warum darf Weiß weder mit dem Läufer noch mit dem Springer auf f7 nehmen? (Lösung S. 147)

7. ♘d3

Auf 7. ♘f3 folgt ebenfalls 7. ... d5 mit der Absicht ♗g4.

7. ... d5!

mit gutem Spiel. Nach 8. ♗d5: ♘d5: 9. ♘d5: ♕e4:+ 10. ♘e3 ♗d6 (Nimzowitsch – Aljechin, St. Petersburg 1914) wie auch nach 8. ♘d5: ♕e4:+ 9. ♘e3 (9. ♔f1 ♗h3! 10. f3 ♘f3:!) 9. ... ♗d6 (Belitzmann – Rubinstein, Warschau 1917) hat Schwarz mindestens ausreichende Kompensation für den Bauern. Im letzteren Fall kommt statt der Partiefortsetzung 10. 0-0 b5! 11. ♗b3 ♗b7 nebst ♕h4 mit durchschlagendem Angriff allerdings besser 10. f3!? (K. Richter) in Betracht.

Nr. 28

1. e4 e5 2. ♘f3 ♘c6 3. ♘c3 ♘f6 4. ♗c4 ♗c5

Schwarz könnte mit 4. ... ♘e4: 5. ♘e4: d5 mühelos ein gutes Spiel bekommen (siehe Nr. 233).

5. 0-0

Die Rochade ist hier zu früh. Üblich ist 5. d3 d6 6. ♗g5 oder 6. ♗e3.

5. ... d6!

Die richtige Taktik. Schwarz verzögert die Rochade, um die Möglichkeit eines Bauernsturms zu behalten.

6. h3?

Solche Züge pflegen theoretisch unerfahrene Spieler gern zu machen. Sie bedeuten Zeitverlust und sind zugleich nach dem Ausdruck Dr. Tarraschs eine „Angriffsmarke“. 6. d3 ♗g4 7. ♗b5 ♕d7 8. ♗e3 war angewiesen.

6. ... h6!

Der Auftakt zum Bauernsturm.

7. d3 g5 8. ♗e3 g4 9. hg4: ♗g4:

Schwarz hat sich die g-Linie geöffnet und den weißen König Angriffen zugänglich gemacht. Eine Partie von R. Fuchs (Gotha 1959) nahm folgenden interessanten Verlauf: 10. ♘a4 ♗d4 11. ♗b5 (11. c3? ♗e3: 12. fe3: a6!) 11. ... ♘h5 12. c3 ♗e3: 13. fe3: ♘g3! 14. ♖f2 ♖g8 15. ♕b3 ♗f3: 16. ♖f3: ♖g7! 17. ♕d5 ♕h4!

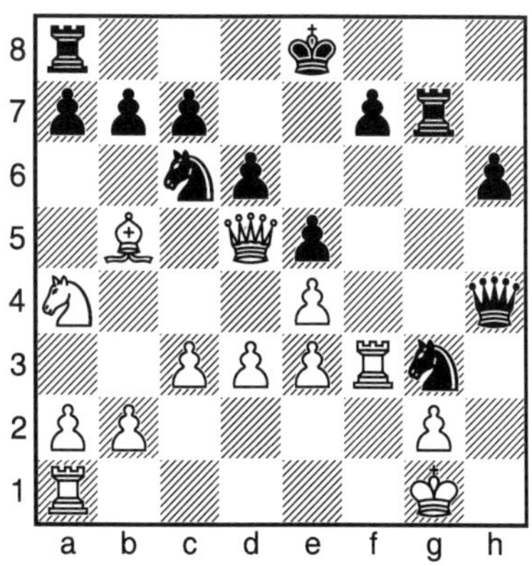

18. ♗c6:+ ♔e7! 19. ♔f2 (es drohte 19. ... ♕h1+ 20. ♔f2 ♘e4:+ nebst ♖g2: matt) 19. ... ♘e4:++ 20. ♔g1 ♖g2:+ Weiß gab auf.

Italienische Partie

Die Italienische Partie ist eine der wichtigsten Eröffnungen des Spieles und der Lernende tut gut, sich mit ihren vielen Varianten vertraut zu machen, bevor er zu schwierigeren Eröffnungen wie Spanisch und Damengambit übergeht. Die in der Italienischen geltenden Grundsätze sind im allgemeinen völlig bindend und jedes Zuwiderhandeln kann gewöhnlich in entscheidender Weise geahndet werden. Die Eröffnung weist unzählige Fallstricke für den unerfahrenen Spieler auf und viele schöne Beispiele sind in diesem Buch angeführt.

Welche Art der Spielbehandlung Weiß anstrebt, zeigt sich bereits beim 4. Zug. Mit 4. c3 bekundet Weiß die Absicht, die Herrschaft über das Zentrum zu erringen, wodurch sich schöne Kombinationswendungen ergeben können. Hingegen sagt Weiß mit 4. d3, dass er überhaupt keinen Ehrgeiz hat oder keine andere Absicht verfolgt als eine ruhige Partie zu spielen, die mehr dem Vierspringerspiel ähnelt als der eigentlichen Italienischen und ihren beiden Abkömmlingen, der Preußischen Partie und dem Max-Lange-Angriff. Weiß kann auch 4. ♘c3 ziehen, was zu ähnlichen Varianten wie nach 4. d3 führt. Eine weitere Möglichkeit ist 4. 0-0, worauf Schwarz am besten 4. ... d6 antwortet und mit einem Angriff am Königsflügel fortsetzt. Er hat dabei gute Aussichten auf Erfolg, wenn Weiß nicht selbst energisch im Zentrum und auf der f-Linie zum Angriff schreitet.

Sogar die ruhigen Fortsetzungen geben Gelegenheit zu Überfällen und das erste Beispiel (Nr. 28a), die „Canal-Falle“, zeigt die Nöte des Nachziehenden als Ergebnis eines schlecht berechneten Zuges.

In Nr. 29 kommt Schwarz auf der Königsseite zu Schaden. Das Beispiel weist auf die Gefahren hin, die eine frühzeitige Rochade in der Italienischen Partie sowohl für Schwarz als auch für Weiß mit sich bringt, besonders dann, wenn auch noch die Bauern der Rochadestellung vorgestoßen werden. Beim Nachspielen dieses Beispiels möge der Lernende sorgfältig die Umstände betrachten, die den Angriff des Weißen durchschlagen lassen.

Das nächste Beispiel Nr. 30 ist ein kleines Juwel von Steinitz. Der Plan des Weißen, den feindlichen Königsspringer zu fesseln, ist offenbar nicht günstig, aber die gesamte Spielführung des Schwarzen, die in einem Damenopfer gipfelt, ist zugleich kraftvoll und wunderschön. Wir geben nur das Hauptspiel, doch bereitet es großes Vergnügen, die Nebenspiele selbst auszuarbeiten. Sie sind reizend und dabei nicht schwer zu finden.

Nr. 31 veranschaulicht die Möglichkeiten der Verteidigung 4. ... ♕e7. Sie ist eine folgerichtige Bekämpfungsart von 4. c3, denn Schwarz vermeidet die aus 4. ... ♘f6 entspringenden Verwicklungen und behauptet seine Zentrumsstellung. In diesem Beispiel ist die mit 10. ... ♗h3: beginnende Kombination geradezu vernichtend und gestaltet die Lage des Weißen hoffnungslos. Bei richtigem Spiel von Weiß führt aber die Verteidigung 4. ... ♕e7 zu einer lange Zeit hindurch gedrückten Stellung des Schwarzen und Weiß behält die Führung der Partie. Wenn man dies durch Vorstoß der Königsflügelbauern vermeiden will, so zeigt Nr. 32 die Gefahren auf, die auch vor der Rochade daraus entstehen. Ist kein klarer Gewinn zu sehen, so hüte man sich jederzeit vor solch einem Vormarsch, da sonst die entstehende Schwäche teuer zu stehen kommt.

Die Kombinationsbeispiele Nr. 33-35 erweisen die Chancen von 6. 0-0 (anstatt 6. cd4:). Ist auch dieses Gambit nicht ohne Gefahr anwendbar, so sollte doch jeder Anhänger des Gambitspiels es unbedingt versuchen. Er wird sicherlich damit schöne Erfolge erzielen. Alle drei Beispiele enthalten sehr hübsche Wendungen; in Nr. 33 ist besonders das kraftvolle 12. d6 zu beachten, womit das schwarze Spiel vollkommen gelähmt wird. In Nr. 34 ist das Läuferopfer von durchschlagender Kraft, während in Nr. 35 der Zug 15. ♖ad1 sehr fein ist.

Nr. 36 stammt aus der Spielpraxis und beweist einwandfrei die Minderwertigkeit von 6. ... ♗b6 in der Variante nach 4. c3 ♘f6.

Die letzten Beispiele behandeln den bekannten Möller-Angriff. Das erste, Nr. 37, zeigt die Gefahren, wenn man auf Kosten der Entwicklung eine Figur zu gewinnen versucht. Nr. 38 ist mehrere Jahrhunderte alt, eine Entdeckung des Meisters Greco (1600-1641). Es lässt die Schwierigkeiten erkennen, die in der Spielweise 8. ... ♘c3: statt ♗c3: enthalten sind. Trotzdem kann Schwarz, wenn er diesen Zug getan hat, den Verlust noch vermeiden, indem er Dr. Bernsteins Verteidigung 10. ... d5 wählt. In sehr vielen Fällen führt erst der zweite Fehler ins Verderben.

Jeder Spieler, der sich mit diesen Kombinationen vertraut macht, wird damit unter zweitklassigen Gegnern eine Reihe von Schlachtopfern finden und sein Wissen wird sich auch in Turnieren und Wettkämpfen als wertvoll erweisen.

Nr. 28a

1. e4 e5 2. ♘f3 ♘c6 3. ♗c4 ♗c5 4. d3 d6 5. ♘c3 ♘f6 6. ♗g5 h6 7. ♗f6: ♕f6: 8. ♘d5 ♕d8 9. c3 ♗e6?

Als Hauptvariante gilt in der Theorie gewöhnlich 9. ... ♘e7, aber nach neuestem Stand dürfte 9. ... a6 das Beste sein. Der Textzug führt zu ernsthaftem Nachteil.

10. d4 mit Vorteil für Weiß. Falls 10. ... ed4:, so 11. cd4: ♗b4+ 12. ♘b4: ♗c4: 13. ♘c6: bc6: 14. ♕c2 usw. In der bekannten Partie Canal – Becker, Karlsbad 1929, verlor Schwarz nach 11. ... ♗b6 12. ♘b6: ab6: 13. d5 ♘a5 14. ♗d3 ♗g4 15. b4 sogar eine Figur. Relativ am besten scheint noch 11. ... ♘a5, obwohl 12. ♗d3 c6 13. ♘f4 ♗b4+ 14. ♔f1 d5 15. ♘e6: fe6: 16. ed5: ♕d5: 17. ♕e2 b5 18. ♗g6+ Weiß in der Partie Johner – Nägeli, Bern 1932, deutlichen Positionsvorteil überließ.

Nr. 29

1. e4 e5 2. ♘f3 ♘c6 3. ♗c4 ♗c5 4. d3 ♘f6 5. ♘c3 0-0 6. ♗g5 h6 7. ♗h4 ♗b4 8. 0-0 ♗c3: 9. bc3: g5?

Richtig ist 9. ... d6.

10. ♘g5:! hg5: 11. ♗g5: ♔g7 12. f4 und gewinnt.

Nr. 30

1. e4 e5 2. ♘f3 ♘c6 3. ♗c4 ♗c5 4. 0-0 ♘f6 5. d3

Hat man in dieser Eröffnung frühzeitig rochiert, so muss man auf einen Angriff gegen die Königsstellung vorbereitet sein. Das beste Gegenmittel ist der Beginn einer energischen Unternehmung in der Brettmitte, und zwar c3, d4 und wenn möglich auch f4.

5. ... d6 6. ♗g5

Die Fesselung ist nutzlos, wenn Weiß rochiert hat und Schwarz noch nicht. Schwarz kann seinen Springer leicht entfesseln und zum Angriff schreiten.

6. ... h6 7. ♗h4? g5 8. ♗g3 h5 9. ♘g5: h4 10. ♘f7: hg3:!

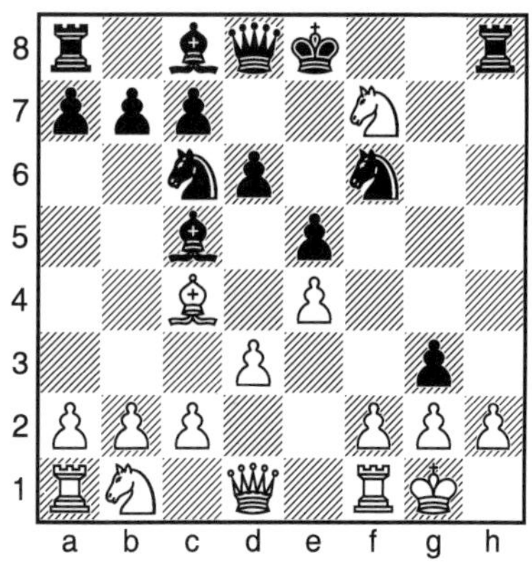

11. ♘d8: ♗g4 12. ♕d2

Weiß konnte die Dame wieder hergeben und 12. ♘c6: ziehen, doch bliebe seine Lage nach 12. ... gf2:+ 13.♔h1 ♗d1: 14. ♖d1: ♘g4 usw. ebenfalls trostlos.

12. ... ♘d4! 13. ♘c3

Oder z. B. 13. h3 ♘e2+ 14. ♔h1 ♖h3:+ 15. gh3: ♗f3 matt.

13. ... ♘f3+ 14. gf3: ♗f3: und gewinnt.

Nr. 31

1. e4 e5 2. ♘f3 ♘c6 3. ♗c4 ♗c5 4. c3 ♕e7 5. 0-0

5. d4 ist besser. Nach 5. ... ♗b6 (oder 5. ... ed4:? 6. 0-0) kann Weiß den Eisinger-Angriff spielen: 6. d5 ♘b8 7. d6.

5. ... d6 6. d4 ♗b6

Es wäre unlogisch, die Bauern zu tauschen. Der Sinn von ♕e7 ist die Behauptung des Zentrumspunktes e5.

7. h3 ♘f6 8. de5:?

Dieser Tausch ist nicht gut, er gibt den Druck auf die schwarze Mitte preis.

8. ... ♘e5: 9. ♘e5: ♕e5: 10. ♘d2 ♗h3:!

Weiß hat sein Möglichstes getan, um seine Stellung zu verderben. Schwarz erlangt nun siegreichen Angriff.

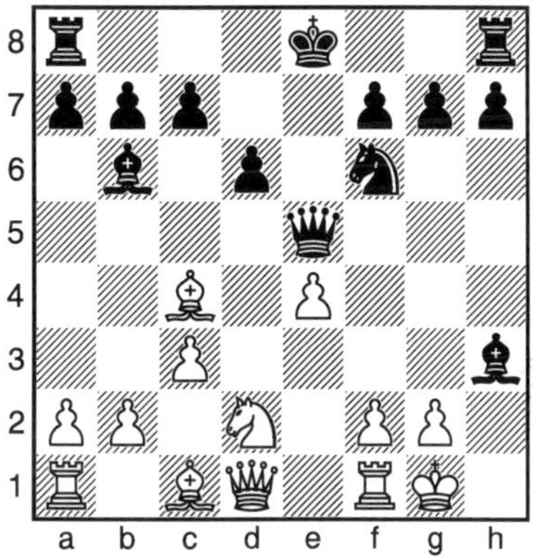

11. gh3: ♕g3+ 12. ♔h1 ♕h3:+ 13. ♔g1 ♘g4 14. ♘f3 ♕g3+ 15. ♔h1 ♗f2: und gewinnt. Dies ist das dritte Beispiel in der Italienischen Partie, wo eine frühzeitige Rochade verliert – und rasch verliert, obgleich die Eröffnung so friedlich aussieht.

Nr. 32

1. e4 e5 2. ♘f3 ♘c6 3. ♗c4 ♗c5 4. c3 ♕e7 5. 0-0 d6 6. d4 ♗b6 (soweit wie Nr. 31) **7. ♗g5 f6 8. ♗h4 g5?**

Obwohl Weiß rochiert hat und Schwarz nicht, ist der Vormarsch in der vorliegenden Stellung schlecht, weil Schwarz f6 und nicht h6 gezogen hat. Hierdurch hat er seine Königsstellung und die Schräge e8-h5 geschwächt, deren Bedeutung wir bereits im 1. Abschnitt gesehen haben.

9. ♘g5:! fg5: 10. ♕h5+ ♔d8 11. ♗g5:

Zwei Bauern und eine derartige Stellung wiegen wahrlich eine Figur auf!

11. ... ♘f6 12. ♕h6 ♖f8 13. f4 ed4: 14. e5! dc3:+ 15. ♔h1 cb2:

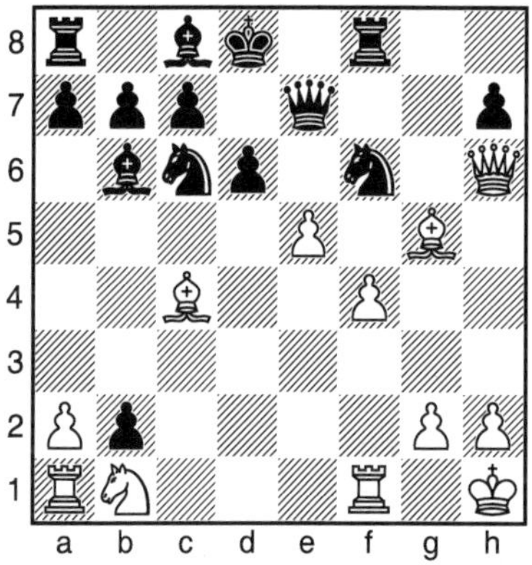

16.ef6: ♖f6: 17. ♕f6: ba1:♕ 18. ♕a1: und gewinnt. Ein schöner, unerwarteter Schluss, der von Greco herrührt.

Nr. 33

1. e4 e5 2. ♘f3 ♘c6 3. ♗c4 ♗c5 4. c3 ♘f6 5. d4 ed4: 6. 0-0 ♘e4:!

Der richtige Weg, der Schwarz gutes Spiel geben sollte.

7. cd4: ♗e7?

Danach wird Schwarz zurückgedrängt. 7. ... d5! hingegen hätte die Schattenseite von 6. 0-0 gezeigt, z. B. 8. ♗b5 ♗d6 9. ♘e5 ♗e5: 10. de5: 0-0 oder 8. dc5: dc4: 9. ♕e2 ♕d3! 10. ♖e1 f5. Relativ am besten für Weiß ist in der letzten Variante 9. ♕d8:+ ♔d8: 10. ♖d1+ ♗d7 11. ♗e3, doch sollte Schwarz ohne Probleme ein vollwertiges Spiel erhalten.

8. d5 ♘b8 9. ♖e1 ♘d6 10. ♗b3 0-0 11. ♘c3 ♘e8 12. d6

Ein sehr hübscher Zug.

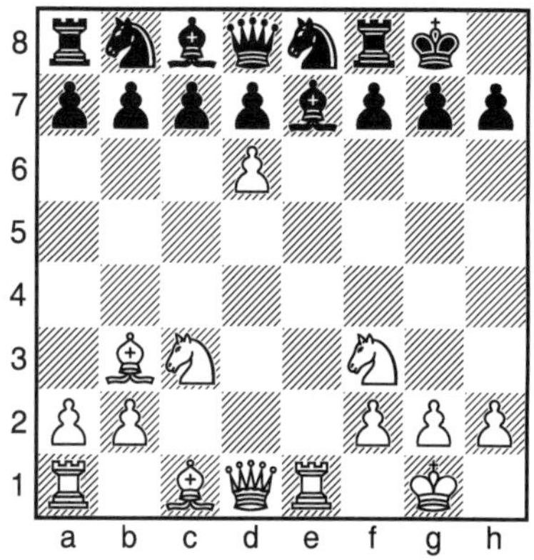

12. ... cd6:

Falls 12. ... ♗d6:, so 13. ♗g5 ♘f6 14. ♘d5 ♘c6 15. ♘f6:+ gf6: 16. ♗h6 mit siegreichem Angriff. Wenn aber 12. ... ♘d6:, dann 13. ♖e7: ♕e7: 14. ♗g5 ♕e8 15. ♕d3 und gewinnt.

13. ♖e7: ♕e7: 14. ♗g5 ♘f6 15. ♘d5 ♕d8 16. ♕d4 ♘c6 17. ♕h4 und gewinnt.

Nr. 34

1. e4 e5 2. ♘f3 ♘c6 3. ♗c4 ♗c5 4. c3 ♘f6 5. d4 ed4: 6. 0-0 (soweit wie Nr. 33) **6. ... 0-0? 7. cd4: ♗b6 8. d5 ♘e7 9. e5 ♘e8 10. d6 cd6: 11. ed6: ♘g6 12. ♗g5 ♘f6 13. ♘c3 h6 14. ♕d3 ♔h7**

Oder auch 14. ... hg5: 15. ♕g6: ♘h7 16. ♘d5! mit einem reizenden Mattbild nach 16. ... fg6: 17. ♘e7++ ♔h8 18. ♘g6:. matt

15. ♗f7:!

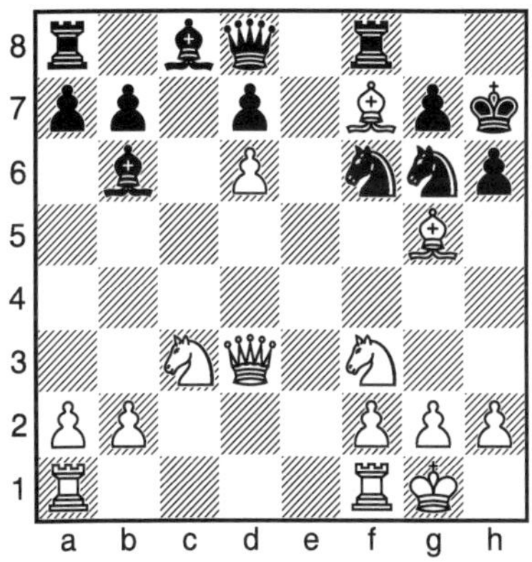

15. ... ♖f7: 16. ♘e5 hg5: 17. ♕g6:+ ♔g8 18. ♕f7:+ und gewinnt.

Nr. 35

1. e4 e5 2. ♘f3 ♘c6 3. ♗c4 ♗c5 4. c3 ♘f6 5. d4 ed4: 6. 0-0 (so weit wie Nr. 33) **6. ... dc3:? 7. e5 d5.** Er stünde auch nach 7. ... cb2: 8. ♗b2: ♘g4 9. ♗f7:+ ♔f7: 10. ♕d5+ wegen Rochadeverlusts und schlechter Entwicklung ungünstig. **8. ef6: dc4: 9. ♕d8:+ ♘d8: 10. fg7: ♖g8 11. ♘c3: ♖g7: 12. ♗f4 ♘e6 13. ♖fe1 c6 14. ♘e4 ♗e7 15. ♖ad1!** mit gutem Spiel für Weiß.

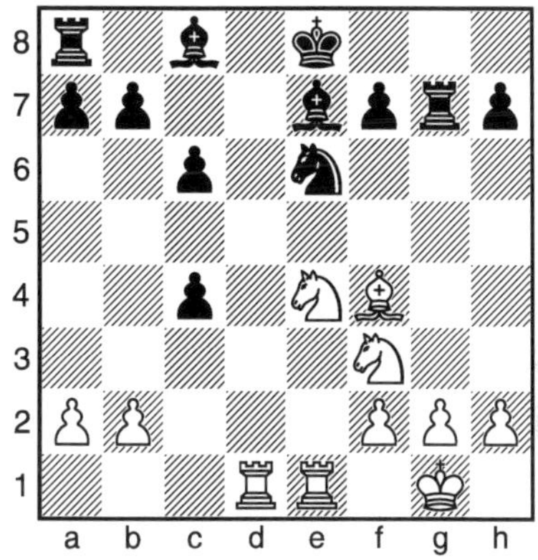

Falls 15. ... ♘f4:?, dann 16. ♘f6+ ♔f8 17. ♖d8+ ♗d8: 18. ♖e8 matt. Dieses Beispiel erinnert an den Max-Lange-Angriff, der bei der Preußischen Partie untersucht werden wird.

Nr. 36

1. e4 e5 2. ♘f3 ♘c6 3. ♗c4 ♗c5 4. c3 ♘f6 5. d4 ed4: 6. cd4: ♗b6?

Der einzig richtige Zug ist hier 6. ... ♗b4+. Wegen dieses Schachs hat Weiß in den Beispielen Nr. 33-35 mit 6. 0-0 fortgesetzt.

7. d5 ♘e7 8. e5 ♘e4 9. d6

Es ist bemerkenswert, dass dieser Zug in der Italienischen Partie schon mehrmals mit entscheidender Wirkung geschehen ist.

9. ... ♘f2: 10. ♕e2 ♘h1: 11. ♗g5 ♗f2+

Mit der Absicht, der Dame einen Fluchtweg zu eröffnen.

12. ♔d1

Nach 12. ♔f1 hätte Schwarz in dem Zug 12. ... ♘f5 eine hübsche Ausrede zur Verfügung. Damit droht er, wenn Weiß die Dame schlägt, ein Springerschach auf e3, während er auf 13. ♕e4 mit einem Springer auf g3 Schach bietet und die Dame gewinnt.

12. ... c6 13. ♗e7: ♕b6 14. ♘g5 ♖f8 15. ♕h5 g6 16. ♕h7: ♕d4+ 17. ♘d2 und gewinnt.

Nr. 37

(Möller-Angriff)

1. e4 e5 2. ♘f3 ♘c6 3. ♗c4 ♗c5 4. c3 ♘f6 5. d4 ed4: 6. cd4: ♗b4+ 7. ♘c3 ♘e4: 8. 0-0 ♗c3: 9. d5

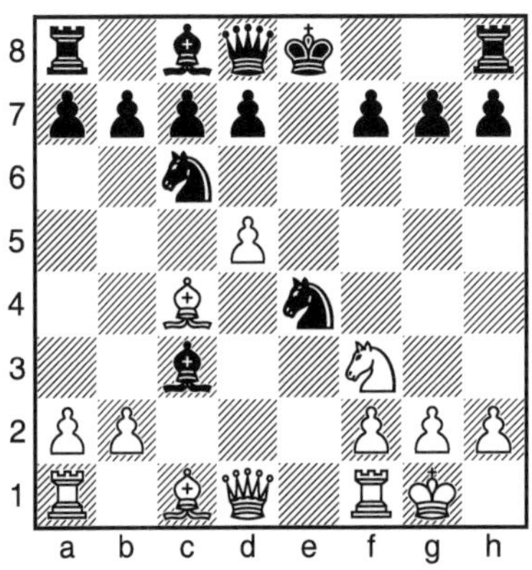

9. ... ♘e5

9. Frage:

Wie kann das Spiel nach 9. ... ♗f6! weitergehen? (Lösung S. 147)

10. bc3: ♘c4: 11. ♕d4 ♘cd6?

Ein besserer Zug ist 11. ... f5. Auch 11. ... 0-0 kommt in Frage.

12. ♕g7: ♕f6 13. ♕f6: ♘f6: 14. ♖e1+ ♔f8

Verliert schnell, aber Schwarz hatte bereits keine befriedigende Verteidigung mehr. Zum Beispiel 14. ... ♔d8 15. ♗g5 ♘de8 16. ♖e8:+ ♔e8: 17. ♖e1+ ♔f8 18. ♗h6+ ♔g8 19. ♖e5 und Matt im nächsten Zug. Relativ besser ist 14. ... ♘fe4 15. ♘d2 f5 16. f3, doch der Entwicklungsvorsprung und der schlecht stehende schwarze König sichern Weiß nach Rückgewinn der Figur großen Vorteil.

15. ♗h6+ ♔g8 16. ♖e5 ♘fe4 17. ♖e1 f5 18. ♖e7 und gewinnt.

Nr. 38

1. e4 e5 2. ♘f3 ♘c6 3. ♗c4 ♗c5 4. c3 ♘f6 5. d4 ed4: 6. cd4: ♗b4+ 7. ♘c3 ♘e4: 8. 0-0 ♘c3: 9. bc3: ♗c3:

Greco, von dem dieses Beispiel herrührt, hat auch 9. ... ♗e7 weiter ausgeführt: 10. d5 ♘a5 11. d6 usw. (siehe dazu ein Beispiel im 1. Abschnitt). Zu gleichem Spiel führt 9. ... d5!.

10. ♕b3

Von der modernen Theorie wird 10. ♗a3! bevorzugt.

10. ... ♗a1:?

Schwarz stürzt in die Falle. Statt dessen sollte er 10. ... d5 spielen.

10. Frage:

Kennen Sie die Fortsetzung nach 10. ... d5? (Lösung S. 147)

11. ♗f7:+ ♔f8 12. ♗g5 ♘e7 13. ♘e5 ♗d4: 14. ♗g6 d5 15. ♕f3+ ♗f5 16. ♗f5: ♗e5: 17. ♗e6+ ♗f6 18. ♗f6: und gewinnt.

Preußische Partie

Die Preußische Partie ist eine sehr unternehmungslustige Verteidigung des Schwarzen, der in einer Variante gezwungen ist, einen Bauern zu opfern. Trotzdem ist diese Eröffnung durchaus einwandfrei, da die Stellung des Schwarzen den preisgegebenen Bauern vollkommen aufwiegt.

Beispiel Nr. 39 lässt erkennen, dass Schwarz nach seinem Bauernopfer einen wirklich gefährlichen Angriff hat. Falle Nr. 40 wurde gegen den amerikanischen Großmeister Fischer in einem Simultanspiel angewandt. Nr. 41 ist nicht gerade naheliegend, wurde aber in der Erwartung angeführt, dass seine Kenntnis doch einigen Spielern nützen wird. Nr. 42 zeigt die Gefahren für Schwarz, wenn er den Bauern d5 schlägt. Der Angriff des Weißen ist in diesem Beispiel noch kräftiger als in der üblichen Spielweise ohne Einschiebung des Zug-paares 4. d4 ed4:, die wir bereits im 1. Abschnitt betrachtet haben.

Sehr schöne und verwickelte Wendungen zeigt das Fallenspiel des Beispiels Nr. 43, das aus einem britischen Turnier herrührt. Schwarz versäumt in seinem 7. Zug die richtige Entgegnung und verliert durch einen zweiten Fehler auf ganz unerwartete Weise die Dame. In einem sehr bekannten Lehrbuch hat der Verfasser den Schlusszug 13. ♘f6+ ebenfalls übersehen. Auch Nr. 44 erfordert genaues Studium, um die schwierigen und interessanten Verwicklungen ganz zu verstehen. Dieses Beispiel folgt einer von Rellstab gewonnenen Partie, die in Berlin 1937 gespielt wurde.

Die Preußische Partie kann in den Max-Lange-Angriff, in das Schottische Gambit oder in die Italienische Partie übergehen, und der Leser sollte selbst untersuchen, wie dieser Übergang vor sich geht und wie er sich auswirkt. Die letzte Falle Nr. 45 zeigt eine der vielen Arten, wie Schwarz im Max-Lange-Angriff fehlgreifen kann, wenn er diese schwierige Verteidigung nicht genügend beherrscht.

Nr. 39

1. e4 e5 2. ♘f3 ♘c6 3. ♗c4 ♘f6 4. ♘g5 d5 5. ed5: ♘a5 6. ♗b5+ c6 7. dc6: bc6: 8. ♗a4

Der richtige Zug ist 8. ♗e2.

8. ... h6 9. ♘f3 e4 10. ♘e5?

Dieser Zug, der beim Läuferrückzug nach e2 jetzt am Platz wäre, ist hier vollkommen falsch und kostet eine Figur.

10. ... ♕d4 11. ♗c6:+ ♘c6: 12. ♘c6: ♕d5 13. ♘a7:

Der weiße Springer trachtet sein Leben so teuer wie möglich zu verkaufen. Weiß übersieht aber die noch größere Gefahr.

13. ... ♗g4 14. f3 ef3: 15. 0-0 ♗c5+ 16. ♔h1

Auf 16. ♖f2 folgt 16. ... ♗f2:+ 17. ♔f2: ♕d4+ und gewinnt.

16. ... fg2: matt

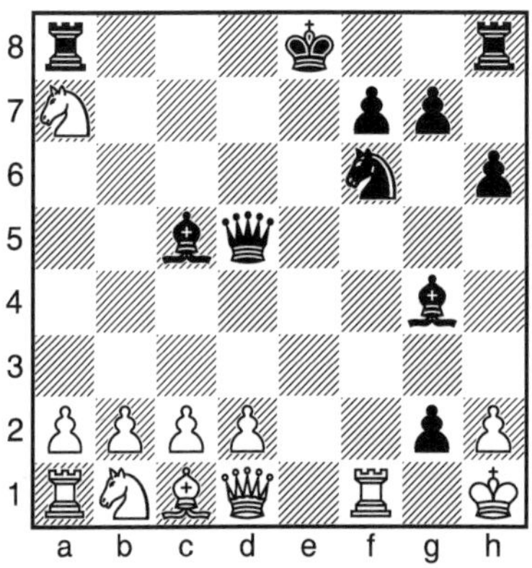

Man beachte die wirksame Stellung der schwarzen Figuren, während der weiße Damenflügel ganz unentwickelt ist und der Springer a7 sich völlig verirrt hat.

Nr. 40

1. e4 e5 2. ♘f3 ♘c6 3. ♗c4 ♘f6 4. ♘g5 d5 5. ed5: ♘d4

Die umstrittene Fritz-Variante.

6. c3 b5 7. ♗f1 ♘d5:

7. ... h6 8. cd4: hg5: 9. de5: ♘d5: 10. ♗b5:+ ♗d7 gilt nach neuerer Ansicht als nicht mehr völlig befriedigend für Schwarz.

8. cd4: ♕g5: 9. ♗b5:+ ♔d8 10. ♕f3 ♗b7 11. 0-0 e4! 12. ♕e4: ♗d6! 13. d3?

Weiß übersieht das Läuferopfer, er sollte 13. ♖e1 spielen.

13. ... ♗h2:+ 14. ♔h2: ♘f4! und Schwarz gewinnt. Ein überraschender Schluss (15. ♕b7: ♕h4+ 16. ♔g1 ♘e2 matt)!

Nr. 41

1. e4 e5 2. ♘f3 ♘c6 3. ♗c4 ♘f6 4. ♘g5 ♘e4:? 5. ♗f7:+ ♔e7 6. ♘e4:

Als beste Antwort, die eine Widerlegung des 4. Zuges von Schwarz einleitet, gilt heute 6. d4.

6. ... ♔f7: 7. ♕f3+ ♔g8?

Unbedingt nötig ist hier 7. ... ♔e8.

8. ♘g5 und gewinnt. Auf 8. ... ♕g5: folgt 9. ♕d5 matt.

Nr. 42

1. e4 e5 2. ♘f3 ♘c6 3. ♗c4 ♘f6 4. d4 ed4: 5. ♘g5 d5 6. ed5: ♘d5:?

Die korrekte Fortsetzung ist 6. ... ♕e7+ nebst ♘e5.

7. 0-0! ♗e7 8. ♘f7: ♔f7: 9. ♕f3+ ♔e6 10. ♘c3 dc3: 11. ♖e1+ und gewinnt.

Nr. 43

1. e4 e5 2. ♘f3 ♘c6 3. ♗c4 ♘f6 4. d4 ed4: 5. 0-0 ♘e4:

Das Schlagen des zweiten weißen Mittelbauern gibt dem Gegner Gelegenheit zu einem heftigen Angriff und Schwarz muss die richtige Verteidigung gut kennen, wenn er sich darauf einlassen will. Eine vorsichtigere Antwort ist 5. ... d6.

6. ♖e1 d5 7. ♘c3

Eine sehr interessante, von Canal stammende Falle.

7. ... ♗e6?

Die beste, von Dr. Dyckhoff herrührende Antwort, die den Schwarzen in Vorteil bringt, ist 7. ... dc3: 8. ♗d5: ♗e6! und falls 9. ♖e4:, so 9. ... ♘e7 und gewinnt.

8. ♘e4: dc4: 9. ♘fg5 ♗e7 10. ♘e6: fe6: 11. ♕h5+ g6 12. ♕b5 ♕d5?

Verliert auf der Stelle. Schwarz muss rochieren.

13. ♘f6+! und der Anziehende gewinnt.

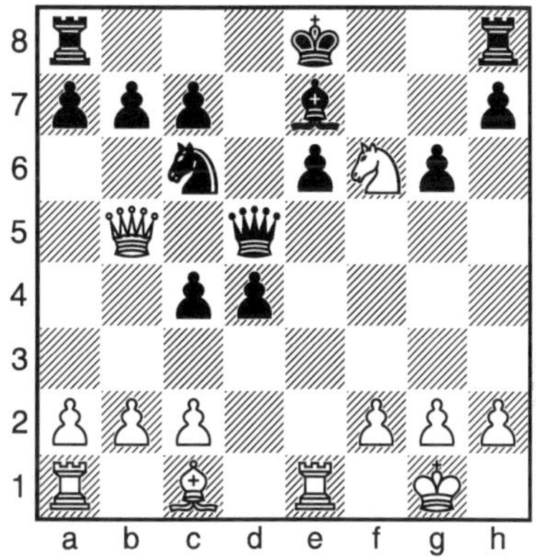

Nr. 44

1. e4 e5 2. ♘f3 ♘c6 3. ♗c4 ♘f6 4. d4 ed4: 5. 0-0 ♘e4: 6. ♖e1 d5 7. ♗d5: ♕d5: 8. ♘c3 ♕a5

Der beste Platz für die schwarze Dame. Den Springer darf Schwarz natürlich nicht schlagen.

9. ♘e4: ♗e6 10. Seg5 0-0-0 11. ♘e6: fe6: 12. ♖e6: ♗d6 13. ♕e2?!

Nach diesem alten Zug hat Weiß schon Probleme, überhaupt Ausgleich zu erlangen. Chancen auf Initiative gibt nach heutiger Ansicht nur 13. ♗g5.

13. ... ♕h5 14. ♗d2?

Notwendig ist zunächst der Zug 14. h3.

14. ... d3! 15. ♕e4

Weiß hat sich in einer Falle gefangen. Auf 15. cd3: ♘d4 16. ♘d4: folgt Matt in zwei Zügen: 16. ... ♕h2:+ 17. ♔f1 ♕h1.

15. ... ♘d4 und gewinnt.

11. Frage:

Wie würden Sie auf 16. ♖d6: fortsetzen? (Lösung S. 147)

Nr. 45

(Max-Lange-Angriff)

1. e4 e5 2. ♘f3 ♘c6 3. ♗c4 ♘f6 4. d4 ed4: 5. 0-0 ♗c5 6. e5 d5 7. ef6: dc4: 8. ♖e1+ ♗e6 9. ♘g5 ♕d5

Mit 9. ... ♕f6:? stürzt Schwarz in die Falle 10. ♘e6: fe6: 11. ♕h5+ und Weiß gewinnt den Läufer c5.

10. ♘c3 ♕f5 11. ♘ce4 ♗f8?!

Als einziger Zug, der Nachteil vermeidet, gilt inzwischen 11. ... 0-0-0!.

12. ♘f7: ♔f7: 13. ♘g5+ ♔g8 14. g4

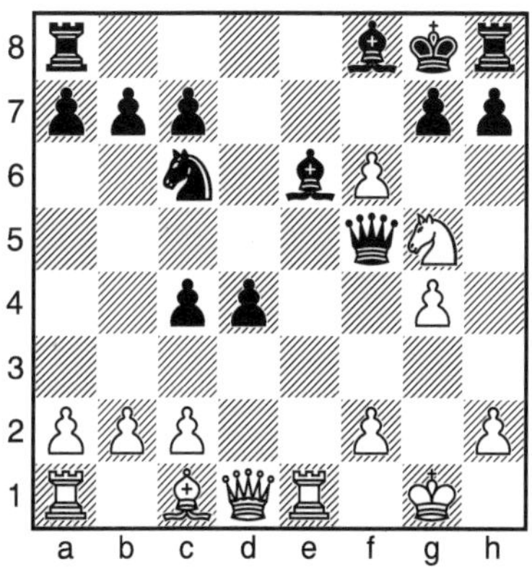

14. ... ♕g4:+?

Blindheit. Der beste Zug ist 14. ... ♕g6!, z. B. 15. ♖e6: (15. fg7: ♗d5!) 15. ... gf6: 16. ♕f3 ♔g7, obwohl Weiß dennoch die besseren Aussichten behält.

15. ♕g4: ♗g4: 16. f7 matt. Ersticktes Matt mit dem Bauern!

Schottisches Spiel und Schottisches Gambit

Die Schottische Partie wurde in modernen Turnieren oder Wettkämpfen lange Zeit nicht sehr häufig angewandt, weil man glaubte, dass die Verteidigung durch Schwarz verhältnismäßig leicht zu führen ist und Weiß keinen ausreichenden Anzugsvorteil erlangt. In den letzten Jahren, ausgelöst durch den WM-Kampf 1990, erlebte die Eröffnung jedoch einen „zweiten Frühling“.

Das Schottische Gambit liefert für den geopferten Bauern einen starken Angriff und Schwarz kann in ernste Schwierigkeiten geraten, wenn er nicht mit der Verteidigung wohl vertraut ist. Vermeidet er aber die zahlreichen Fallgruben, die seinen Weg gefährden, so erlangt er schließlich das bessere Spiel.

Die Falle Nr. 46 zeigt, wie gefährlich es ist, die Entwicklung zu vernachlässigen, um dafür Bauern zu gewinnen. Das Opfer des Damenturms in Nr. 47 ist durch Zugumstellung aus der „Ungarischen Verteidigung“ entstanden. Die Falle ist nicht selten! Eine eigenartige Sache ist Nr. 48, wo Schwarz ein paar Bauern gewinnt, aber eine Figur verliert. Der Fehler ist im 8. Zug von Schwarz zu suchen. Das interessanteste Beispiel ist Nr. 49, wo Weiß auf Bauerngewinn spielt. Anstatt nun einen starken Angriff einzuleiten, stellt Schwarz dem Gegner eine Falle und hat Erfolg.

Eine gründliche Zerstörung der Bauernstellung am schwarzen Damenflügel zeigt Nr. 50, wo ein sorgloser Zug zu einem verlorenen Endspiel führt. Im nächsten Beispiel Nr. 51 werden die Manöver der schwarzen Dame durch ein sehr hübsches Gegenspiel vollständig widerlegt, während in Nr. 52 ein verfrühter Angriff des Weißen scheitert. In Nr. 53 erzwingt Weiß auf sehr elegante Art ein Remis durch ewiges Schach. Das „Belgrader Gambit" schließlich, das die Falle Nr. 54 behandelt, bietet noch ungeklärte Probleme. Keinesfalls darf Schwarz so wie in der Partie Radoicic – Gligoric (1945) fortsetzen, die unserem Beispiel zugrunde liegt.

Nr. 46

1. e4 e5 2. ♘f3 ♘c6 3. d4 ed4: 4. ♗c4 ♗b4+ 5. c3 dc3: 6. 0-0 cb2:?

Schwarz lenkt die Partie ins Nordische Gambit über, aber in eine höchst unbefriedigende Variante.

7. ♗b2: ♘f6 8. ♘g5 0-0 9. e5 d5 10. ef6: dc4: 11. ♕h5 h6

Falls 11. ... ♗f5, so 12. fg7: ♖e8 13. ♕f7: matt.

12. ♘e4 mit starkem Angriff.

Nr. 47

1. e4 e5 2. ♘f3 ♘c6 3. ♗c4 ♗e7 4. d4 ed4: 5. c3 dc3:(?)

Zu gewagt. Tschigorin hat deshalb 5. ... ♘a5! vorgeschlagen.

6. ♕d5!

Wegen vermeintlich „undeckbaren Matts" sind an dieser Stelle schon Partien aufgegeben worden.

6. ... ♘h6 7. ♗h6: 0-0

Mit Doppeldrohung gegen h6 und b2. Am besten setzt Weiß 8. ♗g7: ♔g7: 9. ♘c3: fort und behauptet angesichts des bloßgestellten schwarzen Königs ein aussichtsreiches Spiel. Weniger klar ist 8. ♗c1 ♘b4! 9. ♕d1 c2! bzw. 9. ♕h5 d5! 10. ♗d5: ♘c2+ mit schwierigen Verwicklungen, eine Feststellung des Berliner Meisters K. Richter.

Nr. 48

1. e4 e5 2. ♘f3 ♘c6 3. d4 ed4: 4. ♘d4: ♗c5 5. ♗e3 ♕f6 6. c3 ♘ge7 7. ♘d2 ♘d4:

Nicht 7. ... ♗d4: 8. cd4: ♘d4:? wegen 9. e5 ♕e5: 10. ♘c4 und Weiß gewinnt.

8. e5 ♕e5:?

Schwarz fällt herein. Mit dem Zwischenschach 8. ... ♘c2+ 9. ♕c2:

♕e5: konnte er ein ausgezeichnetes Spiel erlangen.

9. cd4: ♗d4: 10. ♘c4 und gewinnt.

Nr. 49

1. e4 e5 2. ♘f3 ♘c6 3. d4 ed4: 4. ♘d4: ♗c5 5. ♗e3 ♕f6 6. c3 ♘ge7 (so weit wie Nr. 48) **7. ♕d2 0-0 8. ♘b5 ♗e3: 9. ♕e3: ♕e5?**

Eine Falle. Mit 9. ... d5! kann Schwarz ein prächtiges Spiel mit derartigen Angriffsmöglichkeiten erlangen, dass Weiß am besten tut, nicht den geplanten Bauernraub auszuführen, sondern mit 10. ♘d2 fortzusetzen.

10. f4?

Weiß strauchelt. Der richtige Zug ist 10. ♘d2, womit 11. ♘f3 droht.

10. ... ♘d5! 11. fe5:

Da der Bauer f4 zweimal angegriffen ist, darf die weiße Dame nicht ziehen.

11. ... ♘e3:. Schwarz droht ♘c2+ oder ♘e5: und steht sehr gut.

Nr. 50

1. e4 e5 2. ♘f3 ♘c6 3. d4 ed4: 4. ♘d4: ♗c5 5. ♗e3

12. Frage:

Wenn Weiß die Reihenfolge der Züge vertauscht und zuerst 5. c3 spielt, wie kann Schwarz diesen Fehler ausnützen? (Lösung S. 147)

5. ... d6? 6. ♘c6: bc6: 7. ♗c5: dc5: 8. ♕d8:+ ♔d8: 9. ♘d2

Weiß sollte das Endspiel ohne Schwierigkeit gewinnen.

Nr. 51

1. e4 e5 2. ♘f3 ♘c6 3. d4 ed4: 4. ♘d4: ♕h4 5. ♘b5 ♗b4+ 6. c3 ♕e4:+ 7. ♗e3 ♗a5 8. ♘d2 ♕d5?

13. Frage:

Welchen Rückzug für die Dame würden Sie vorschlagen?

(Lösung S. 147)

9. ♘c4 ♕d1:+ 10. ♖d1: ♔d8 11. ♘a5: ♘a5: 12. ♗f4 d6

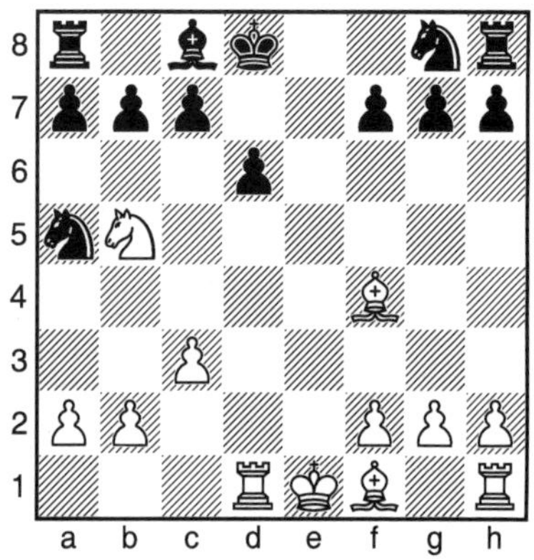

13. ♘c7:! ♔c7: 14. ♖d6: ♘c6

Falls 14. ... b6, so 15. ♗b5 ♔b7 16. b4 und gewinnt.

15. ♖d5+ ♔b6 16. ♖b5+ ♔a6 17. ♗c7 b6 18. ♖b6:++ ♔a5 19. ♖a6 matt.

Nr. 52

1. e4 e5 2.♘f3 ♘c6 3.d4 ed4: 4. ♘d4: ♘f6 5. ♘c6: bc6: 6. ♗d3 d5 7. e5

Zum Ausgleich führt 7. ed5:.

7. ... ♘g4 8. 0-0 ♗c5 9. h3?

Am Platz war 9. ♕e2, was zu kompliziertem Spiel mit beidseitigen Chancen führen kann.

9. ... ♘e5: 10. ♖e1 ♕f6 11. ♕e2 0-0 12. ♕e5:?

Die im 9. Zug eingeleitete Aktion erweist sich hiermit als verfehlt. Man beachte den ganz unentwickelten Damenflügel!

12. ... ♕f2:+ 13. ♔h1 ♗h3:! 14. gh3: ♕f3+ 15. ♔h2 ♗d6 und gewinnt.

Nr. 53

1. e4 e5 2. ♘f3 ♘c6 3. ♘c3 ♘f6 4. d4 ed4: 5. ♘d4:

Das Schottische Vierspringerspiel.

5. ... ♗b4 6. ♘c6: bc6: 7. ♗d3 d5 8. ed5: cd5: 9. 0-0 0-0 10. ♗g5 ♗e6 11. ♕f3 ♗e7 12. ♖fe1 h6 13. ♗h6: gh6: 14. ♖e6:

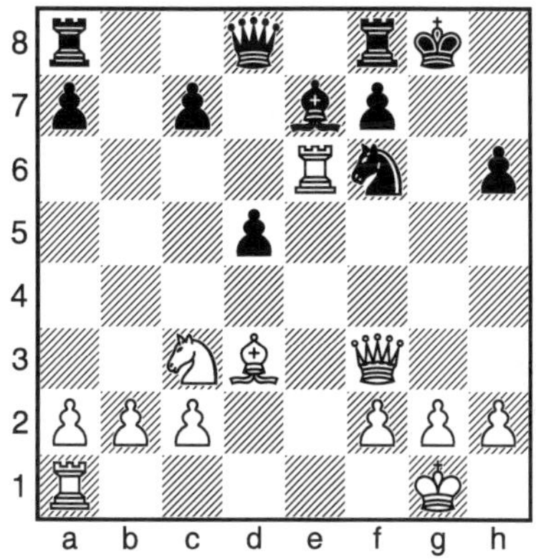

14. ... fe6: 15. ♕g3+ ♔h8 16. ♕g6 ♕e8 17. ♕h6:+ Remis.

Obige Züge sind die einer in Moskau 1913 gespielten Partie Aljechin – Dr. Lasker. Andere Partien wie beispielsweise Romanowsky – Capablanca aus dem Moskauer Turnier 1925 haben nahezu denselben Verlauf genommen.

Nr. 54

1. e4 e5 2. ♘f3 ♘c6 3. ♘c3 ♘f6 4. d4 ed4: 5. ♘d5

Das Belgrader Gambit, das Schwarz am einfachsten mit 5. ... ♗e7 beantwortet, z. B. 6. ♘d4: ♘d5: 7. ed5: ♘d4: 8. ♕d4: 0-0.

5. ... h6

Interessant ist 5. ... ♘e4: 6. ♕e2 f5 7. ♘g5 d3! 8. cd3: ♘d4 9. ♕h5+ g6 10. ♕h4 mit verwickeltem Spiel. Auch 5. ... ♘d5: 6. ed5: ♘b4 7. ♗c4 ♕e7+ 8. ♔d2! ♕c5 ist anwendbar, z. B. 9. ♖e1+ ♗e7 10. ♕e2 b5! usw.

6. ♘d4: ♘e4:?

Schwarz musste sich mit ♗c5 begnügen. Der Bauernraub wird elegant widerlegt.

7. ♘b5 ♗c5 8. ♕g4!

Vermeidet die Falle 8. ♘bc7:+ ♔f8 und Schwarz steht gut!

8. ... 0-0

Erzwungen.

9. ♗h6: mit großem Vorteil für Weiß.

Englisches Springerspiel

Mit dieser Eröffnung, die vielfach auch nach Ponziani benannt wird, versucht Weiß ein Bauernzentrum zu errichten. Er verliert indessen mit 3. c3 ein Entwicklungstempo und Schwarz sollte keine Schwierigkeiten haben, das Spiel auszugleichen.

Das erste Beispiel (Nr. 55) weist ein sehr interessantes doppeltes Turmopfer auf. Das Versäumnis des Weißen in der Entwicklung seiner Figuren wird von Schwarz schlagend ausgenutzt. In Nr. 56 finden wir die moderne Behandlung dieser Eröffnung. Gestützt auf das geschenkte Tempo lässt sich Schwarz auf ein von Leonhardt erfundenes Gambitspiel ein, das ihm tatsächlich gute Aussichten bietet. Dieses Beispiel, das einem prächtigen Turniersieg Dr. Aljechins folgt, ist trotz des ziemlich schwachen weißen Gegenspiels von großer Schönheit.

Nr. 55

1. e4 e5 2. ♘f3 ♘c6 3. c3 d5 4. ♕a4 de4: 5. ♘e5: ♕d5 6. ♗b5 ♘ge7

Der erste Ansturm des Weißen ist damit abgewehrt.

7. f4 ♗d7 8. ♘d7: ♔d7: 9. 0-0?

14. Frage:
Wie kann Weiß an dieser Stelle besser fortsetzen?
(Lösung S. 147)

9. ... ♘f5 10. b4

Schwarz drohte soeben 10. ... ♗c5+ 11. ♔h1 ♘g3+! nebst Matt. Was soll man zugunsten einer Eröffnung sagen, wenn Schwarz so früh über derartige Drohungen verfügt?

10. ... a5 11. ♔h1 ab4:!

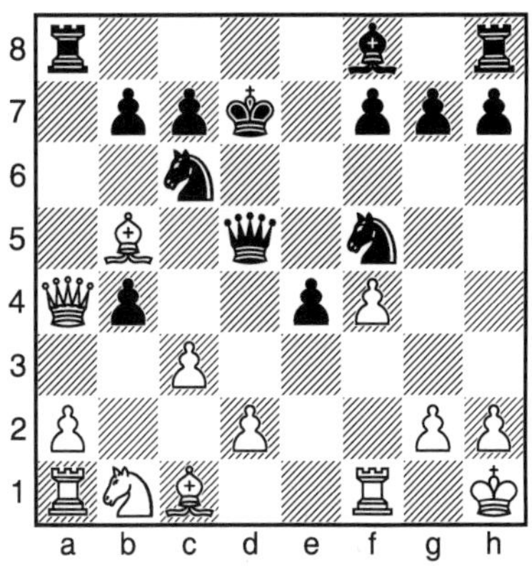

12. ♕a8: ♗c5 13. ♕h8: ♘g3+ 14. hg3: ♕h5 matt

Nr. 56

1. e4 e5 2. ♘f3 ♘c6 3. c3 d5 4. ♕a4 ♘f6 5. ♘e5: ♗d6 6. ♘c6: bc6: 7. e5?!

Am besten ist nach Meinung der modernen Theorie 7. d3 0-0 8. ♗e2 und falls 8. ... ♖e8, so 9. ♗g5. Es entsteht eine komplizierte Lage mit beidseitigen Chancen.

7. ... ♗e5: 8. d4 ♗d6 9. ♕c6:+ ♗d7 10. ♕a6 0-0 11. ♗e2 ♖e8 12. ♘d2?

Ein sehr schwacher Zug. Weiß sollte rochieren.

12. ... ♖b8

Damit droht Schwarz ♗b5.

13. a4 ♕e7 14. ♘f1?

Anscheinend erkennt Weiß die drohende Gefahr nicht. Sein Spiel ist aber bereits verloren. Falls z. B. 14. ♕d3, dann 14. ... ♗f5 15. ♕e3 ♕d7 16. ♕f3 ♗g4 und gewinnt.

14. ... ♗b5 und gewinnt.

Russische Partie

Die Russische Partie scheint zum Ausgleich zu genügen. Sie war früher nicht sehr beliebt, hat aber in der modernen Praxis erheblich an Bedeutung zugenommen. Im Prinzip ist sie eine solide Eröffnung, es gibt jedoch auch eine Reihe von Varianten, wo Schwarz, notfalls auf Kosten von Material, aktives Gegenspiel erhält. Einige besonders scharfe Möglichkeiten wie das von Marshall gern angewandte Gambit (siehe Nr. 58) gelten freilich inzwischen als widerlegt.

Die ersten zwei Beispiele laufen parallel; im einen gewinnt Weiß durch ein Läuferopfer auf h7, im andern Schwarz durch dasselbe Opfer auf h2. In Nr. 57 ist die Art der weißen Angriffsführung, nachdem Schwarz unbedacht den Bauern c4 geschlagen hat, nicht leicht vorauszusehen. Ein Spieler, der mit der Idee des Läuferopfers auf h7 vertraut ist, wird gleichwohl nicht versäumen, es öfters im voraus zu erwägen. In Nr. 58 finden wir eine tiefe und prächtige Falle, welcher Weiß unerwartet zum Opfer fällt. Die mit 10. ... ♗h2:+ beginnende Kombination ist sechs Züge lang und kam in einer Wettkampfpartie Janowski – Marshall tatsächlich zur Anwendung. Hier ebenso wie im vorigen Beispiel geht das Spiel wegen eines unberechtigten Bauernraubes verloren.

In Nr. 59 glaubt Schwarz seinem Gegner erfolgreich eine Falle gestellt zu haben, es zeigt sich aber, dass es umgekehrt richtig ist: der Weiße hat den Gegner überlistet.

Nr. 57

1. e4 e5 2. ♘f3 ♘f6 3. ♘e5: d6

Ein verhängnisvoller Reinfall wäre 3. ... ♘e4:? 4. ♕e2 ♘f6? 5. ♘c6+ und Weiß gewinnt (siehe 1. Abschnitt).

4. ♘f3 ♘e4: 5. d4 d5 6. ♗d3 ♗d6 7. 0-0 0-0 8. c4 ♗e6 9. ♘c3

Es gibt nach heutiger Ansicht auch solide und gute Möglichkeiten, z. B. 9. ♕c2 oder 9. cd5: ♗d5: 10. ♘c3 ♘c3: 11. bc3:.

9. ... ♘c3: 10. bc3: dc4:?!

Alle Vorbedingungen für das Läuferopfer auf h7 sind hier gegeben und Schwarz sollte es voraussehen.

11. ♗h7:+ ♔h7: 12. ♘g5+ ♔g8?

Wenn schon, dann musste Schwarz nun auch konsequent 12. ... ♔g6 versuchen, wonach eine zwingende Angriffsfortsetzung noch zu beweisen wäre.

13. ♕c2! g6

Auf 13. ... ♖e8 folgt 14. ♕h7+ ♔f8 15. ♖e1 ♕f6 16. d5 ♘c6 17. de6: ♕h6 18. e7+ ♖e7: 19. ♘e6+ mit Damengewinn.

14. ♘e6: fe6: 15. ♕g6:+ ♔h8 16. ♗g5 ♗e7 17. ♕h6+ ♔g8 18. ♕e6:+ ♖f7 19. ♗e7: ♕e7: 20. ♕c8+ mit Vorteil für Weiß. Er bekommt vier Bauern für die geopferte Figur.

Nr. 58

1. e4 e5 2. ♘f3 ♘f6 3. ♘e5: d6 4. ♘f3 ♘e4: 5. d4 d5 6. ♗d3 ♗d6 7. 0-0 ♗g4 8. ♖e1 f5

Wesentlich besser ist sofort 8. c4 mit der Hauptvariante 8. ... 0-0 9. cd5: (in diesem Fall ist Bf2 nicht geschwächt) 9. ... f5 10. ♘c3 ♘d7 11. h3 ♗h5 12. ♘e4: fe4: 13. ♗e4: ♘f6 14. ♗f5 ♔h8 15. g4 ♘d5: 16. ♗e6 ♗f7 17. ♘g5 ♗e6: 18. ♘e6: ♕h4 19. ♕b3 und da auch 20. ♗g5 droht, muss Schwarz entscheidende Verluste hinnehmen (Alexander – Mallison, Brighton 1938). Auch andere Fortsetzungen können nach heutiger Ansicht diese Gambitvariante für Schwarz nicht retten.

9. c4 0-0 10. cd5:?

Der entscheidende Fehler. Richtig ist 10. h3. Dagegen wäre auch nach 10. ♘c3 das Opfer ♗h2:+ möglich.

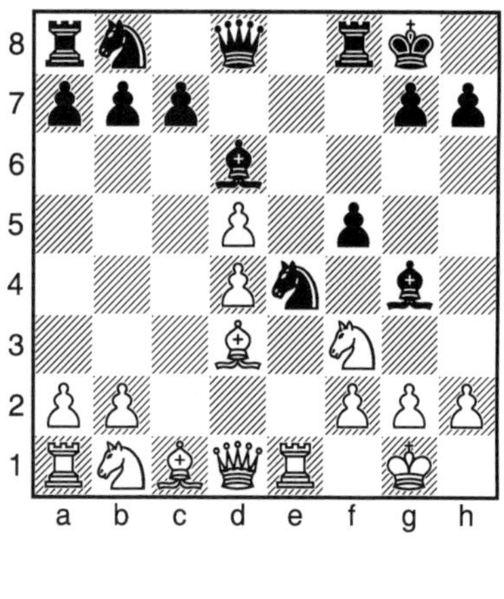

10. ... Lh2:+! 11. Kh2: Sf2: 12. De2 Sd3: 13. Dd3: Lf3: 14. gf3: Dh4+ und gewinnt.

Nr. 59

1. e4 e5 2. Sf3 Sf6 3. d4 d5?

Es ist für Schwarz nicht möglich, sich völlig symmetrisch aufzubauen. Die normalen Varianten beginnen mit 3. ... ed4: 4. e5 Se4 5. Dd4: d5 oder mit 3. ... Se4:.

4. ed5: ed4: 5. Lb5+ c6 6. dc6:

Ein schwieriges Fallenspiel. Einfacher ist freilich 6. De2+ Le7 7. dc6: bc6: 8. Lc4 0-0 9. 0-0 Lg4 10. c3 und Weiß steht besser (Dr. Tarrasch).

6. ... Da5+ 7. Sc3 bc6:

„...und gewinnt eine Figur", glaubt der Schwarze.

8. Sd4: cb5: 9. Df3! Dc7!

Schwarz legt eine Gegenmine: 10. Da8:? Lb7 11. Da7: Lc5 und gewinnt.

10. Sdb5: De7+ 11. Le3 Lb7 12. Df4! Sh5 13. Dc4 und Weiß hat entscheidenden Angriff.

Philidors Verteidigung

Seit den Tagen Morphys hat die Beliebtheit der Philidor-Verteidigung stark abgenommen; sie gibt dem Schwarzen ein sehr gedrücktes Spiel. Verschiedene Meister haben zu verschiedenen Zeiten versucht, diese Verteidigung in Form der Hanham-Variante neu zu beleben, ihre Bemühungen waren aber nicht von Erfolg begleitet.

Das erste Beispiel Nr. 60 weist eine wunderschöne Abart der sogenannten Seekadetten-Falle (siehe 1. Abschnitt) auf, die von Seguin erfunden wurde. Verwickelt ist Nr. 61, wo Weiß nach einem schwächeren Zuge des Schwarzen einen mächtigen Angriff erlangt.

Die nächsten zwei Beispiele erläutern die Hanham-Verteidigung und ihre Gefahren. Der Zug c6, der keine Figur entwickelt, bedeutet einen Zeitverlust und dieser gestattet dem Weißen, durch ein Figurenopfer auf dem kritischen Feld f7 sofort einen starken Angriff einzuleiten. Das Läuferopfer schwächt das Feld e6 und führt manchmal zum Verlust der schwarzen Dame, wie dies in dem von Leonhardt herrührenden Beispiel Nr. 62 auf bemerkenswerte Weise der Fall ist. Auch wenn ein derartiger Gewinn nicht erreichbar ist, kommt Weiß wie in Nr. 62a zu einem mächtigen Angriff, weil Schwarz keine Zeit zur Rochade findet.

Angesichts all dieser in der Philidor-Verteidigung vorhandenen Gefahren ist dem Lernenden zu raten, sie als Schwarzer in ernsten Partien nicht anzuwenden – zumindest so lange nicht, bis er eine ausreichende Spielstärke erlangt hat, um die von Weiß gestellten Fallen zu vermeiden.

Nr. 60

1. e4 e5 2. ♘f3 d6 3. ♗c4 f5? 4. d4 ♘f6 5. ♘c3 ed4: 6. ♕d4: ♗d7?

Sofort ♘c6 ist viel besser.

7. ♘g5 ♘c6 8. ♗f7+ ♔e7

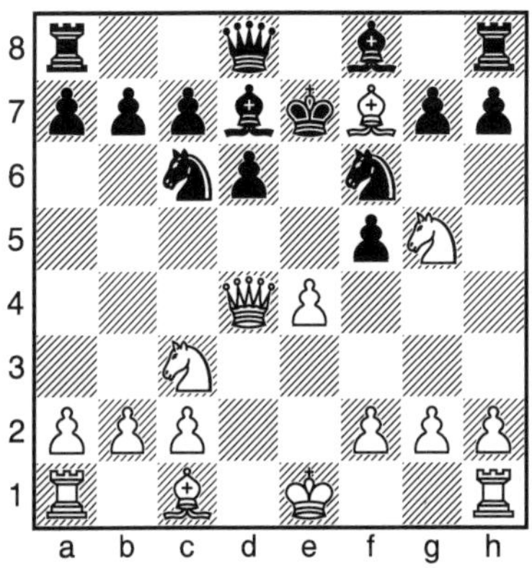

9. ♕f6:+!

Die Dame wird geopfert, um den feindlichen Königsspringer zu beseitigen und so ♘d5+ zu ermöglichen. Die Schlusswendung mit dem Rückzug beider Springer des Weißen ist sehr gefällig.

9. ... ♔f6: 10. ♘d5+ ♔e5 11. ♘f3+ ♔e4: 12. ♘c3 matt.

Nr. 61

1. e4 e5 2. ♘f3 d6 3. d4 ♘f6 4. de5: ♘e4: 5. ♕d5 ♘c5 6. ♗g5 ♕d7

Natürlicher sieht die Alternative 6. ... ♗e7 aus, z. B. 7. ed6: ♕d6: 8. ♘c3 0-0.

7. ♘c3 de5:?

Zuerst musste 7. ... c6 geschehen, zum Beispiel 8. ♕d2 de5: 9. ♘e5: ♕d2:+ 10. ♗d2: ♘bd7. Als weitere Möglichkeit gibt die Theorie 7. ... ♘e6 an.

8. ♗b5 c6 9. ♕e5:+ ♘e6 10. ♖d1 und die Überlegenheit des Weißen wird bald überwältigend.

15. Frage:

Wie würden Sie dieses Spiel fortsetzen? (Lösung S. 147)

Nr. 62

1. e4 e5 2. ♘f3 d6 3. d4 ♘d7 4. ♗c4 c6

Die zwei letzten Züge bilden die Hanham-Verteidigung. Ihr Grundgedanke besteht darin, das Zentrum nicht aufzugeben, sondern den Bauern e5 durch ♕c7 zu stützen. Wenn statt dessen 4. ... ♗e7?, dann 5. de5: ♘e5: (noch schlechter ist 5. ... de5: 6. ♕d5 und gewinnt) 6. ♘e5: de5: 7. ♕h5 mit Bauerngewinn.

5. ♘g5 ♘h6 6. a4!

Weiß bereitet eine Falle vor...

6. ... ♗e7?

...und Schwarz fällt hinein. Er hat die bald ersichtliche Bedeutung des weißen Bauernzuges nicht erkannt.

7. ♗f7:+ ♘f7: 8. ♘e6

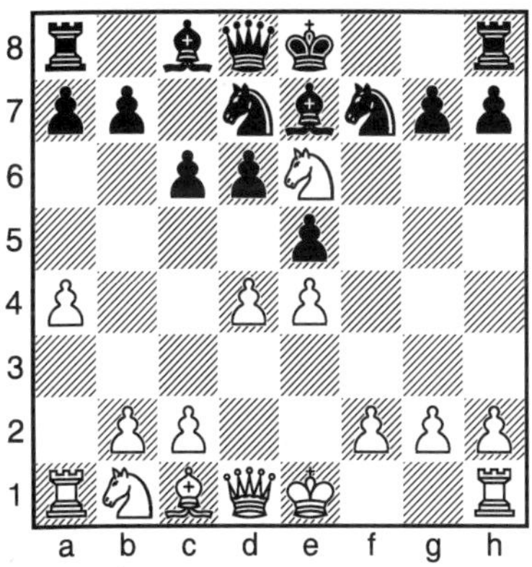

8. ... ♕a5+

Auf 8. ... ♕b6 folgt 9. a5 ♕b4+ 10. c3 ♕c4 11. ♘c7+ ♔d8 12. b3 und die Dame ist gefangen. Dies war der Sinn von 6. a4.

9. ♗d2 ♕b6 10. a5 ♕b2: 11. ♗c3 ♕b5 12. ♘c7+ und gewinnt.

Nr. 62a

1. e4 e5 2. ♘f3 d6 3. d4 ♘d7 4. ♗c4 c6 5. ♘g5 ♘h6 6. 0-0 ♗e7?

6. ... ♕c7 ist die korrekte Fortsetzung.

7. ♘e6! fe6: 8. ♗h6: gh6:?

Falls 8. ... ♘b6, so 9. ♗g7: ♖g8 10. ♕h5+ ♔d7 11. ♗e6:+ und gewinnt. Noch am erträglichsten für Schwarz ist 8. ... 0-0.

9. ♕h5+ ♔f8 10. ♗e6: und Matt im nächsten Zug.

Wiener Partie

Die Wiener Partie ähnelt in manchen wichtigen Abspielen dem Königsgambit, und der Lernende sollte sich mit ihren Eigenheiten vertraut machen, da ihre Leitgedanken recht einfach sind.

In Nr. 63 opfert Weiß einen Bauern und die Qualität für einen ausgiebigen Stellungsvorteil.

Einen weiteren Fall eines Versuches, frühzeitig in der Eröffnung einen Bauern zu gewinnen, zeigt Nr. 64, er nimmt wie gewöhnlich ein Ende mit Schrecken. Eine gute Partie aus einem ungarischen Meisterturnier wird in einer Anmerkung als neues Beispiel dieser Falle angeführt. Nr. 65 enthält eine sehr heikle Variante, die von Seiten des Verteidigers hohe Aufmerksamkeit erfordert. Die weiße Stellung nach dem 10. Zug ist überwältigend und das Damenopfer sehr kräftig und nicht mehr überraschend. Eine effektvolle Kombination bietet das letzte Beispiel Nr. 66, wo Weiß die feindliche Dame zu einem Ausflug verleitet, von dem sie nicht mehr zurückkehrt.

Nr. 63

1. e4 e5 2. ♘c3 ♘f6 3. f4 d5 4. fe5: ♘e4: 5. ♘f3 ♗b4 6. ♗e2 c6?

Schwarz plant einen kunstvollen Angriff auf den weißen Damenturm, gerät aber in Nachteil, weil Weiß zu einem geistreichen Gegenangriff Gelegenheit hat.

7. 0-0 ♕b6+ 8. d4! ♘c3: 9. bc3: ♗c3: 10. ♗a3 ♗a1:

Diese Wendung erinnert etwas an die Greco-Falle in der Italienischen Partie (Beispiel Nr. 38).

11. ♕a1:

Obwohl Weiß Qualität und Bauer weniger hat, wird dies durch seine starke Stellung mehr als aufgewogen.

16. Frage:

Wie verteidigt sich Schwarz am besten? (Lösung S. 148)

Nr. 64

1. e4 e5 2. ♘c3 ♘f6 3. f4 d5 4. fe5: ♘e4: 5. ♕f3 ♘c6 6. ♘e4:?

6. ♗b5 ist die richtige Fortsetzung.

6. ... ♘d4 7. ♕d3

Als Antwort auf 7. ♕f4 folgte einmal in einer Meisterpartie: 7. ... de4: 8. ♗c4 ♗f5 9. c3 g5 10. ♗f7:+ ♔f7: 11. ♕f2 e3! 12. ♕f1 ed2:+ 13. ♔d1 dc1:♕+ 14. ♔c1: g4! und Weiß gab auf.

7. ... de4: 8. ♕e4:?

Es gibt keine Rettung. Hier eine Partie aus dem Hauptturnier zu Barmen 1905: 8. ♕c4 ♗f5 9. ♕a4+ c6 10. ♘e2 ♗c5 11. c3? b5 12. ♕d1 ♕h4+ und gewinnt (13. ♘g3 ♗g4).

8. ... ♗f5 9. ♕ bel. ♘c2:+ und gewinnt.

Nr. 65

1. e4 e5 2. ♘c3 ♘f6 3. ♗c4 ♘e4:

Verdient dieser Zug ein Ruf- oder Fragezeichen? Wer ist bei dieser Falle der Betrogene?

4. ♕h5 ♘d6 5. ♗b3 ♗e7

Mit 5. ... ♘c6 kann Schwarz eine Opferwendung einleiten, die ihm einen starken, vielleicht ausreichenden Angriff gewährt: 6. ♘b5 g6 7. ♕f3 f5 8. ♕d5 ♕e7 9. ♘c7:+ ♔d8 10. ♘a8: b6 usw.

6. ♘f3 ♘c6 7. d3 0-0?

Ähnlich wie in der vorigen Anmerkung ist der Zug g6 unerlässlich.

8. ♘g5 h6 9. h4 ♘e8 10. ♘d5 ♘f6 11. ♕g6!

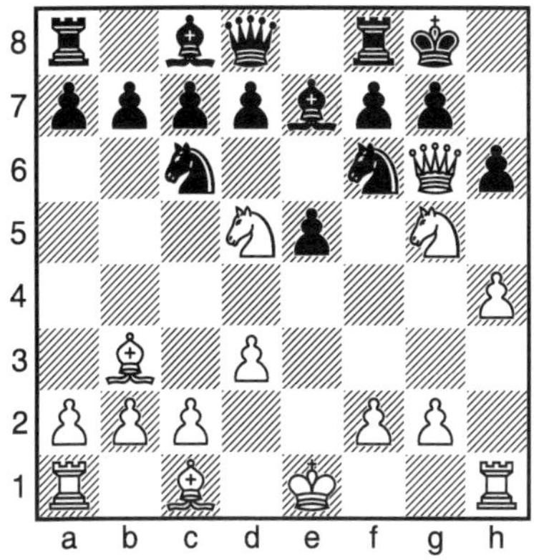

11. ... fg6: 12. ♘e7:++ ♔h8 13. ♘g6: matt.

Nr. 66

1. e4 e5 2. ♘c3 ♘c6 3. ♗c4 ♗c5

Schwarz sollte ♘f6 spielen.

4. ♕g4 ♕f6?

Verlockend, aber falsch. Am besten dürfte 4. ... g6 sein; in Frage kommt auch 4. ... ♔f8, obwohl Weiß vermutlich immer leichten Vorteil behält.

5. ♘d5 ♕f2:+ 6. ♔d1 ♔f8 7. ♘h3 ♕d4 8. d3 d6 9. ♕h4

Sehr stark ist auch 9. ♕f3 ♗h3: 10. ♖f1! ♗e6 11. c3 und die schwarze Dame ist gefangen.

9. ... ♗h3: 10. ♕h3: ♘a5

Oder 10. ... ♕f2 11. ♗e3 ♗e3: 12. ♘e3: und Weiß droht 13. ♖f1.

11. ♖f1 ♘c4: 12. ♕d7 f6 13. ♘f6:! gf6: 14. ♖f6:+ und gewinnt.

Mittelgambit

Obwohl der Weiße schon viele glänzende Siege mit dieser Eröffnung errungen hat, ist sie dennoch kaum zu empfehlen, denn Schwarz gewinnt durch Angriff auf die Dame ein Tempo und sollte sich mühelos Ausgleich sichern. Die hauptsächliche Schwierigkeit für den Nachziehenden ist die Möglichkeit eines starken Angriffs gegen seine Rochadestellung. Eine unscheinbare Unterlassung oder auch nur eine Umstellung von Zügen von seiten des Schwarzen kann ins Verderben führen.

Genau dies ereignet sich im ersten Beispiel Nr. 67, wo die Rochade des Schwarzen ein Fehler ist. In Nr. 68 wählt Schwarz in derselben Variante eine spitzfindige Spielbehandlung, doch kann eine derartige Fallentaktik in dieser Eröffnung nicht angeraten werden. Ruhige Stellungsbehandlung ist die beste Strategie für Schwarz.

Im Beispiel Nr. 69, das einer berühmten Turnierpartie zwischen Winawer und Steinitz, Nürnberg 1896, entnommen ist, zeigen sich die Risiken, die die Annahme des Bauernopfers auf e4 mit sich bringt. Sehr hübsch ist schließlich Nr. 70, wo der Nachziehende auf zwei verschiedene und doch ähnliche Arten mit einem Springerschach die Dame gewinnt.

Nr. 67

1. e4 e5 2. d4 ed4: 3. ♕d4: ♘c6 4. ♕e3 ♘f6 5. ♗d2

Vermeidet die bekannte Fortsetzung 5. e5 ♘g4 6. ♕e4 d5 7. ed6:+ ♗e6 8. dc7:? ♕d1+ 9. ♔d1: ♘f2:+ nebst ♘e4:. Immerhin sind die Folgen von 8. ♗a6! ♕d6: 9. ♗b7: ♕b4+ usw. für Weiß erträglich.

5. ... ♗e7 6. ♘c3 d5 7. ed5: ♘d5: 8. ♕g3 0-0?

Richtig ist der von Leonhardt angegebene Zug 8. ... ♘cb4 mit der Falle 9. 0-0-0 ♘c3:! usw.

9. ♗h6 ♗f6 10. 0-0-0

Weiß kommt durch die Fesselung auf der d-Linie materiell in Vorteil.

Nr. 68

1. e4 e5 2. d4 ed4: 3. ♕d4: ♘c6 4. ♕e3 ♘f6 5. ♗d2 ♗e7 6. ♘c3 d5 7. ed5:

Soweit wie Nr. 67.

7. ... ♘b4?

Für dieses Fallenspiel ist die schwarze Stellung nicht sicher genug.

8. 0-0-0 ♘fd5: 9. ♘d5: ♘a2:+ 10. ♔b1 ♕d5:

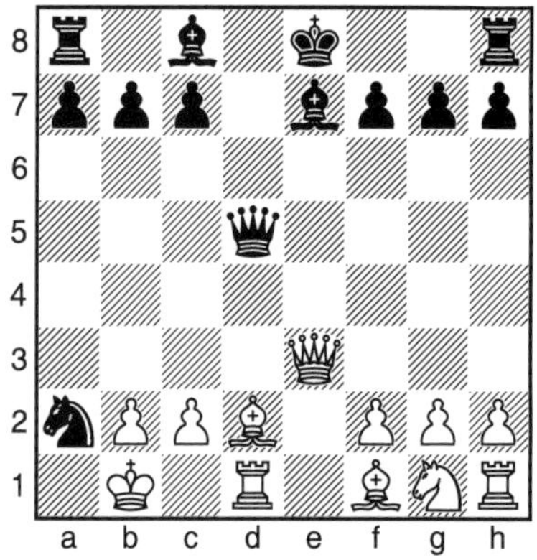

11. b3

Am besten. Auf 11. c4 erlangt Schwarz mit 11. ... ♕c6 einen gefährlichen Angriff mit folgenden Möglichkeiten: 12. ♔a2:? ♕a4+ nebst ♕d1:+ oder 12. ♕b3 ♗f5+ 13. ♔a2:? ♕a6+ und gewinnt.

11. ... ♘b4 12. ♕e7:+ ♔e7: 13. ♗b4:+ ♔e6 14. ♗c4 und gewinnt.

Nr. 69

1. e4 e5 2. d4 ed4: 3. ♕d4: ♘c6 4. ♕e3 ♘f6 5. ♘c3 ♗b4 6. ♗d2 0-0 7. 0-0-0 ♖e8 8. ♗c4 ♗c3:?!

Dieser Bauernraub ist zumindest sehr riskant. Es gibt diverse Alternativen für Schwarz, z. B. 8. ... ♘a5 9. ♗d3 d5 oder 8. ... d6.

9. ♗c3: ♘e4: 10. ♕f4 ♘f6 11. ♘f3 d6 12. ♘g5 ♗e6 13. ♗d3 h6 14. h4 ♘d5 15. ♗h7+ ♔h8 16. ♖d5: ♗d5: 17. ♗e4 f6?

Dieser Zug verliert schnell. Wie spätere Beispiele zeigen, hätte Schwarz nach 17. ... ♖e4: 18. ♘e4: ♘e5 noch Chancen, sich zu behaupten.

18. ♗d5: fg5: 19. hg5: ♘e5 20. g6! Schwarz gab auf. Nach 20. ... ♘g6: 21. ♕h6: wird er mattgesetzt, und sonst droht das vernichtende Turmopfer auf h6.

Nr. 70

1. e4 e5 2. d4 ed4: 3. ♕d4: ♘c6 4. ♕e3 ♘f6 5. ♗c4 ♘e5 6. ♗b3 ♗b4+ 7. c3 ♗c5! 8. ♕g3?

Weiß vermeidet 8. ♕c5:? ♘d3+, fällt aber auf andere Art herein. Der richtige Zug ist 8. ♕e2.

8. ... ♗f2:+ und gewinnt. Auf 9. ♕f2: folgt ♘d3+, auf 9. ♔f2: ebenso ♘e4:+.

Nordisches Gambit

In der heutigen Zeit, da sogar ein drittklassiger Spieler zaudert, einen Bauern zu opfern oder auch nur seine Isolierung zuzulassen, ist natürlich das Opfer von zwei Bauern keineswegs beliebt und deshalb ist das Nordische Gambit kaum jemals in Turnieren oder Wettkämpfen anzutreffen. Nichtsdestoweniger führt die Eröffnung zu lehrreichen und unterhaltenden Wendungen und der Leser wird von den folgenden Beispielen entzückt sein.

Nr. 71 und 72 sind nicht so sehr Fallen als vielmehr Beispiele für vernachlässigte Entwicklung, die eine drastische und wohlverdiente Bestrafung findet. Bei Nr. 73 sind die Rollen vertauscht, Schwarz übt Vergeltung und sehr wahrscheinlich ist die von ihm gewählte Behandlung die bestmögliche gegen das Gambit. Beim Versuch, ein schlechter stehendes Endspiel zu vermeiden, läuft Weiß viel schneller ins Verderben.

Nr. 71

1. e4 e5 2. d4 ed4: 3. c3 dc3: 4. ♗c4 cb2: 5. ♗b2: ♘f6 6. ♘c3 ♗b4 7. ♘ge2 ♘e4:?

Schwarz ist zu gierig; er sollte mit zwei Bauern zufrieden sein. Der Raub dieses dritten Bauern kostet ihn sofort die Partie.

8. 0-0 ♘c3: 9. ♘c3: ♗c3: 10. ♗c3:

Man sehe das mächtige weiße Läuferpaar! Schwarz hat nicht eine einzige Figur im Spiel und kann auch nicht rochieren, denn auf 10. ... 0-0 folgt 11. ♕g4 g6 12. ♕d4 nebst Matt.

10. ... ♕g5 11. ♖e1+ ♔d8

Nicht ♔f8 wegen 12. ♗b4+ und Matt in wenigen Zügen.

12. f4 ♕f4:

Falls 12. ... ♕c5+ 13. ♔h1 ♕c4:, so 14. ♗g7: usw.

13. ♗g7: ♖g8 14. ♕g4 ♕g4:

Wenn 14. ... ♕d6, dann 15. ♗f6+ ♕f6: 16. ♕g8: matt.

15. ♗f6 matt.

Nr. 72

1. e4 e5 2. d4 ed4: 3. c3 dc3: 4. ♗c4 cb2: 5. ♗b2: ♕g5?

Schwarz ist nicht damit zufrieden, am Damenflügel alle Bauern gewonnen zu haben; er will auch noch die des Königsflügels erobern. Aber wo bleibt die Entwicklung seiner Figuren?

6. ♘f3 ♕g2: 7. ♗f7:+ ♔d8

Auf 7. ... ♔f7: gewinnt 8. ♖g1 ♕h3 9. ♘g5+ die Dame.

8. ♖g1 ♗b4+ 9.♘c3 ♕h3 10.♖g3 ♕h6 11. ♕b3 ♗c3:+ 12. ♕c3: ♘f6 13.♖g6!

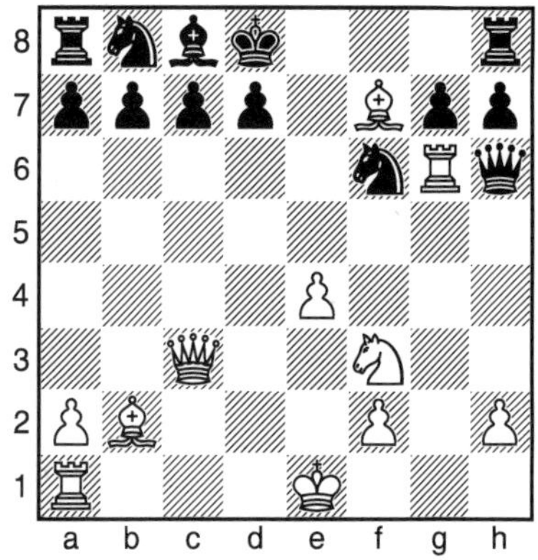

Eine bekannte Kombination. Weiß beraubt den feindlichen Springer der Unterstützung durch die Dame.

13. ... hg6:?

Die einzige Verteidigung besteht in 13. ... ♘e4:.

14. ♕f6:+ gf6: 15. ♗f6: matt.

Nr. 73

1. e4 e5 2. d4 ed4: 3. c3 dc3: 4. ♗c4 cb2: 5. ♗b2: d5 6. ♗d5: ♗b4+

Mit 6. ... ♘f6 kann Schwarz den Gegner listig zu 7. ♗f7:+ ♔f7: 8. ♕d8: einladen. Dann folgt 8. ... ♗b4+ und Schwarz gewinnt die Dame zurück; Weiß muss, um Figurverlust zu vermeiden, 9. ♕d2 spielen. Das Endspiel steht dann ungefähr gleich.

7. ♔f1

Falls 7. ♘c3, dann 7. ... ♗c3:+ 8. ♗c3: ♘f6 mit gutem Spiel für Schwarz. Trotzdem ist diese Fortsetzung für Weiß besser als die gewählte.

7. ... ♘f6 8. ♕a4+ ♘c6 9. ♗c6:+ bc6: 10. ♕b4:?

Weiß hat eine Figur gewonnen, aber nun folgt ein rauhes Erwachen. Er glaubt zu schieben und wird geschoben!

10. ... ♕d1+ 11. ♕e1 ♗a6+ 12. ♘e2 ♗e2:+ 13. ♔g1 ♕e1: matt.

Königsgambit

(angenommen und abgelehnt)

Das Königsgambit trifft man heute nur noch gelegentlich in Turnieren an, weil die meisten Spieler das damit verbundene Risiko scheuen...und sich in den Myriaden durchforschter Varianten nicht zurechtfinden. Gerade darum gewährt diese uralte Eröffnung dem Lernenden vorzügliche Übung im Kombinationsspiel.

Nr. 74 ist keine eigentliche Falle, sondern bloß schwaches Spiel des Schwarzen im Muzio-Gambit. Bei beiderseits korrektem Spiel führt diese Variante zum Remis. Begeht Schwarz einen Fehler – und es gibt viele Möglichkeiten dazu – ‚so verliert er auf der Stelle. Nr. 75 zeigt die Gefahren für Schwarz, wenn er mit dem Allgaier-Gambit nicht vertraut ist. Nr. 76 ist eine kleine Falle, die in einer modernen Variante vorkommt.

Sehr lehrreich ist das einer Morphy-Partie entnommene Beispiel Nr. 77. In ihm schlägt Schwarz einen Mittelbauern und öffnet so die e-Linie. Dies ist in einer offenen Partie immer gefährlich und ganz besonders im Königsgambit. Nr. 78 ist der Partie Spielmann – Dr. Tarrasch aus dem Turnier zu Mährisch Ostrau 1923 entnommen. Lange Zeit galt die Variante als ungünstig für Schwarz, weil der Zug 7. ... ♗f5 eine Figur kostet. In dieser Partie wies aber Dr.

Tarrasch nach, dass die Figur ruhig geopfert werden kann, weil Schwarz bei Annahme des Angebots gewinnt.

Nr. 79 zeigt einen Zug als Waffe gegen das Falkbeer-Gambit, den wir der Erfindungsgabe des estnischen Großmeisters Keres verdanken. Der Nachziehende, der die richtige Spielweise nicht kennt, fällt herein und verliert durch einen Doppelangriff mindestens eine Figur.

Nr. 80 endlich, ein modernisiertes Cunningham-Gambit, das von Dr. Euwe besonders warm empfohlen wird, zeigt den Nachteil eines unbedachten Bauernzuges.

Nr. 74

1. e4 e5 2. f4 ef4: 3. ♘f3 g5 4. ♗c4 g4 5. 0-0 gf3: 6. ♕f3: ♕f6 7. e5

Weiß opfert den Bauern, um die e-Linie zu öffnen.

7. ... ♕e5: 8. d3 ♗h6 9. ♗d2 ♘e7 10. ♘c3 ♘c6 11. ♖ae1 ♕f5 12. ♘d5 ♔d8 13. ♕e2

Der Lean-Angriff im Muzio-Gambit.

13. ... ♘d5:?

Ein sehr schwacher Zug. Mit 13. ... ♕e6 14. ♘e7: (nach 14. ♕f2 ♘g6! kommt Schwarz in Vorteil, Smout) 14. ... ♕e7: 15. ♗c3 ♖g8 16. ♕h5 ♕g5 17. ♖f2 ♕h5: 18. ♗f6+ ♘e7 19. ♗e7:+ ♔e8 20. ♗d6+ kommt es nach einer Analyse von Smout zum Remis durch Wiederholung der Züge.

14. ♗d5: ♕d5: 15. ♗c3

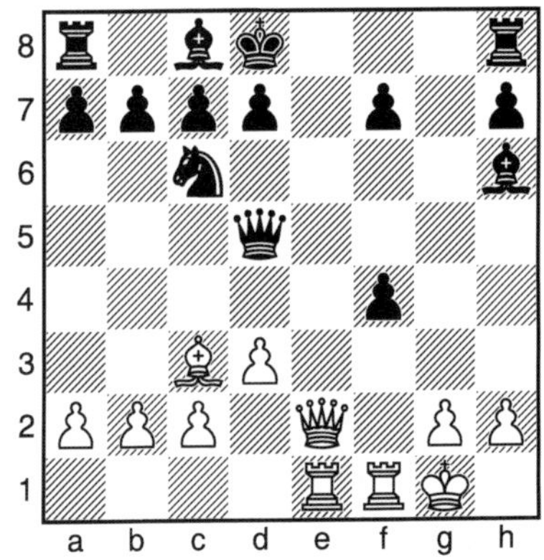

Schwarz ist rettungslos verloren. Ein interessantes Beispiel des Sieges von Entwicklung und Bewegungsfreiheit über die rohe Materie.

Nr. 75

1. e4 e5 2. f4 ef4: 3. ♘f3 g5 4. h4 g4 5. ♘g5 h6 6. ♘f7: ♔f7: 7. d4 d5 8. ♗f4: de4:

Keine vorbildliche Taktik, dem feindlichen Königsläufer eine Schräge zu öffnen.

9. ♗c4+ ♔g7 10. ♗e5+ ♘f6 11. ♖f1 ♗e7 12. ♕e2 ♘c6 13. ♘d2 ♘d4:?

Ein schwacher Zug. Schwarz gewinnt nicht einmal einen Bauern, verliert aber zwei Züge und öffnet Zugstraßen für die weißen Figuren.

14. ♕e4: ♘c6 15. ♗c3 mit Vorteil für Weiß.

17. Frage:

Wie soll Schwarz das Spiel fortsetzen? (Lösung S. 148)

Nr. 76

1. e4 e5 2. f4 ef4: 3. ♘f3 d5

In fast allen Varianten des Königsgambits wie überhaupt in den meisten offenen Partien gibt dieser Zug dem Schwarzen gleiches Spiel.

4. ed5:

Schwächer ist 4. e5, weil die Schräge a2-g8 geschlossen bleibt und der schwarze Damenläufer gute Felder findet. Schwarz kann sogar versuchen, seinen Mehrbauern mit 4. ... g5 zu behaupten.

4. ... ♘f6 5. d4

Als Bestes gilt überwiegend heute 5. ♗b5+.

5. ... ♘d5: 6. ♗c4 ♗e6 7. 0-0?

Es ist merkwürdig, dass dieser natürliche Zug die Partie verliert. Mit 7. ♗d5: könnte Weiß mit Mühe das Gleichgewicht aufrecht erhalten.

7. ... ♘e3 8. ♗e3: ♗c4: und Schwarz gewinnt die Qualität.

Nr. 77

1. e4 e5 2. f4 d5 3. ed5: ♕d5:

Das Falkbeer-Gambit 3. ... e4 gewährt bessere Aussichten.

4. ♘c3 ♕e6?

Ein klarer Missgriff, der um so schwerer wiegt, als er einen weiteren Fehler vorbereitet: Schwarz spielt auf Gewinn des feindlichen f-Bauern, öffnet aber hierbei dem Weißen die e-Linie.

5. ♘f3 ef4:+ 6. ♔f2 ♗c5+ 7. d4 ♗b6? 8. ♗b5+

Dieses Schach hat Schwarz wohl übersehen, sonst hätte er wenigstens im vorigen Zug 8. ... ♗e7 gespielt.

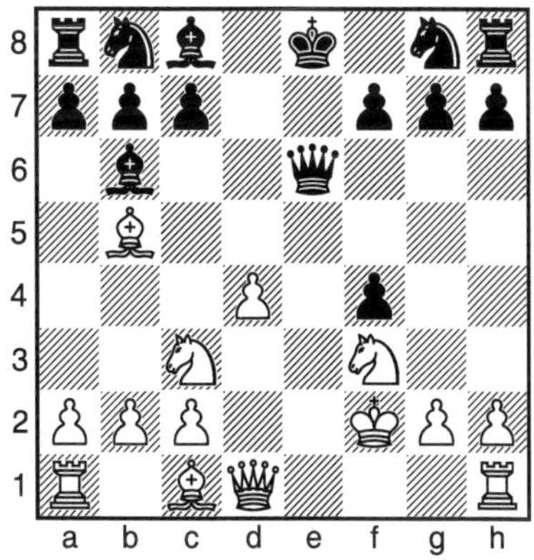

8. ... ♔d8. Auch auf 8. ... c6 folgt 9. ♖e1. **9. ♖e1** und gewinnt.

Nr. 78

1. e4 e5 2. f4 d5 3. ed5: e4 4. d3 ♘f6 5. de4: ♘e4: 6. ♘f3 ♗c5 7. ♕e2 ♗f5!

Mit 7. ... ♗f2+ würde Schwarz einen Hereinfall erleben: 8. ♔d1 ♕d5:+ 9. ♘fd2! f5 10. ♘c3 ♕d4 11. ♘e4: fe4: 12. c3 ♕e3 13. ♕h5+ usw.

8. g4?

Das ist ein Fehler. 8. ♘c3 ♕e7 9. ♗e3 ist die richtige Fortsetzung.

8. ... 0-0! 9. gf5: ♖e8 10. ♗g2 ♘f2 11. ♘e5 ♘h1: 12. ♗h1: ♘d7

Nicht 12. ... f6 wegen 13. d6 fe5: 14. ♕c4+ nebst ♕c5:, oder 13. ... cd6: 14. ♗d5+ ♔f8 15. ♕h5.

13. ♘c3 f6 14. ♘e4 fe5: und gewinnt. Die Fortsetzung war 15. ♘c5: ♘c5: 16. fe5: ♕h4+ 17. ♔f1 ♖f8 und Weiß gab nach dem 26. Zug auf.

Nr. 79

1. e4 e5 2. f4 d5 3. ed5: e4 4. d3 ♘f6 5. ♘d2

Der gute Zug von Keres, mit dem er 1940 eine Glanzpartie gegen Petrow gewann.

5. ... ♕d5:?

In der erwähnten Partie geschah 5. ... ed3: 6. ♗d3: ♕d5: 7. ♘gf3 ♗c5? (richtig ♗g4 oder ♘c6) 8. ♕e2+ ♕e6 9. ♘e5!.

6. de4: ♘e4: 7. ♗c4 ♕c6?

Ganz schlecht, aber ein Bauer war immer verloren, z. B. 7. ... ♕c5 8. ♕e2 f5 9. ♘e4:. Jetzt muss eine ganze Figur daran glauben.

8. ♕e2 und gewinnt (♗f5 9. ♗b5). Manchmal will man erst einen Bauern, dann eine Figur retten und verliert schließlich die Dame.

Nr. 80

1. e4 e5 2. f4 ef4: 3. ♘f3 ♗e7 4. ♗c4 ♘f6 5. e5 ♘g4 6. h3?

Weiß sollte rochieren. Der Bauernzug öffnet dem Springer den späteren Rückzug.

6. ... ♗h4+ 7. ♔f1 ♘f2 8. ♕e1 ♘h1: 9. ♕h4: ♕h4: 10. ♘h4: ♘g3+ und gewinnt.

Mittelgambit im Nachzug

In der Praxis begegnen wir dieser Spielweise selten. Trotzdem wollen wir sie erwähnen, weil es hier eine Falle gibt, in die auch ein erfahrener Spieler leicht hineinstürzen kann. Nr. 81 gibt eine Fernpartie Villato – Ganzo, Spanien 1958/59, wieder.

Nr. 81

1. e4 e5 2. ♘f3 d5 3. ed5: e4 4. ♕e2 ♘f6 5. d3 ♕d5:

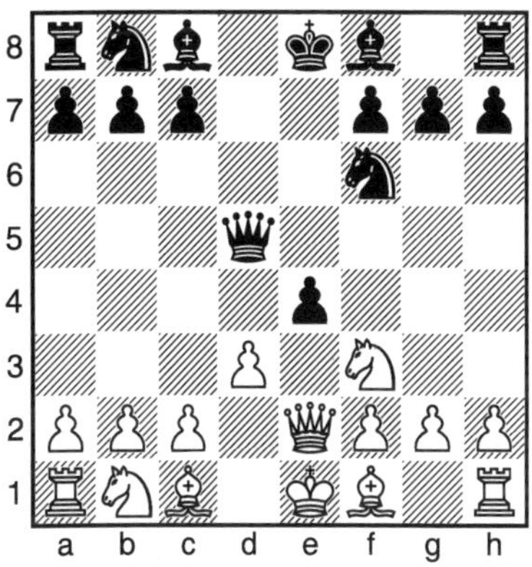

6. ♘c3?

Dieser scheinbar selbstverständliche Zug hat unangenehme Folgen.

18. Frage:

Wie spielt Weiß richtig?

(Lösung S. 148)

6. ... ♗b4 7. ♗d2 ♗c3: 8. ♗c3: 0-0 9. ♘d2

9. de4: ♘e4: 10. ♖d1 genügte noch zum Ausgleich.

9. ... ed3: 10. ♕d3: ♖e8+ 11. ♔d1

Auch 11. ♗e2 ♕d3: 12. cd3: ♗f5 befriedigt nicht, war aber besser.

11. ... ♘g4!

Droht Matt durch ♘f2:+ nebst ♖e1.

12. ♗d4

Auf 12. ♕g3 käme ♕c5.

12. ... ♘c6 13. h3

Wenn 13. ♗e3, so wiederholt 13. ... ♖e3:! das Damenopfer vom 11. Zug mit dem gleichen Motiv.

13. ... ♗f5 14. ♕c3 ♘d4: 15. hg4: ♗c2:+ 16. ♕c2: ♖e1+!

Eine nette Schlusspointe. Schwarz erhält nach 17. ♔e1: ♘c2:+ nebst ♘a1: gewaltiges Materialübergewicht.

III. Halboffene Spiele

Französische Verteidigung

Schon seit Jahren ist es in der Spielpraxis durchaus nicht die Regel, dass Schwarz auf den Eröffnungszug 1. e4 ebenfalls mit dem Doppelschritt des Königsbauern antwortet. Sehr oft begegnet man den halboffenen Verteidigungen, von denen vor allem Französisch, Sizilianisch und Caro-Kann sich besonderer Beliebtheit erfreuen.

Die Französische Verteidigung ist wohl energischer als etwa Caro-Kann, birgt aber für Schwarz auch mehr Gefahren. Einerseits bietet sie ihm ausgiebige Möglichkeiten eines Gegenangriffs am Damenflügel, andererseits erhält auch Weiß Gelegenheit, entweder am Königsflügel anzugreifen oder in der Mitte einen anhaltenden Druck auszuüben. Gleiches gilt übrigens von der Sizilianischen Partie, der aktivsten unter den halboffenen Verteidigungen des Schwarzen.

Die folgenden Beispiele zeigen vor allem die Möglichkeiten des Weißen, weil das Gegenspiel des Schwarzen sich gewöhnlich erst viel später als in der Eröffnung bemerkbar macht.

Beispiel Nr. 82 enthält einen typischen Mattangriff, der häufig vorkommt. Der Lernende sollte genau die Stellung der einzelnen Figuren prüfen, die das Läuferopfer durchschlagen lassen. Die Schwäche des Punktes h7 ist eine große Gefahr für Schwarz und der Weiße kann oft auch dann das Läuferopfer erfolgreich anwenden, wenn kein Matt sofort nachfolgt. In Nr. 83 wird das gleiche Opfer durch ein Springeropfer vorbereitet. Die ganze Zugfolge, die noch ein Turmopfer enthält, wurde von Schlechter gespielt. Sehr verwickelt und besonders schön ist Nr. 84, wo der von Chatard und Dr. Aljechin herrührende Angriff genauer ausgeführt wird. Das schwarze Spiel ist nach Annahme des Bauernopfers sehr gefährdet; stets droht Weiß mit Figurenopfern, die die schwarze Stellung in Trümmer schlagen. Auch die Falle der Nr. 85 zeigt einen Opferangriff des Weißen; sie ist der Turnierpartie zwischen Euwe und Bogoljubow aus Budapest 1921 entnommen.

Ein häufig vorkommender Doppelangriff auf den Punkt h7 und den schwarzen Damenturm ist in Nr. 86 zu sehen. Dem Lernenden ist dringend zu empfehlen, sich diese Falle einzuprägen, da sie in zahlreichen Fällen anwendbar ist. In Nr. 87 taucht eine neue Schwäche der schwarzen Stellung auf, der Punkt g7. Spieler, die mit dem Gledhill-Angriff 5. ♕g4 nicht vertraut sind, könnten leicht auf diese Art hereinfallen. In sehr einfacher, aber ganz überzeugender Form wird die Bedrohung des Bauern g7 in Nr. 88 gezeigt. Nr. 89 ist ein seltener Fall. Der Zentrumsangriff des Schwarzen ist überraschend, das doppelte Turmopfer von blendender Schönheit.

Die Schwäche des Punktes f7 wird in Nr. 90 aufgedeckt, auf das elegante Springeropfer kann ein wenig erfahrener Spieler sehr leicht hereinfallen. Beispiel Nr. 91 ist keine eigentliche Falle, sondern zeigt die erschrecklichen Folgen einer unbedachten Aufstellung der schwarzen Figuren. Auch hier fällt die Entscheidung am Königsflügel.

Schließlich muss Schwarz auch auf den Punkt c7 achten, der unter Umständen zum Angriffsziel werden kann; wenn der c7-Bauer gezogen hat, wird auch d6 schwach. Deshalb ist es sehr nützlich, die Möglichkeit im Auge zu behalten, dass Weiß ♘b5 zieht. Wenn dieser Zug möglich ist, soll Schwarz a6 spielen, bevor er den c-Bauern zieht. Hinzuzufügen ist, dass der Ausfall ♘b5 besonders gefährlich ist, wenn der schwarze Königsläufer abgetauscht ist. Beispiel Nr. 92 illustriert diese Drohung und ihre Bedeutung. Zum Schluss sehen wir eine Damenfangfalle von Pilnik vom Schacholympia 1956 (Nr. 93).

Nr. 82

1. e4 e6 2. d4 d5 3. ♘c3 ♘f6 4. ♗g5 ♗e7 5. ♗f6: ♗f6: 6. ♘f3 0-0 7. ♗d3 b6?

7. ... c5 ist hier der richtige Zug.

8. h4 ♗b7?

Schwarz schenkt dem feindlichen Angriff keine Aufmerksamkeit. 8. ... ♗e7 oder ♗a6 ist notwendig. Im allgemeinen muss der Nachziehende in der vorliegenden Variante, wenn der Gegner ♘g5 droht, dies mit f6 verhindern. Aus diesem Grund vermeidet Weiß zunächst den Zug e5 (der den schwarzen Läufer vertreibt und dadurch den Bauern f7 beweglich macht) so lange, bis er sofort ♘g5 folgen lassen kann, bevor der Schwarze f6 zieht.

9. e5 ♗e7 10. ♗h7:+

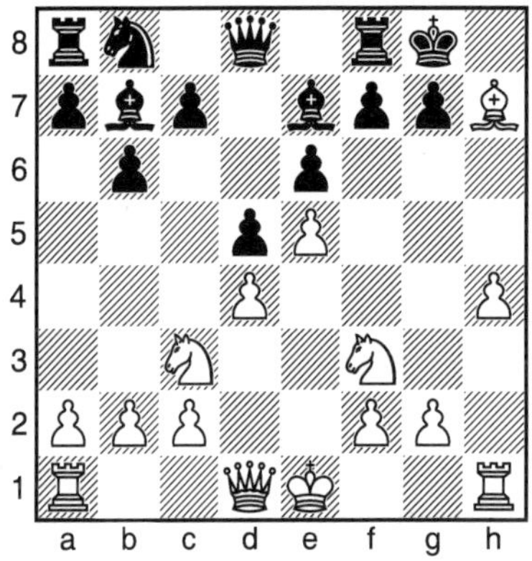

10. ... ♔h7: 11. ♘g5+ ♗g5:

Andere Züge würden auch nicht mehr helfen, z. B. 11. ... ♔h6 12. ♕d2 ♗g5: 13. hg5:++ ♔g6 14. ♕d3+ oder 11. ... ♔g6 12. ♕d3+ f5 13. ef6:+ ♔f6: 14. h5 und Weiß gewinnt in beiden Fällen rasch.

12. hg5:+ ♔g8 13. ♕h5 f6 14. g6 und Matt im nächsten Zug.

Nr. 83

1. e4 e6 2. d4 d5 3. ♘c3 ♘f6 4. ♗g5 ♗e7 5. ♗f6: ♗f6: 6. ♘f3 0-0 (soweit wie Nr. 82) **7. e5 ♗e7 8. ♗d3 ♗d7? 9. h4 f6 10. ♘g5!**

Ein hübscher Zug, den die Vorsichtsmaßnahme von Schwarz nicht zu verhindern vermochte.

10. ... fg5:

Relativ am besten war noch 10. ... h6 11. ♘h7 ♖f7 12. ♗g6 usw. Jetzt geht es unter Blitz und Donner zu Ende.

11. ♗h7:+ ♔h7: 12. hg5:+! ♔g8

Interessant ist der Gewinnweg nach 12. ... ♔g6 13. ♕h5+ ♔f5 14. ♕h7+ g6 (14. ... ♔g5: 15. ♕h5+ ♔f4 16. g3 matt) 15. ♕h3+ ♔g5: 16. ♕g3+ ♔f5 17. ♘e2 mit undeckbarem Matt (17. ... g5 18. ♕d3+ ♔g4 19. ♕h3 matt).

13. ♖h8+

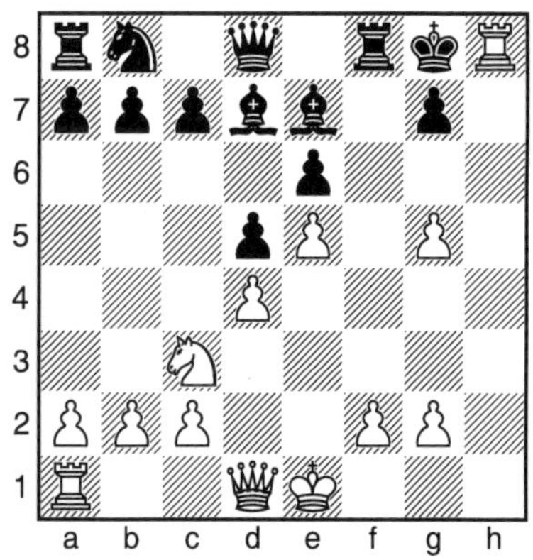

13. ... ♔h8: 14. ♕h5+ ♔g8 15. g6 ♖e8 16. ♕h7+ ♔f8 17. ♕h8 matt.

Nr. 84

1. e4 e6 2. d4 d5 3. ♘c3 ♘f6 4. ♗g5 ♗e7 5. e5 ♘fd7 6. h4

Der Aljechin-Chatard-Angriff.

6. ... ♗g5:

Die Annahme des Bauernopfers ist sehr gewagt. Sicherer ist 6. ... a6, auch 6. ... c5 ist ein guter Zug.

7. hg5: ♕g5: 8. ♘h3 ♕e7 9. ♘f4 a6 10. ♕g4 g6 11. 0-0-0 c5

Nach heutiger Ansicht besteht die einzige Chance für Schwarz auf ausreichenden Widerstand darin, den Damenflügel zu entwickeln und zur langen Rochade zu kommen. Die Öffnung des Spiels im Zentrum arbeitet Weiß in die Hände.

12. ♕g3 ♘b6

Auf 12. ... cd4: folgt das Opfer 13. ♘cd5:! ed5: 14. ♘d5: ♕d8 15. e6 mit Vorteil für Weiß.

13. dc5: ♕c5: 14. ♗d3

Weiß droht nun auf g6 zu opfern.

14. ... ♕f8 15. ♗e4!

Nach diesem von Bogoljubow angegebenen Zug, der das Opfer 16. ♗d5: droht, wird der Angriff des Weißen unwiderstehlich.

19. Frage:

Wie würden Sie fortsetzen, wenn Schwarz den Läufer schlägt?

(Lösung S. 148)

Nr. 85

1. e4 e6 2. d4 d5 3. ♘c3 ♘f6 4. ♗g5 ♗b4

Die Mac-Cutcheon-Verteidigung.

5. e5 h6 6. ♗d2

Auf 6. ♗h4 folgt 6. ... g5 7. ♗g3 ♘e4.

6. ... ♗c3: 7. bc3: ♘e4 8. ♕g4 g6 9. ♗d3 ♘d2: 10. ♔d2: c5 11. h4 ♘c6 12. ♖h3 ♕a5?

Schwarz fällt herein. Die richtige Fortsetzung ist 12. ... cd4:; falls dann 13. ♗g6:? erfolgt, so 13. ... ♘e5:.

13. ♗g6: und gewinnt. Auf 13. ... fg6: geht mit 14. ♕g6:+ der schwarze Turm verloren, ebenso auf 13. ... ♖g8 mit 14. ♗f7:+ ♔f7: 15. ♖f3+.

Nr. 86

1. e4 e6 2. d4 d5 3. ♘c3 ♘f6 4. ♗g5 de4: 5. ♘e4: ♘bd7 6. ♘f3 ♗e7 7. ♘f6:+

Mit 7. ♗d3 würde Weiß in eine Falle stürzen: 7. ... ♘e4: 8. ♗e7: ♘f2: 9. ♗d8: ♘d1: 10. ♗c7: ♘b2: und Schwarz hat einen Bauern gewonnen.

7. ... ♘f6: 8. ♗d3 0-0 9. ♕e2 b6?

Schwarz muss 9. ... c5 spielen.

10. ♗f6: ♗f6: 11. ♕e4 und gewinnt.

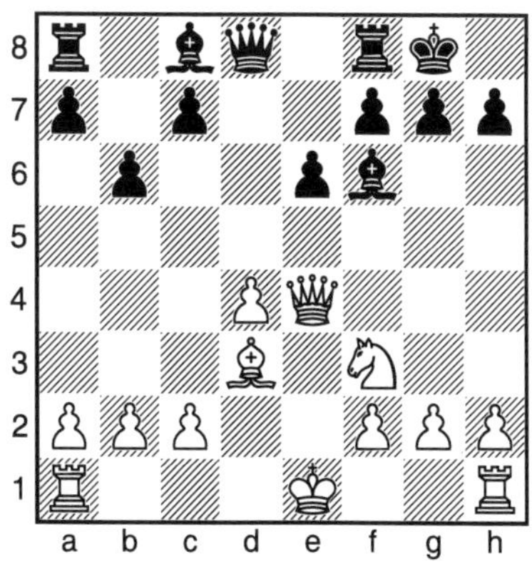

Nr. 87

1. e4 e6 2. d4 d5 3. ♘c3 ♘f6 4. e5 ♘fd7 5. ♕g4 c5 6. ♘f3 cd4: 7. ♘d4: ♘e5:

Am sichersten ist 7. ... ♘c6.

8. ♕g3 ♘bc6 9. ♗b5 ♗d7 10. ♗c6: ♘c6: 11. ♘db5 ♖c8 12. ♗f4 ♕b6?

Wesentlich stärker war 12. ... ♕a5.

13. ♗c7 ♕c5 14. ♗d6 ♕b6 15. ♗f8: ♔f8: 16. ♕d6+ ♔e8 17. 0-0-0 a6 18. ♘d5: und gewinnt. Es folgt entweder 18. ... ♕b5: 19. ♘f6+ nebst ♕d7:+ oder 18. ... ed5: 19. ♖he1+ ♗e6 20. ♖e6:+ usw.

Nr. 88

1. e4 e6 2. d4 d5 3. ♘c3 ♗b4 4. a3 ♗c3:+ 5. bc3: c5 6. ♕g4 de4:? 7. ♕g7: ♕f6

20. Frage:

Wie würden Sie mit Weiß fortsetzen? (Lösung S. 148)

Nr. 89

1. e4 e6 2. d4 d5 3. ♘c3 de4: 4. ♘e4: ♘d7 5. ♘f3 ♘gf6 6. ♗d3 ♗e7 7. c3 ♘e4: 8. ♗e4: ♘f6 9. ♗d3 0-0 10. ♘e5 c5 11. ♗e3 ♕c7 12. f4 ♖d8 13. dc5:

Dieser Tausch verdirbt das weiße Spiel. Der Zug 13. ♕f3 würde eine befriedigende Stellung geben.

13. ... ♗c5: 14. ♗c5: ♕c5: 15. ♗h7:+? ♔h7: 16. ♕d8: ♗d7! 17. ♕a8: ♕e3+ und gewinnt.

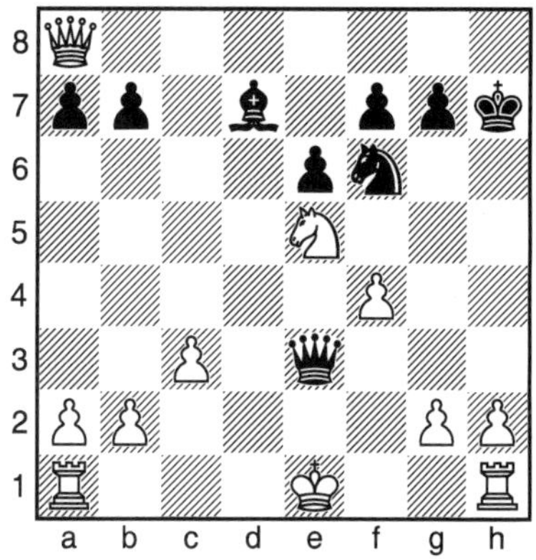

Auf 18. ♔f1 wie auf 18. ♔d1 setzt Schwarz mit 18. ... ♘e4 fort.

Nr. 90

1. e4 e6 2. d4 d5 3. ♘c3 de4: 4. ♘e4: ♘d7 5. ♘f3 ♘gf6 6. ♗d3 ♗e7 (soweit wie Nr. 89) **7. 0-0 b6 8. ♘e5 ♗b7 9. ♘f6:+ gf6:?**

Der entscheidende Fehler. Der Läufer muss wieder schlagen.

10. ♘f7:! ♔f7: 11. ♕h5+ ♔g8 12. ♖e1 mit sehr starkem Angriff.

21. Frage:

Wie kann Weiß nach 12. ... ♘f8 fortsetzen? (Lösung S. 148)

Nr. 91

1. e4 e6 2. d4 d5 3. ♘c3 de4: 4. ♘e4: ♗d6?

Hier steht der Läufer nicht gut.

5. ♗d3 ♘e7 6. ♗g5 0-0?

In den Angriff hineinzurochieren, ist Selbstmord. Besser ist 6. ... ♘d7.

7. ♘f6+! gf6: 8. ♗f6: ♕d7 9. ♗h7:+ und Matt in zwei Zügen.

Nr. 92

1. e4 e6 2. d4 d5 3. ♘c3 ♘f6 4. ♗g5 ♗e7 5. e5 ♘fd7 6. ♗e7: ♕e7: 7. f4 c5 8. ♘f3 b6?

Spätestens jetzt muss Schwarz a6 ziehen.

9. ♘b5 ♘f8 10. ♘d6+ ♔d8 11. ♘g5 und gewinnt.

Nr. 93

1. e4 e6 2. d4 d5 3. ♘d2 ♘f6 4. e5 ♘fd7 5. ♗d3 c5 6. c3 ♘c6 7. ♘e2 ♕b6 8. ♘f3 cd4: 9. cd4: f6 10. ef6: ♘f6: 11. 0-0 ♗d6 12. ♗d2 ♕b2:?

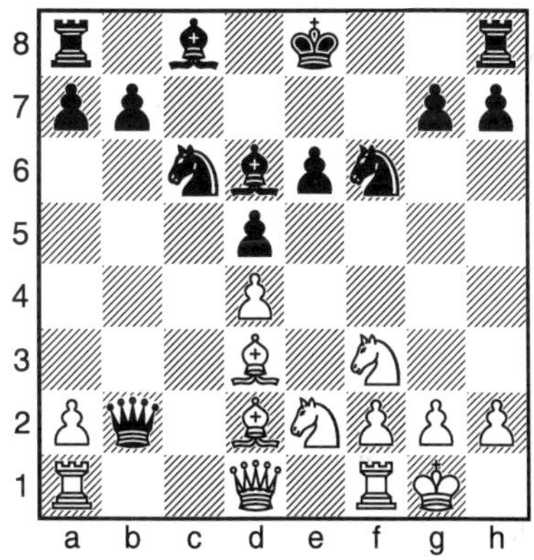

Fast immer falsch. dass mindestens eine Figur verloren ist, erkennt man allerdings nicht auf den ersten Blick.

13. ♖b1! ♕a3

Oder 13. ... ♕a2: 14. ♘c1! ♕a3 15. ♖b3 usw. wie im Text.

14. ♖b3 ♕a2:

Oder 14. ... ♕a4 15. ♗b5. Nur ♗h2:+ bot auf Kosten einer Figur einen Rückzug.

15. ♘c1! ♕a1 16. ♗c3 ♕a4 17. ♗b5 und erobert die Dame.

Caro-Kann-Verteidigung

Diese nicht sehr lebhafte Verteidigung gibt dem Schwarzen ein ziemlich sicheres Spiel, wenn er die ihm gestellten Fallen erkennt und vermeidet. Caro-Kann ist indessen eine im Wesen defensive Eröffnung und bietet weniger Gelegenheit zum Gegenangriff als etwa die Französische oder gar die Sizilianische Verteidigung. Ihre Zuverlässigkeit bewiesen die Weltmeister Botwinnik, Petrosjan und neuerdings Karpow.

Im ersten Beispiel (Nr. 94), das der Turnierpartie zwischen Botwinnik und Spielmann aus Moskau 1935 folgt, fällt Schwarz in eine heimtükkische Falle, die der Sieger knapp vor der Partie entdeckt hatte. Auch Nr. 95 rührt aus der Meisterpraxis her, und zwar aus der Begegnung Nimzowitsch – Dr. Aljechin im Turnier zu Bled 1931. Weiß unternimmt einen abenteuerlichen Ausflug mit seiner Dame, der der Rückweg abgeschnitten wird. Wahrhaft glänzend ist das Damenopfer in Nr. 96, dessen Idee bereits im 1. Abschnitt ausgeführt wurde. Obwohl das von Weiß gewählte Angriffssystem einen so durchschlagenden Erfolg erzielt, ist es doch nicht das beste.

Nr. 97 zeigt die Folgen eines ungenauen Zuges (6. ... e6) und endet in einem hübschen Springeropfer mit nachfolgendem Matt. Sehr bemerkenswert ist die Falle Nr. 98, die ein besonders guter Kenner der Caro-Kann-Verteidigung, der Bremer Meister Carls, gewonnen hat. Der schwarze h-Bauer läuft mit Riesenschritten in die Dame, wohl ein Rekord an Geschwindigkeit! In Nr. 99 rächt sich wieder einmal ein verfrühter Damenausflug, den der Schwarze zum Zweck eines Bauernraubes unternimmt. Das letzte Beispiel Nr. 100 erinnert zunächst an die Wendung in Nr. 97, führt aber in der weiteren Folge zum Gewinn des schwarzen Damenturms. Man betrachte die traurige Rolle, die der schwarze Damenläufer auf h7 spielt!

Nr. 94

1. e4 c6 2. d4 d5 3. ed5: cd5: 4. c4 ♘f6 5. ♘c3 ♘c6

Moderner 5. ... e6 6. ♘f3 ♗e7 7. c5.

6. ♗g5 ♕b6?

6. ... dc4: ist etwas gewagt, aber 6. ... e6 ist durchaus sicher.

7. cd5: ♕b2:?

Noch die besten Aussichten gewährt 7. ... ♘d4:, wenn auch Weiß nach der Theorie mit 8. ♗e3 oder vielleicht auch 8. ♘1e2 in Vorteil kommt.

8. ♖c1 ♘b4 9. ♘a4 ♕a2: 10. ♗c4 ♕a3 11. ♖c3 und gewinnt.

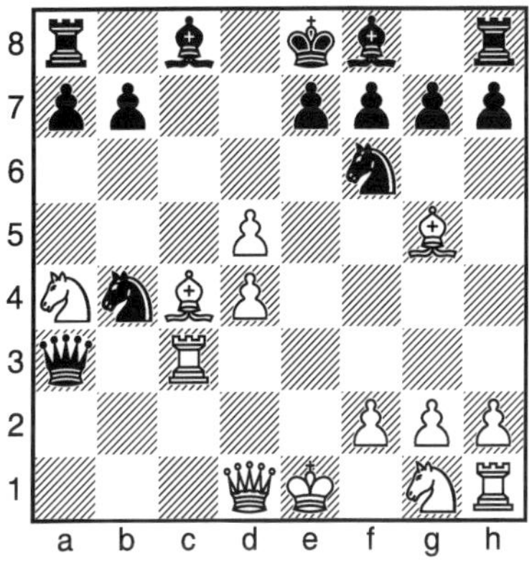

Nr. 94: Stellung nach dem 11. Zug

Nr. 95

1. e4 c6 2. d4 d5 3. ed5: cd5: 4. c4 ♘f6 5. ♘c3 ♘c6 6. ♘f3 ♗g4 7. cd5: ♘d5: 8. ♗b5 ♕a5 9. ♕b3 ♗f3: 10. gf3: ♘c3: 11. ♗c6:+

Die Vorbereitung des folgenden Überfalles, durch welchen Weiß den Gegner zu überlisten glaubt, wobei er sich aber in der eigenen Falle fängt. Richtig ist 11. bc3:.

11. ... bc6: 12. ♕b7? ♘d5+ 13. ♗d2 ♕b6 14. ♕a8:+ ♔d7 und gewinnt. Die weiße Dame wird durch ♘c7 abgefangen.

Nr. 96

1. e4 c6 2. d4 d5 3. ♘c3 de4: 4. ♘e4: ♘f6 5. ♕d3 e5?

Der Damenzug von Weiß war, gelinde gesagt, von zweifelhaftem Wert. Schwarz sollte sein Spiel mit 5. ... ♘e4: 6. ♕e4: ♘d7 und ♘f6 sichern.

6. de5: ♕a5+ 7. ♗d2 ♕e5: 8. 0-0-0 ♘e4:??

Der zweite und entscheidende Fehler; Schwarz rechnet nur mit der Antwort 9. ♖e1. Durch 8. ... ♗e7 kann er noch sein Spiel verteidigen, obgleich es schon gefährdet ist.

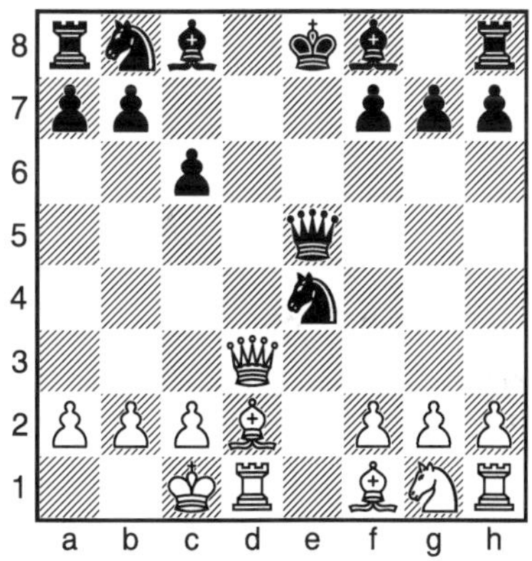

9. ♕d8+!

Ein entzückender Schluss.

9. ... ♔d8: 10. ♗g5++ ♔c7

Oder 10. ... ♔e8 11. ♖d8 matt.

11. ♗d8 matt.

Nr. 97

1. e4 c6 2. d4 d5 3. ♘c3 de4: 4. ♘e4: ♗f5 5. ♘g3 ♗g6 6. ♘f3 e6?

Schwarz vertauscht die richtige Reihenfolge der Züge. Zuerst muss er ♘d7 ziehen.

7. h4 h6 8. ♘e5 ♗h7 9. ♗c4

Ein guter Zug ist auch 9. ♗d3 und falls 9. ... ♕d4:?, dann 10. ♘f7:!.

9. ... ♘d7 10. ♕e2 ♘gf6? 11. ♘f7: ♔f7: 12. ♕e6:+ ♔g6 13. ♗d3 matt.

Nr. 98

1. e4 c6 2. d4 d5 3. ♘c3 de4: 4. ♘e4: ♘f6 5. ♘g3 h5 6. ♗g5?

Weiß sollte das weitere Vordringen des feindlichen h-Bauern durch 6. h4 unmöglich machen.

6. ... h4 7. ♗f6:?

Damit fällt Weiß in eine tiefdurchdachte Falle.

7. ... hg3: 8. ♗e5 ♖h2: 9. ♖h2: ♕a5+ 10. c3

Auf 10. ♕d2 gewinnt Schwarz durch 10. ... gf2:+.

10. ... ♕e5:+! 11. de5: gh2:

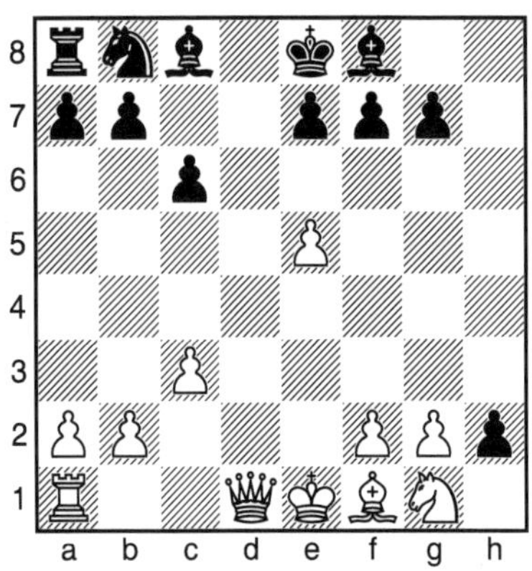

Schwarz gewinnt.

Nr. 99

1. e4 c6 2. ♘c3 d5 3. ♘f3 ♗g4 4. d4 de4: 5. ♘e4: ♗f3:

Besser ist es, sich mit 5. ... ♘f6 weiter zu entwickeln.

6. ♕f3: ♕d4: 7. ♗e3 ♕e5?

22. Frage:

Wie würden Sie auf 7. ... ♕b2: fortsetzen? (Lösung S. 148)

8. ♗c4 ♘f6 9. ♘g5 e6 10. 0-0-0

Damit droht Weiß 11. ♖d8+ ♔d8: 12. ♘f7:+.

10. ... ♘bd7 11. ♖d7:! ♘d7:

Schlägt der König den Turm, so folgt 12. ♘f7: nebst ♘h8:.

12. ♕f7:+ ♔d8 13. ♘e6:+ ♔c8 14. ♕e8 matt.

Nr. 100

1. e4 c6 2. ♘c3 d5 3. ♘f3 de4: 4. ♘e4: ♗f5?

Derselbe Reinfall wie in unserem Beispiel ergibt sich nach 4. ... ♗g4, wenn Schwarz nach 5. h3 ♗h5 6. ♘g3 den Tausch auf f3 unterlässt und 6. ... ♗g6? spielt.

5. ♘g3 ♗g6 6. h4 h6 7. ♘e5 ♗h7 8. ♕h5 g6 9. ♕f3

In einer Turnierpartie (Plymouth 1938) stellte Dr. Aljechin seinem Gegner mit Erfolg folgende Falle: 9. ♗c4! e6

10. De2 Sf6? 11. Sf7:! und gewann. Vergleiche das Beispiel Nr. 97.

9. ... Sf6 10. Db3 Dd5 11. Db7: De5:+ 12. Le2 mit Qualitätsgewinn. Schwarz muss sich gegen 13. Dc8 matt schützen und verliert den Turm a8. Im Bedarfsfall wird dann die weiße Dame durch 14. a4 befreit.

Sizilianische Verteidigung

Die Sizilianische Verteidigung ist keine friedfertige Eröffnung, ihr hervorstechendstes Merkmal ist scharfer Kampf. Schwarz tritt mit 1. ... c5 sofort einer Verstärkung des weißen Zentrums durch den Zug d4 entgegen. Der weiße e-Bauer soll nicht wie in der Französischen oder Caro-Kann-Verteidigung frühzeitig abgetauscht werden, er soll im späteren Verlauf des Spieles zur Angriffsmarke werden. Die c-Linie, die durch Tausch auf d4 zumeist geöffnet wird, ist die Grundlage des schwarzen Angriffs am Damenflügel. Dem setzt der Weiße gewöhnlich einen schneidigen Königsangriff entgegen. Eine derart scharfe Eröffnung gibt beiden Parteien reiche Gelegenheit zu Kombinationen und Fallen und die angeführten Beispiele, die den Stoff keineswegs erschöpfen, werden für den Lernenden von hohem Wert sein.

Das erste Beispiel (Nr. 101) zeigt einen verfrühten Angriff des Schwarzen am Damenflügel, der wohl zum Gewinn der Qualität führt, aber zu sehr die Entwicklung vernachlässigt. Schöne Opferspiele enthält Nr. 102 mit derselben Variante; der Tausch des schwarzen Königsläufers auf c3 ist auch hier ungünstig. Nr. 103 ist eine Gewinnpartie von Eliskases aus dem Turnier zu Birmingham 1937.

Es ist eine richtige Falle, die in den verschiedensten Formen auftreten kann, wobei aber der Grundgedanke stets derselbe ist: aufgedeckter Angriff gegen die schwarze Dame und Materialgewinn durch das Springerschach auf e7.

Beispiel Nr. 104 ist die Kurzpartie Nona Gaprindaschwili – Servaty aus Dortmund 1974. Weiß opfert beide Türme.

Nr. 105 gibt eine Falle wieder, mit der Weiß in der Partie Neukirch – Dr. Baumbach, Schwerin 1969, Erfolg hatte. Schwarz glaubte einen Bauern zu gewinnen und verlor eine Figur.

Eine moderne Bekämpfungsart der Drachenvariante zeigt die Falle Nr. 106. Sie kam wiederholt in der Turnierpraxis vor, u. a. auch in der Schacholympiade Dubrovnik 1950. Schwarz glaubt, einem Läuferschach durch Wegzug des Königs begegnen zu können, büßt aber nun die Dame ein.

In Nr. 107 macht Weiß absichtlich den zweitbesten Zug – und schon sitzt Schwarz in der Falle (er verliert eine Figur)! Das Beispiel ist eine Partie Grivainis – Macleod 1959.

Im nächsten Beispiel (Nr. 108) kommt Schwarz dadurch in Nachteil, dass er die Tücke eines Zuges des weißen Königsläufers unbeachtet lässt. Nr. 109 ist eine lange, verwickelte und schöne Kombination in der Richter-Variante. Sie enthält viele Verzweigungen und endet mit einem eleganten Matt auf einer Mittellinie. In Nr. 110 sehen wir die moderne Form des Richter-Angriffs. Der Figurengewinn ist in der Turnierpraxis mehrfach vorgekommen. Die Spieler hatten sich darauf verlassen, dass der Zug 12. ... ♕b6 in einem bekannten eröffnungstheoretischen Werk empfohlen worden war. „Was du Schwarz auf Weiß besitzt, kannst du im Schach noch lange nicht nach Hause tragen“, möchten wir in Abwandlung des bekannten Goethe-Zitats warnen. Sehr lehrreich ist Nr. 111, wo Schwarz einen Überfall, den er im 7. Zug ruhig ausführen konnte, um zwei Züge zu spät unternimmt und dabei eine Figur einbüßt.

Nr. 112 zeigt ein überraschendes Bauernopfer, mit welchem Weiß die Unvorsichtigkeit des Schwarzen schwer bestraft. Eine interessante Falle wird in Nr. 113 gezeigt. Schwarz kann auf vielerlei Arten verunglücken, wenn er mit dieser Wendung nicht vertraut ist. Mit einer modernen Spielweise, der sogenannten „Argentinischen Variante“, befasst sich die Nr. 114. In Göteborg 1955 wählten sie drei Argentinier in einer Runde gegen drei Russen und erlebten einen dreifachen Reinfall – allerdings nicht wegen der Eröffnung (dort ging es mit 11. ♘e6: fe6: 12. ♕h5+ ♔f8 13. ♗b5 weiter, und nun verpassten die Argentinier den Rettungszug 13. ... ♖h7)!

Nr. 101

1. e4 c5 2. ♘f3 e6 3. d4 cd4: 4. ♘d4: ♘f6 5. ♘c3 ♗b4

Ein verfrühter Ausfall. Richtig ist 5. ... d6 oder 5. ... ♘c6.

6. e5! ♕a5?

Der einzig befriedigende Zug ist 6. ... ♘d5, obwohl es auch dabei fraglich bleibt, ob Schwarz gänzlich vollwertiges Spiel erhält.

23. Frage:

Kennen Sie die Folge nach 6. ... ♘e4? (Lösung S. 148)

7. ef6: ♗c3:+ 8. bc3: ♕c3:+ 9. ♕d2 ♕a1: 10. c3 ♕b1

Sonst wird die schwarze Dame durch 11. ♘b3 ♕b1 12. ♗d3 gefangen.

11. ♗d3 ♕b6 12. fg7: und gewinnt.

Nr. 102

1. e4 c5 2. ♘f3 e6 3. d4 cd4: 4. ♘d4: ♘f6 5. ♘c3 ♗b4 6. ♗d3 d5?

Als bester Zug wird inzwischen 6. ... e5 betrachtet.

7. e5 ♘fd7 8. ♕g4 g6

Auf 8. ... ♔f8 folgt 9. ♘e6:+ fe6: 10. ♕b4:+; auf 8. ... ♗c3:+ 9. bc3: ♔f8 gewinnt Weiß mit 10. ♗a3+ ♔g8 11. ♘e6:! fe6: 12. ♕e6: matt. Zwei bemerkenswerte Fallen!

9. ♘e6:! ♗c3:+ 10. bc3: fe6:

Besser ist ♘e5:, worauf Weiß mit 11. ♕d4 antwortet.

11. ♗g6:+ und gewinnt.

Nr. 103

1. e4 c5 2. ♘f3 e6 3. d4 cd4: 4. ♘d4: ♘f6 5. ♘c3 d6 6. ♗e2 ♗e7 7. 0-0 a6 8. f4 ♕c7 9. ♗f3 ♗d7 10. ♔h1 ♘c6

Das Scheveninger Verteidigungssystem.

11. ♘b3 b5 12. a3 ♖c8 13. ♗e3 0-0 14. ♕d2 ♘e8 15. ♖ad1 ♘a5?

Damit stürzt Schwarz in eine Falle.

16. ♘a5: ♕a5: 17. ♘d5! ♗d8

Falls 17. ... ♕d2:, dann 18. ♘e7:+ nebst ♖d2: Falls aber 17. ... ♕d8, so 18. ♗b6.

18. ♘e7+ mit Qualitätsgewinn.

Nr. 104

1. e4 c5 2. ♘f3 ♘c6 3. d4 cd4: 4. ♘d4: g6 5. c4 ♗g7 6. ♗e3 ♘f6 7. ♘c3 ♘g4

Ein Entlastungsmanöver.

8. ♕g4: ♘d4: 9. ♕d1 e5

Zu weniger verpflichtet 9. ... ♘e6.

10. ♘b5 0-0 11. ♗e2

Der gebräuchliche Zug, der auch als vorteilhaft für Weiß gilt, ist 11. ♕d2.

11. ... ♕h4?!

Nach 11. ... ♘b5: 12. cb5: d6 stünde Weiß etwas besser. Der mit dem

Textzug beabsichtigte „Schuss“ geht nach hinten los.

12. ♘d4: ed4: 13. ♗d4: ♕e4: 14. ♗g7: ♕g2:

Ein verlockender Zwischenzug.

15. ♕d4! ♕h1:+

Das Motiv der „Unsterblichen Partie“.

16. ♔d2 ♕a1:?

Er erliegt der Verlockung.

24. Frage:

Wie würden Sie auf 16. ... ♕h2: fortsetzen? (Lösung S. 148)

17. ♕f6!

Schwarz gab auf. Er hatte nur mit 17. ♗h6 gerechnet, worauf er sich noch mit 17. ... f6 verteidigen konnte. Jetzt aber gibt es gegen 18. ♗h6 keine Verteidigung, z. B. 17. ... ♕a2: 18. ♗h6 ♕a5+ 19. ♔c1! ♕e1+ 20. ♗d1 oder 19. ... ♕a1+ 20. ♔c2 ♕a4+ 21. ♔b1.

Nr. 105

1. e4 c5 2. ♘f3 ♘c6 3. d4 cd4: 4. ♘d4: g6

Die moderne Behandlungsweise. Schwarz schiebt d7-d6 hinaus in der Hoffnung, gleich d7-d5 spielen zu können.

5. ♘c3 ♗g7 6. ♗e3 ♘f6 7. ♗c4

Verhindert d7-d5.

7. ... 0-0 8. ♗b3 ♕a5 9. 0-0 d6 10. h3 ♗d7 11. ♖e1 ♖fe8 12. ♕e2!

Gaukelt die Möglichkeit eines Bauerngewinns vor.

12. ... ♘e4:?.

Fällt in eine raffinierte Falle.

13. ♘c6: ♗c6: 14. ♘e4: Schwarz gab auf; er übersah, dass nach 14. ... ♗e4: 15. ♗d2! der ♗e4 verlorengeht.

Nr. 106

1. e4 c5 2. ♘f3 d6 3. d4 cd4: 4. ♘d4: ♘f6 5. ♘c3 g6 6. f4 ♗g7

Obwohl anscheinend nicht ganz so schlecht wie früher vermutet, stellt dieser Zug Schwarz zumindest vor schwierige Probleme. Die Theorie empfiehlt 6. ... ♘c6 oder 6. ... ♘bd7, ja sogar 6. ... a6.

7. e5! de5:

Mit 7. ... ♘h5 könnte Schwarz eine Falle stellen: 8. g4? ♘f4: 9. ♗f4: de5: mit vorteilhaftem Rückgewinn der Figur. Nach 8. ♗b5+ ♗d7 9. e6 fe6: 10. ♘e6: ♗c3:+ könnten sich statt dessen unklare Komplikationen ergeben.

8. fe5: ♘g4?

Nach Meinung der Bücher hat Schwarz nur mit 8. ... ♘fd7 Chancen, sich zu behaupten, z. B. 9. e6 ♘e5 10. ♗b5+ ♘ec6 11. ef7:+ ♔f8.

9. ♗b5+ ♔f8?

Nach 9. ... ♘c6 10. ♘c6: ♕d1:+ 11. ♘d1: a6 12. ♗a4 ♗d7 war noch nicht alles verloren, obschon Weiß mit 13. h3 ♘h6 14. ♘e7:! (Pilnik–Kashdan, New York 1949) einen Bauern gewinnt.

10. ♘e6+ und erobert die Dame.

Nr. 107

1. e4 c5 2. c3

Eine solide Vorbereitung von d2-d4, mit der man viele Verwicklungen vermeiden kann.

2. ... ♘f6 3. e5 ♘d5 4. ♘f3 d6 5. ed6: ♕d6: 6. d4 cd4: 7. ♘d4:

Üblich ist das Zurückschlagen mit dem Bauern.

7. ... e5?

Darauf hatte Weiß gewartet.

8. ♘b5! und gewinnt eine Figur (auf einen Damenzug folgt die typische Wendung 9. ♕d5: ♕d5: 10. ♘c7+).

Nr. 108

1. e4 c5 2. ♘f3 ♘c6 3. d4 cd4: 4. ♘d4: ♘f6 5. ♘c3 d6 6. ♗c4 g6?

Hier gerät Schwarz mit der Flankierung seines Königsläufers in eine Falle. Er sollte 6. ... e6 spielen.

7. ♘c6: bc6: 8. e5! ♘g4

Auf 8. ... de5:? gewinnt Weiß mit 9. ♗f7:+ die Dame.

9. ♗f4 d5

Auch die Alternativen 9. ... ♕b6 10. ♕f3 oder 9. ... ♗h6 10. ♗h6: ♘h6: 11. ♕d2 ♘f5 12. ed6: können laut Theorie schwarzen Nachteil nicht vermeiden.

10. ♘d5: cd5: 11. ♗d5: ♗d7 12. ♗a8: ♕a8: 13. 0-0 mit Vorteil für Weiß.

Nr. 109

1. e4 c5 2. ♘f3 ♘c6 3. d4 cd4: 4. ♘d4: ♘f6 5. ♘c3 d6 6. ♗g5 e6 7. ♘c6: bc6: 8. e5

Ein von Kurt Richter herrührendes Bauernopfer. Falls 8. ... de5:, dann 9. ♕f3 mit einem für nicht sattelfeste Gegner gefährlichen, wenn auch theoretisch kaum ganz korrekten Angriff. Als sicherste Entgegnung wird 9. ... ♗e7 empfohlen, um den Bauern zurückzugeben und möglichst schnell die Entwicklung zu beenden.

8. ... ♕a5 9. ♗b5 cb5: 10. ef6: b4

10. ... gf6: 11. ♗f6: ♖g8 soll auch hier gut für Schwarz sein.

11. ♘e4

Auf 11. ♕f3 folgt 11. ... ♕e5+ 12. ♘e2 d5 usw.

11. ... ♕e5 12. ♕e2 d5 13. ♖d1

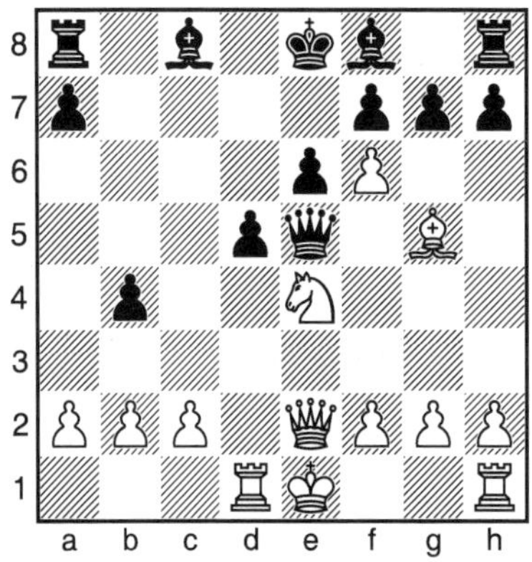

13. ... de4:?

Der entscheidende Fehler. Notwendig ist 13. ... g6.

25. Frage:

Wie vermeidet Weiß danach Figurenverlust?

14. f4. Auch 14. fg7: gewinnt.

14. ... Da5 15. fg7: Lg7: 16. Db5+ Db5: 17. Td8 matt.

Nr. 110

1. e4 c5 2. Sf3 Sc6 3. d4 cd4: 4. Sd4: Sf6 5. Sc3 d6 6. Lg5 e6

Bis hierher wie Nr. 109.

7. Dd2

Rausers Zug, der mehr verspricht als der eben gezeigte Tausch auf c6.

7. ... Le7 8. 0-0-0 Sd4: 9. Dd4: 0-0 10. f4 Da5 11. e5 de5: 12. De5: Db6?

Schwarz muss die Damen tauschen und kann dann standhalten.

13. Sa4!

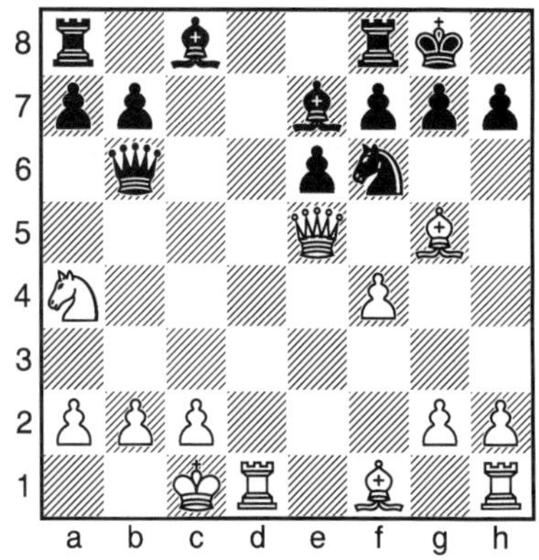

Weiß gewinnt nun eine Figur, z. B. 13. ... Db4 14. Td4 oder 13. ... Df2 14. Td2.

Nr. 111

1. e4 c5 2. Sf3 Sc6 3. d4 cd4: 4. Sd4: g6 5. c4 Lg7 6. Le3 Sf6 7. Sc3 d6

Die Alternative zu 7. ... Sg4, was Beispiel Nr. 104 zeigt.

8. Le2 0-0 9. 0-0 Sg4?

Jetzt führt dieser Zug zum Verlust einer Figur.

10. Lg4: Lg4:

Oder 10. ... Ld4: 11. Lc8: Lc3: 12. Lb7: usw.

11. Sc6: Ld1: 12. Sd8: und gewinnt.

Nr. 112

1. e4 c5 2. ♘f3 ♘f6 3. e5 ♘d5 4. ♘c3 ♘c3: 5. dc3: b6? 6. e6!

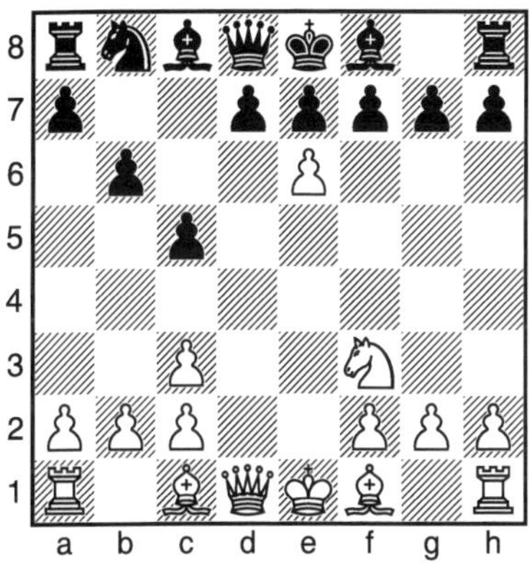

6. ... f6

Eine befriedigende Fortsetzung ist für Schwarz nicht mehr vorhanden. Falls 6. ... de6:, so 7. ♕d8:+ nebst 8. ♘e5; falls 6. ... fe6:, dann 7. ♘e5 g6 8. ♕f3.

7. ♘e5! fe5: 8. ♕f3 ♕c7 9. ♕a8: ♘c6 10. ♗b5 und gewinnt.

Nr. 113

1. e4 c5 2. ♘f3 ♘f6 3. ♘c3 d5 4. ed5: ♘d5: 5. ♗b5+ ♗d7 6. ♘e5 ♘c3:?

Der entscheidende Fehler. Auch 6. ... ♕c7? ist ein Irrweg, weil Weiß mit 7. ♘d7: ♘d7: 8. ♘d5: eine Figur gewinnt. Schlecht ist genauso 6. ... ♘c6? 7. ♗c6: ♗c6: 8. ♕f3. Nach heutiger Ansicht sollte Schwarz am besten versuchen: 6. ... ♘f6 7. ♘d7: ♘bd7: 8. d4 a6 mit allenfalls leichtem Nachteil.

26. Frage:

Wie setzt Weiß nach 6. ... ♗b5: am besten fort?

(Lösung S. 148)

7. ♕f3! f6

Nur wenig besser ist die Fortsetzung 7. ... ♕c7. Weiß antwortet 8. ♗d7:+ ♘d7: 9. ♕f7:+ ♔d8 10. ♘d7: ♔d7: 11. dc3: und ist klar im Vorteil.

8. ♕h5+ g6 9. ♘g6: ♗b5: 10. ♘e5 matt.

Nr. 114

1. e4 c5 2. ♘f3 d6 3. d4 cd4: 4. ♘d4: ♘f6 5. ♘c3 a6 6. ♗g5 e6 7. f4 ♗e7 8. ♕f3

Ein moderner, aggressiver Aufbau.

8. ... h6 9. ♗h4 g5 10. fg5: ♘fd7

Schwarz pocht auf das Feld e5 und darauf, dass Weiß den g-Bauern nicht halten kann.

11. ♕h5 ♗g5:?

Nötig war 11. ... ♘e5 12. ♗f2 ♗g5: 13. h4 ♗e7! und Schwarz kann sich verteidigen, indem er nach 14. 0-0-0 ebenfalls die lange Rochade anstrebt. Mit 12. ♗g3 ♗g5: 13. ♗e2 und der Absicht 0-0 dürfte Weiß laut neuerer Theorie aber wohl doch bessere Chancen erhalten.

12. ♗g5: ♕g5: 13. ♘e6:! mit Bauerngewinn für Weiß (13. ... ♕h5: 14. ♘g7+).

Aljechin-Verteidigung

Auf den ersten Blick sieht die Aljechin-Verteidigung 1. e4 ♘f6 zumindest bizarr aus, denn durch den Vormarsch der weißen Mittelbauern kommt der schwarze Springer auf b6 fast ganz außer Spiel und die weißen Bauern bilden ein mächtiges, drohendes Zentrum. Der tiefe Gedanke, der dieser Verteidigung zugrunde liegt, besteht aber darin, gerade diesen Bauernvormarsch herauszufordern und in der Folge das weiße Zentrum anzugreifen. Wenn Weiß auf die Springerjagd verzichtet und eine ruhigere Behandlung wählt, kann das Spiel mannigfaltige Formen annehmen, z. B. eine für Schwarz günstige Variante der Französischen, eine Abart der Sizilianischen Verteidigung usw. Wenn Schwarz richtig spielt, kann er in allen Fällen die Eröffnungsschwierigkeiten überwinden.

Viele der zahlreichen Fallen, die in dieser Eröffnung vorkommen, beruhen auf der Schwäche der weißen Mittelbauern, welche durch Figuren gedeckt werden müssen. So verliert Weiß in Nr. 115 einen dieser Bauern. Als Gegenstück zeigen die nächsten zwei Beispiele die Schwierigkeiten des Schwarzen. In Nr. 116 ermöglicht ein unscheinbarer Fehler des Schwarzen, dass Weiß in direktem Angriff den Gewinn erzwingt. Dieses Beispiel folgt einer Turnierpartie Bogoljubows aus Breslau 1925. Schließlich zeigt Nr. 117 die Gefahr eines Figurverlustes auf. Gewiss ist der Fehler des Schwarzen schrecklich, aber der Gedanke ist es, den man werten muss, und in einer verwickelteren Stellung kann eine ähnliche Katastrophe vorkommen.

Nr. 115

1. e4 ♘f6 2. e5 ♘d5 3. c4 ♘b6 4. d4 d6

Schwarz darf die Idee der Aljechin-Verteidigung nicht übertreiben und etwa auch noch den zweiten Springer ziehen.

27. Frage:

Wie lässt sich 4. ... ♘c6 widerlegen? (Lösung S. 149)

5. f4 de5: 6. fe5: ♗f5 7. ♗d3

Sicher nicht der beste Zug in dieser Stellung.

7. ... ♗d3: 8. ♕d3: c5 9. d5?

Aber erst dies bringt Weiß wirklich in Kalamitäten. Nach 9. ♘f3 könnte folgen 9. ... e6 10. 0-0 ♘c6 11. ♘c3 ♘d4: 12. ♗g5 oder 9. ... cd4: 10. 0-0 ♘c6 11. e6 fe6: 12. ♘g5 und falls Schwarz an dem gewonnenen Material festhält, bekommt Weiß beachtliche Initiative.

9. ... e6

Schwarz gewinnt einen Bauern, da nicht nur d5 direkt hängt, sondern auch ♕h4+-c4: droht.

Nr. 116

1. e4 ♘f6 2. e5 ♘d5 3. d4 d6 4. ♘f3 ♗f5

Wenn Schwarz in dieser Eröffnung Gelegenheit zum Fesselungszug ♗g4 findet, soll er nicht darauf verzichten.

5. ♗d3 ♗g6?

Läufertausch war unerlässlich.

6. ♗g6: hg6: 7. c4 ♘b6 8. e6!

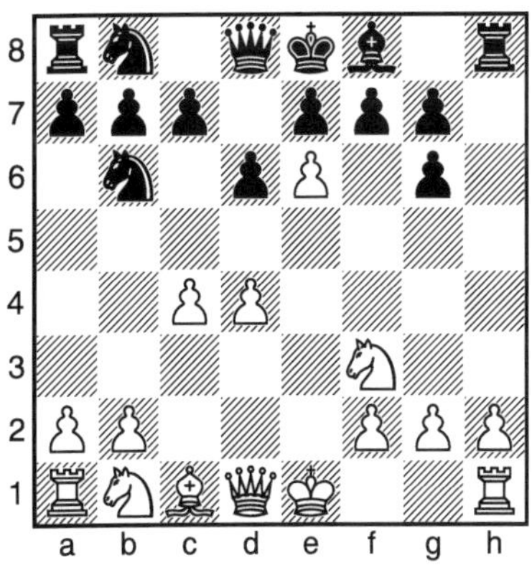

8. ... f6

Auf 8. ... fe6: antwortet Weiß 9. ♕d3 und ♘g5.

9. ♕d3 ♕c8 10. ♕g6:+ und gewinnt.

Nr. 117

1. e4 ♘f6 2. e5 ♘d5 3. d4 d6 4. ♘f3 ♗g4 5. ♗e2 e6 6. c4 ♘b6 7. ed6: ♕d6:??

7. ... cd6: ist erzwungen und ganz gut. Wenn Weiß vor dem Zug c4 die Bauern auf d6 tauscht, kann Schwarz mit der Dame wiedernehmen, denn dann muss der Springer d5, wenn er durch c4 gejagt wird, nicht das Feld b6 betreten.

8. c5 mit Figurgewinn.

Skandinavische Verteidigung

Diese Verteidigung führt zu sehr interessanten Stellungen, liefert aber in der Praxis keine guten Ergebnisse. Ein großer Nachteil der Skandinavischen ist der, dass Weiß die Wahl hat, entweder eine scharfe Angriffspartie oder eine ruhige Stellungspartie zu spielen und in beiden Fällen die bessere Stellung erlangt.

Im Beispiel Nr. 118 unternimmt Schwarz in einem sehr frühen Stadium der Partie einen Angriff. Er bietet dabei eine Figur zum Opfer an und Weiß greift fehl. Nr. 119 zeigt die Gefahr frühzeitiger Damenmanöver und die Notwendigkeit, der Dame in dieser Eröffnung von a5 aus eine Rückzugslinie dadurch zu sichern, dass im Notfall c6 geschieht. dass Schwarz aber auch dann sehr leicht straucheln kann, zeigt die prachtvolle Opferserie des Beispiels Nr. 120. Die letzte Falle Nr. 121 enthält eine unerwartete Mattwendung des Schwarzen.

Nr. 118

1. e4 d5 2. ed5: ♘f6 3. d4 ♘d5: 4. c4 ♘b4?!

Solide Fortsetzungen sind 4. ... ♘b6 oder ♘f6.

5. ♕a4+ ♘8c6 6. d5?

Gerade darauf ist der schwarze Springerausfall berechnet. Nach 6. a3 müsste der ♘b4 nach a6 zurück und Weiß käme in Vorteil.

6. ... ♗f5 7. dc6:?

Ein schreckliches Versehen. 7. ♘a3 ist unerlässlich und ermöglicht zumindest noch eine genügende Verteidigung.

28. Frage:

Wie würden Sie als Schwarzer darauf antworten?

(Lösung S. 149)

7. ... ♘c2+ und gewinnt.

Nr. 119

1. e4 d5 2. ed5: ♕d5: 3. ♘c3 ♕a5 4. d4 ♘f6 5. ♗c4 ♗f5 6. ♗d2 e6?

6. ... c6, um der Dame einen Rückzugsweg zu eröffnen, muss unbedingt geschehen.

7. ♘d5

Weiß gewinnt die Dame. Auf 7. ... ♕a4 folgt 8. ♗b5+ ♕b5: 9. ♘c7:+.

Nr. 120

1. e4 d5 2. ed5: ♕d5: 3. ♘c3 ♕a5 4. d4 c6 5. ♘f3 ♗g4 6. ♗f4 e6 7. h3 ♗f3:

Vorzuziehen ist der Rückzug 7. ... ♗h5.

8. ♕f3: ♗b4 9. ♗e2 ♘d7 10. a3 0-0-0?

Darauf hat Weiß gelauert. Der richtige Zug ist 10. ... ♘gf6.

11. ab4:! ♕a1:+ 12. ♔d2 ♕h1: 13. ♕c6:+! bc6: 14. ♗a6 matt

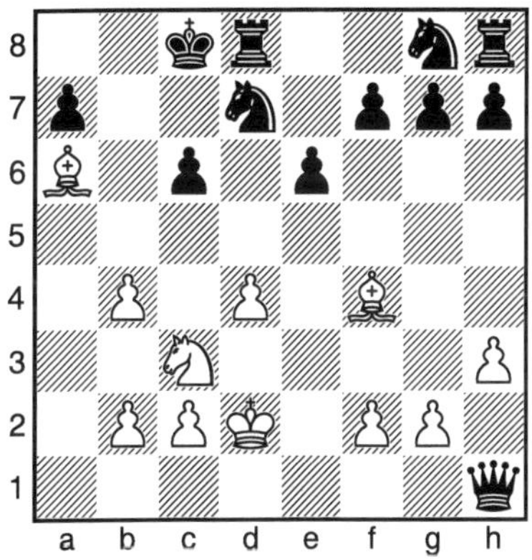

Ein wunderbarer Schluss: Weiß hat alle seine schweren Figuren geopfert, um ein Zweiläufermatt zu erzwingen. Der Lernende tut gut, sich die Möglichkeit eines ähnlichen Mattbildes beim Angriff gegen die lange Rochade stets vor Augen zu halten.

Nr. 121

1. e4 d5 2. ed5: ♕d5: 3. ♘c3 ♕a5 4. ♘f3 e5 5. d3 ♗g4 6. ♗d2 ♘c6 7. ♕e2?

Wieder einmal ein Fall, wo die Dame zu früh in den Kampf eingreift.

7. ... ♘d4 8. ♕e5:+? ♕e5:+ 9. ♘e5: ♘c2: matt.

In der modernen Turnierpraxis der Meister und erstklassigen Amateure sind die Damenbauer- und die verwandten Eröffnungen außerordentlich beliebt. So wurden von den 85 Partien, die in den drei Wettkämpfen um die Weltmeisterschaft vor 1954 gespielt wurden, nur neun mit 1. e4 eröffnet. Anhänger der „alten Schule“ beklagen diese überwältigende Vorliebe für den Damenbauern; trotzdem steht es außer Frage, dass die mit ihm eröffneten Partien ebensoviel Raum für Stellungsspiel und schöne Kombinationen gewähren wie jede andere Eröffnung. Sie sind verwickelt, geben weniger Anlass zu Abtausch als die offenen Partien und bieten oft Gelegenheit zu interessanten Endspielen. Der Lernende sollte diesem Abschnitt besondere Aufmerksamkeit widmen.

IV. Geschlossene Spiele

Angenommenes Damengambit

Das Damengambit unterscheidet sich von den bisher betrachteten Gambitspielen insofern, als es für Schwarz äußerst gefährlich ist, das Gambit anzunehmen, um den Bauern zu behaupten. Stellungen, in denen dies geschehen kann, sind außerordentlich selten und sehr sorgfältige Überlegungen müssen angestellt werden, bevor ein solcher Versuch unternommen wird.

In Nr. 122 hat Schwarz mit der Behauptung des Gambitbauern Erfolg, weil er die Kombination des Weißen widerlegen kann. Deshalb verzichtet Weiß in Nr. 123 auf den Rückgewinn des Bauern und spielt ein schneidiges Gambit, das zwar nicht ganz korrekt ist, aber den Gegner leicht überrumpeln kann. Dieses Beispiel ist einer berühmten Partie des Weltmeisterschaftskampfes Aljechin – Euwe 1937 entlehnt.

In Nr. 124 und Nr. 125 endet der Versuch des Schwarzen, den Mehrbauern zu halten, mit einer Katastrophe. Freilich muss Weiß im Beispiel Nr. 125 eine heimtückische Falle vermeiden. Nr. 126 zeigt schließlich eine moderne Behandlung dieser Eröffnung. Schwarz betrachtet das Schlagen des Bauern c4 nicht als Annahme eines Gambits, sondern als Beginn eines Bauernvormarsches am Damenflügel mit a6, b5 und c5. dass auch hierbei Gefahren lauern, lässt dieses Beispiel, das einer schönen Gewinnpartie Stahlbergs im Turnier zu Kemeri 1937 folgt, deutlich erkennen.

Nr. 122

1. d4 d5 2. c4 dc4: 3. ♘c3

Wenn Weiß den Gambitbauern rasch zurückgewinnen will, kann er 3. e3 ziehen. Daraufhin darf Schwarz ja nicht den Bauern c4 verteidigen wollen: 3. ... b5? 4. a4 c6 5. ab5: cb5: 6. ♕f3 und Weiß gewinnt. Der Lernende möge diesen Überfall in der Schräge f3-a8 gut beachten!

3. ... c6 4. e3 b5 5. ♘b5:?

Der richtige Zug ist 5. a4.

5. ... cb5: 6. ♕f3 ♕c7 7. ♕a8: ♗b7 8. ♕a7: e6

Schwarz droht ♘c6 und dem Weißen ist es nicht möglich, die Dame ohne Materialverlust zu befreien (8. ... e5! ist noch genauer).

29. Frage:
Was kann auf 9. d5 weiter folgen?
(Lösung S. 149)

Nr. 123

1. d4 d5 2. c4 c6 3. ♘c3 dc4: 4. e4 e5 5. ♗c4:

Riskant, aber gefährlich für Schwarz. Solide und gut ist 5. ♘f3.

5. ... ed4: 6. ♘f3!? dc3:

Dr. Euwe zog in seinem letzten Wettkampf (1937) gegen Dr. Aljechin 6. ... b5?, was wegen 7. ♘b5: verfehlt war.

7. ♗f7:+ ♔e7 8. ♕b3

Nicht besser ist 8. ♗g5+ ♘f6 9. ♕d8:+ ♔d8: 10. e5.

8. ... cb2:!

Nach 8. ... ♘f6 9. e5 ♘e4 10. 0-0 ist es gemäß einer Analyse von Botwinnik für Schwarz nicht leicht, sich zu verteidigen.

9. ♗b2: ♕b6!

Dieser in späteren Analysen gefundene Zug schlägt den weißen Angriff zurück. Nach 10. ♗g8: ♖g8: 11. ♕g8: ♕b4+ 12. ♘d2 ♕b2: hat Weiß Material weniger und keine gefährlichen Drohungen mehr. Auch der Zwischenzug 10. ♗a3+ c5 macht das Schlagen auf g8 nicht besser: 11. ♗g8: ♖g8: 12. ♗c5:+ (12. ♕g8: ♕a5+) 12. ... ♕c5: 13. 0-0 ♕h5! 14. ♕g8: ♗e6 15. ♕h8 ♘c6 und Weiß hat bei Materialrückstand eine hoffnungslos eingekesselte Dame.

Nr. 124

1. d4 d5 2. c4 dc4: 3. ♘f3

Damit verhindert Weiß den Gegenzug 3. ... e5, der auf 3. ♘c3 oder 3. e3 möglich ist.

3. ... ♘f6 4. e3 b5? 5. a4 c6 6. ♘e5 ♗a6

Besser ist 6. ... e6, worauf Weiß mit 7. ab5: cb5: 8. b3 fortsetzt.

7. ab5: cb5: 8. b3 cb3: 9. ♖a6: und gewinnt.

Nr. 125

1. d4 d5 2. c4 dc4: 3. ♘f3 c6 4. e3 b5 5. a4 ♕b6 6. ab5: cb5:

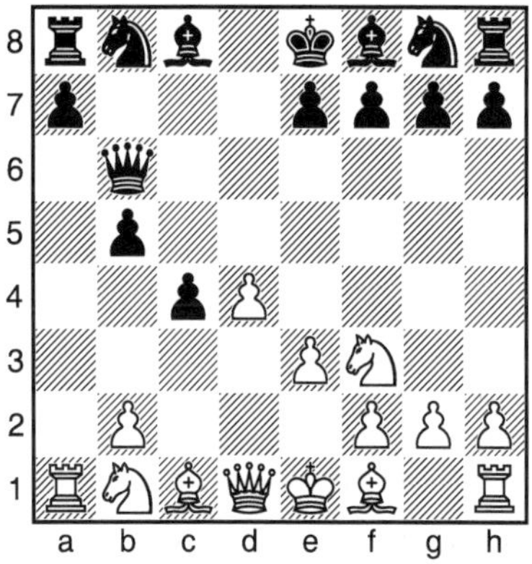

Die kritische Stellung. Der Zug 7. ♘e5 mit der Drohung ♕f3 sieht sehr stark aus. Weiß gerät aber damit in eine Falle. Schwarz antwortet 7. ... e6 8. ♘f7:? (auf 8. ♕f3 folgt ♕b7; auf 8. b3 geschieht ♗b4+) 8. ... ♔f7: 9. ♕f3+ ♘f6 10. ♕a8: ♘c6. Die weiße Dame, die durch 11. ... ♗b7 oder ♗b4+ bedroht ist, findet nicht mehr zurück.

7. b3! cb3: 8. ♕b3: b4

Falls 8. ... a6, so 9. ♗b5:+; falls 8. ... ♗d7, so 9. ♘e5.

9. ♕d5 ♗b7

Auf 9. ... ♕b7 gewinnt Weiß mit 10. ♗b5+ ♘d7 11. ♗d7:+ ♕d7: 12. ♕a8:.

10. ♗b5+ ♗c6 11. ♘e5 ♗b5: 12. ♕f7:+ und gewinnt.

Nr. 126

1. d4 d5 2. c4 dc4: 3. ♘f3 ♘f6 4. e3 e6 5. ♗c4: c5 6. 0-0 a6 7. ♕e2 ♘c6 8. ♖d1

Wenn Weiß den folgenden Vormarsch der schwarzen Bauern verhindern will, kann er 8. a4 ziehen. Auf 8. ... cd4: folgt dann 9. ♖d1.

8. ... b5 9. ♗b3 ♕b6

Eine bessere Verteidigung gewährt 9. ... c4 10. ♗c2 ♘b4. Deswegen entwickelt Weiß in neuerer Zeit meist zuerst den ♘b1, um dem Läufer dieses Rückzugsfeld freizumachen.

10. ♘c3 ♗b7 11. d5 ed5: 12. ♗d5:

Als objektiv Stärkstes gilt 12. e4.

12. ... b4

Anscheinend stark, es folgt aber ein gefährlicher Opferangriff, wie er übrigens auch ähnlich in der Partie Dr. Aljechin – Böök aus Margate 1938 vorkam.

13. ♗f7:+ ♔f7: 14. ♕c4+ ♔e8?

Der richtige Zug ist 14. ... ♔e7, wonach es keinen zwingenden Weg zu weißem Gewinn zu geben scheint.

15. ♕e6+ ♗e7 16. ♘e5 ♖f8 17. ♖d7! und gewinnt.

Tarrasch-Verteidigung

In der Tarrasch-Verteidigung ergreift Schwarz frühzeitig die Initiative, er nimmt freilich dafür eine gewisse Unsicherheit seiner Mittelstellung in Kauf. Ob Weiß Vorteil erreichen kann, gilt nach dem Wettkampf Petrosjan – Spasski 1969 als ungewiss; er muss einer Unzahl von Kombinationen und Fallen ausweichen, die den Schwarzen bei ihrem Gelingen rasch in Vorteil bringen.

In Beispiel Nr. 127 glaubt Weiß seinen Gegner überlistet zu haben, fällt aber einem unvermuteten Zwischenschach zum Opfer. Ähnlich geht es in Nr. 128, einem sehr interessanten Beispiel. Die Spielbehandlung des Weißen, die ihm anscheinend Vorteil einbringt, findet eine schöne, zwingende Widerlegung. Bei Nr. 129 wird wieder einmal das Schlagen eines Bauern ohne genügende Vorausberechnung als schlecht erwiesen. Die von Weiß hierbei angewendete Form des Angriffs kommt ziemlich häufig vor. Nr. 130 zeigt die moderne Behandlung der Tarrasch-Verteidigung. Weiß verfehlt die richtige Fortsetzung und verliert eine Figur.

Nr. 127

1. d4 d5 2. c4 e6 3. ♘c3 c5 4. ♘f3 cd4: 5. ♘d4: e5 6. ♘db5 d4 7. ♘d5 ♘a6 8. ♕a4 ♗d7

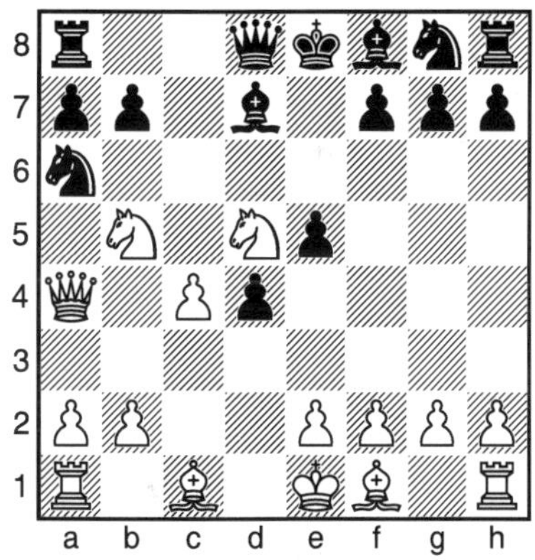

9. ♕a6:?

Weiß hofft, nach 9. ... ba6: mit 10. ♘bc7+ die Dame zurückzuerobern und den Turm zu gewinnen. Er wird aber sofort schwer enttäuscht.

9. ... ♗b4+ und gewinnt.

Nr. 128

1. d4 d5 2. c4 e6 3. ♘c3 ♘f6 4. ♘f3 c5 5. ♗g5 cd4: 6. ♘d4: e5 7. ♘db5?! a6!

7. ... d4 würde hier zu einem besseren Endspiel für den Anziehenden führen, nämlich 8. ♘d5 ♘d5: 9. ♗d8: ♗b4+ 10. ♕d2! ♗d2:+ 11. ♔d2: ♔d8: 12. cd5: (Partie Fine – Winter, Hastings 1936/37). Man vergleiche

hiermit die im 1. Abschnitt angegebene Falle!

8. ♘d5:?

Ein Fehler. Besser ist 8. ♕a4, laut Theorie mit nur leichtem Vorteil für Schwarz nach 8. ... ♗d7 9. cd5: ♕b6. Insgesamt kann man daher aber jedenfalls den Zug 7. ♘db5?! nicht empfehlen.

8. ... ab5: 9. ♘f6:+ ♕f6:!

Die tief verborgene Falle. Auf 9. ... gf6: wäre Weiß mit Abtausch der Damen und 11. ♗f6:+ in Vorteil gekommen.

10. ♗f6: ♗b4+ 11. ♕d2 ♗d2:+ 12. ♔d2: gf6: und gewinnt.

Nr. 129

1. d4 d5 2. c4 e6 3. ♘c3 ♘f6 4. ♘f3 c5 5. e3 ♘c6 6. ♗d3 ♗e7 7. 0-0 0-0 8. b3 b6 9. ♗b2 ♗b7 10. ♕e2 dc4: 11. bc4: cd4: 12. ed4: ♘d4:? 13. ♘d4: ♕d4: 14. ♘d5

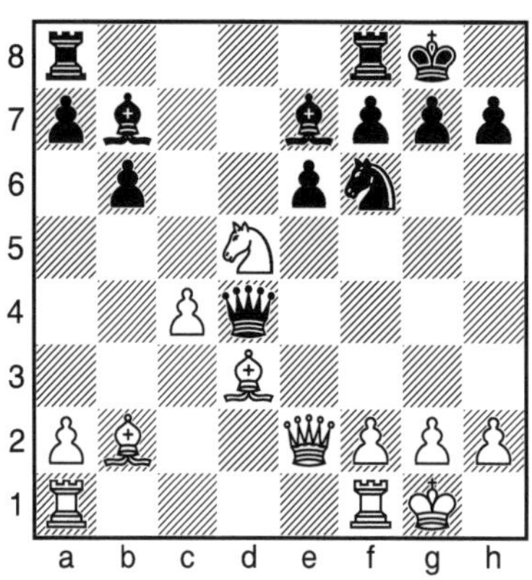

14. ... ♕c5 15. ♗f6: gf6:

Wenn 15. ... ♗f6:, dann 16. ♕e4 g6 17. ♘f6:+ und gewinnt.

16. ♕g4+!

Nicht aber 16. ♖ad1 ♗d5: 17. ♗h7:+ ♔h7: 18. ♕h5+ ♔g7 19. ♕g4+ ♔h7 20. ♖d3 ♗f3!, und der Verteidiger rettet sich.

16. ... ♔h8 17. ♕h4! mit Gewinn einer Figur.

Nr. 130

1. d4 d5 2. c4 e6 3. ♘c3 c5 4. cd5: ed5: 5. ♘f3 ♘c6 6. g3

Ein von Schlechter eingeführter Zug.

6. ... ♘f6 7. ♗g2 ♗e7 8. 0-0 0-0 9. dc5:

Gut und sicher ist die Fortsetzung 9. ♗g5, wie Petrosjan durchweg gegen Spasski 1969 spielte.

9. ... d4 10. ♘a4 ♗f5 11. ♗d2

30. Frage:

Kennen Sie die richtige Fortsetzung an dieser Stelle für Weiß?

(Lösung S. 149)

11. ... ♗e4 12. ♘h4 ♗g2: 13. ♘g2: ♘e4 14. ♕c2? d3!

Schwarz gewinnt den Läufer d2 oder noch mehr, z. B. 15. ed3: ♘d4 16. ♕d1 ♘d2:.

Orthodoxe Verteidigung

In der Meisterpraxis von heute ist die Orthodoxe Verteidigung nicht mehr so häufig wie vor einigen Jahrzehnten anzutreffen. Die „indischen“ Systeme haben den Vorrang. Schwarz erlangt mit ihr ein oft beengtes, aber festes und verteidigungsfähiges Spiel. Allerdings muss er die vielen Tücken dieser Eröffnung genau kennen, sonst fällt er leicht einer Falle seines Gegners zum Opfer. Die hier angegebenen Beispiele zeigen die bedeutendsten Gefahren, die der Lernende vermeiden muss. Ein genaues Studium ist daher von großem Nutzen.

In der streng-orthodoxen Verteidigung mit der Entwicklung b6 und ♗b7 sind es die Felder a6 und c6, die leicht schwach werden können. Nr. 131 ist ein sehr interessantes Beispiel dafür; die darin enthaltene Falle kann in ähnlicher Form häufig vorkommen. In gleicher Weise zeigen Nr. 132 und 133 die Schwäche des schwarzen Damenflügels, wenn sein flankierter Läufer auf b7 durch Tausch beseitigt worden ist.

Ein unerfahrener Spieler kann leicht in die Falle Nr. 134 geraten, wo die schwarze Dame an Luftmangel zugrunde geht. Diese Wendung ist ziemlich einfach, verdient aber schon deshalb Erwähnung, weil ein großer Meister auf diese Art zweimal hereingefallen ist! In Nr. 135 wählt Weiß einen falschen Weg zum Gewinn eines Bauern und Schwarz feiert einen schnellen Sieg. Beispiel Nr. 136 enthält eine weitreichend untersuchte Angriffswendung (15. f4), bei welcher es meist zu scharfem Spiel am schwarzen Königsflügel kommt. Hier bringt ein weißer Freibauer unerwartet die Entscheidung.

In Nr. 137 entlastet Schwarz sein Spiel auf eine Art und Weise (8. ... ♘e4), die der Lernende gut beachten möge, da sie in vielen Fällen anwendbar ist. Durch eine unvorsichtige Öffnung der Mittellinien kommt Schwarz dann doch noch in Nachteil, weil die schweren Figuren des Weißen eindringen können. Nr. 138 zeigt dieselbe Entlastung wie im vorigen Beispiel, aber einen Zug zu früh, so dass Weiß einen Bauern gewinnt. Auf diese Art sind schon viele Spieler verunglückt. Im Beispiel Nr. 139 tritt der seltene Fall ein, dass Schwarz nachträglich das Damengambit annehmen und auf Behauptung des Gambitbauern spielen darf.

Das letzte Beispiel (Nr. 140) wurde in der sowjetischen Meisterschaft 1952 zwischen Kotow und Petrosjan gespielt und zeigt die sehr beliebte Abtauschvariante. Weiß nutzt einen verfrühten Entlastungsversuch, bei dem der Damenläufer ungedeckt bleibt, schlagfertig aus.

Nr. 131

1. d4 d5 2. c4 e6 3. ♘c3 ♘f6 4. ♗g5 ♗e7 5. e3 ♘bd7 6. ♘f3 b6

Das ist nicht der richtige Zeitpunkt für die Flankierung des schwarzen Damenläufers. Besser erfolgt sie auf folgende Art: 5. ... 0-0 (statt ♘bd7) 6. ♘f3 h6 7. ♗h4 b6.

7. cd5: ed5:

Schwarz muss mit dem Springer wiedernehmen.

8. ♗b5 ♗b7 9. ♘e5 0-0 10. ♗c6

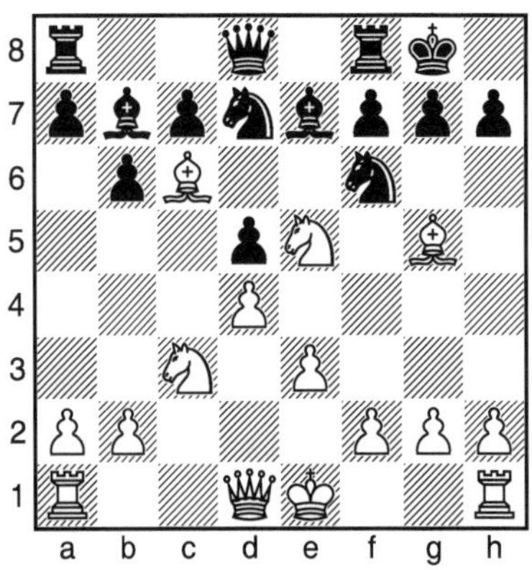

10. ... ♖b8 11. ♗b7: ♖b7: 12. ♘c6 ♕e8 13. ♘e7:+ ♕e7: 14. ♘d5: mit Bauerngewinn. Auf 14. ... ♕e4 15. ♘f6:+ gf6: 16. ♗h6 ♕g2: gewinnt Weiß mit 17. ♕f3!, denn falls dann 17. ... ♕f3:, so 18. ♖g1+ ♔h8 19. ♗g7+ ♔g8 20. ♗f6:+ nebst Matt.

Nr. 132

1. d4 d5 2. c4 e6 3. ♘c3 ♘f6 4. ♗g5 ♗e7 5. e3 ♘bd7 6. ♘f3 (soweit wie Nr. 131) **6. ... 0-0 7. ♖c1 b6 8. cd5: ed5: 9. ♕a4**

Aussichtsreicher ist nach heutiger Ansicht 9. ♗d3 oder auch 9. ♘e5!?.

9. ... ♗b7

Schwarz kann auch mit 9. ... c5!? ein Bauernopfer anbieten, da er bei der Annahme 10. ♕c6 ♖b8 11. ♘d5: mit 11. ... ♘d5: (oder sofort ♗b7) 12. ♕d5: ♗b7 13. ♗e7: ♕e7: ein vorzügliches Spiel erhält.

10. ♗a6 ♗a6: 11. ♕a6: c6 12. 0-0 ♘e4?

31. Frage:
Wodurch sollte dieser Fehler ersetzt werden? (Lösung S. 149)

13. ♗e7: ♕e7: 14. ♕b7 ♖fc8

Auf 14. ... ♕d6 folgt 15. ♘e4: de4: 16. ♘g5.

15. ♘d5: ♕d6 16. ♖c6: und gewinnt.

Nr. 133

1. d4 d5 2. c4 e6 3. ♘c3 ♘f6 4. ♗g5 ♗e7 5. e3 ♘bd7 6. ♘f3 0-0 7. ♖c1 b6 8. cd5: ed5: 9. ♕a4 ♗b7 10. ♗a6 (soweit wie Nr. 132) **10. ... ♕c8 11. ♗b7: ♕b7: 12. ♘e5 ♖ad8?**

Dies kostet eine Figur. Der einzige Zug des Schwarzen, der materiellen Verlust vermeidet, ist 12. ... ♘b8.

13. ♘d7: ♖d7: 14. ♗f6: und gewinnt.

Nr. 134

1. d4 d5 2. c4 e6 3. ♘c3 ♘f6 4. ♗g5 ♗e7 5. e3 ♘bd7 6. ♘f3 0-0 7. ♖c1 c6

Die gebräuchlichste Verteidigung.

8. ♕c2 a6 9. cd5: ed5: 10. ♗d3 ♖e8 11. 0-0 h6 12. ♗f4 ♘h5? 13. ♘d5: mit Bauerngewinn (13. ... ♘f4: 14. ♘f4:).

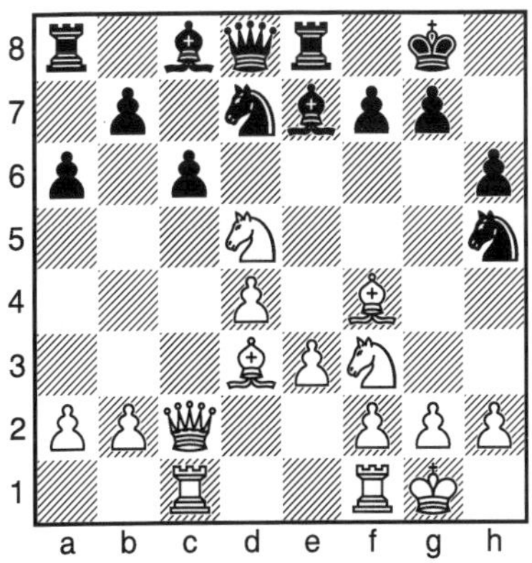

Auf 13. ... cd5:? erobert 14. ♗c7 die schwarze Dame.

Nr. 135

1. d4 d5 2. c4 e6 3. ♘c3 ♘f6 4. ♗g5 ♗e7 5. e3 ♘bd7 6. ♘f3 0-0 7. ♖c1 c6 (soweit wie Nr. 134) **8. ♗d3 dc4: 9. ♗c4: ♘d5 10. ♗e7: ♕e7: 11. ♘e4 e5**

Dieses sehr interessante Bauernopfer ist eine Falle, die bei richtigem Gegenspiel wohl nicht völlig zum Ausgleich genügt.

12. de5: ♘e5: 13. ♗d5:

Als Bestes gilt 13. ♘e5: ♕e5: 14. ♗d5: cd5: 15. ♘c3 ♖d8 16. ♕d4 und mit oder ohne Damentausch verdient die weiße Stellung zumindest leicht den Vorzug.

13. ... cd5: 14. ♘c3?

Hier musste Weiß schon den Bauern direkt nehmen: 14. ♕d5: ♘f3:+ 15. gf3:, aber mit 15. ... ♗e6 erhält Schwarz dank der geschwächten weißen Stellung wohl ausreichenden Ersatz, z. B. 16. ♕e5 ♕b4+ 17. ♕c3 ♖ac8 18. ♕b4: ♖c1:+ 19. ♔e2 ♖h1:.

14. ... ♗g4 15. ♘d5: ♕d6 16. 0-0 ♖ad8 17. ♘f4 ♕h6 18. ♕e2 ♗f3: 19. gf3: g5 20. ♘g2 ♖d2! und gewinnt.

Nr. 136

1. d4 d5 2. c4 e6 3. ♘c3 ♘f6 4. ♗g5 ♗e7 5. e3 ♘bd7 6. ♘f3 0-0 7. ♖c1 c6 8. ♗d3 dc4: 9. ♗c4: ♘d5 10. ♗e7: ♕e7: (soweit wie Nr. 135) **11. 0-0 ♘c3: 12. ♖c3: e5 13. de5: ♘e5: 14. ♘e5: ♕e5: 15. f4 ♕e7?**

Wohl der schwächste der hier theoretisch bekannten Damenzüge. Das beste Feld für die Dame ist f6, aber auch 15. ... ♕e4 dürfte Schwarz nach heutiger Ansicht eine akzeptable Stellung versprechen.

16. f5 ♖d8 17. f6!

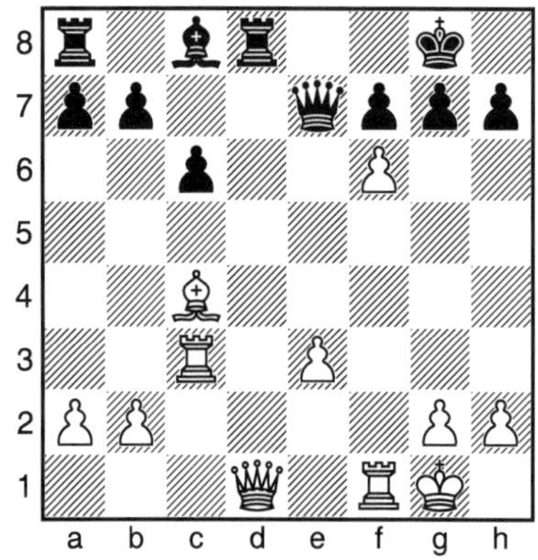

17. ... ♖d1:?

32. Frage:
Was soll Schwarz statt dessen tun?
(Lösung S. 149)

18. fe7: ♖f1:+ 19. ♗f1:

Auf 19. ♔f1:? kann Schwarz sich mit 19. ... ♗e6 retten.

19. ... ♗f5. Falls jetzt 19. ... ♗e6, so 20. ♖d3 ♗d5 21. e4 und gewinnt.

20. e4 ♗e4:

Oder 20. ... ♗g6 21. ♖d3 ♖e8 22. ♖d8 f6 23. ♗c4+ ♔h8 24. ♗e6 nebst ♗d7.

21. ♖e3 f5 22. ♗c4+ ♔h8 23. ♗f7 und gewinnt.

Nr. 137

1. d4 d5 2. c4 e6 3. ♘c3 ♘f6 4. ♗g5 ♗e7 5. e3 ♘bd7 6. ♘f3 0-0 7. ♖c1 c6 (soweit wie Nr. 134-136) **8. ♕c2 ♘e4! 9. ♗e7: ♕e7: 10. ♗d3**

Auf 10. ♘e4: de4: 11. ♕e4: will Schwarz mit 11. ... ♕b4+ den zeitweilig geopferten Bauern zurückgewinnen.

10. ... ♘c3: 11. ♕c3: dc4: 12. ♗c4: b6 13. 0-0 ♗b7 14. ♗e2 c5 15. ♖fd1 cd4:?

Der entscheidende Fehler. Nach 15. ... ♖fd8 stehen die Spiele vollkommen gleich.

16. ♕c7 ♖ab8 17. ♖d4: ♖fc8 18. ♖d7: ♕f6

Auch der bessere Zug 18. ... ♕e8 hilft nicht mehr. Weiß zieht darauf 19. ♘e5 ♖c7: 20. ♖cc7:.

19. ♕b8:! ♖b8: 20. ♖b7: und gewinnt.

Nr. 138

1. d4 d5 2. c4 e6 3. ♘c3 ♘f6 4. ♗g5 ♗e7 5. e3 ♘bd7 6. ♘f3 0-0 (soweit wie Nr. 132-137) **7. ♕c2 ♘e4?**

Was im vorigen Beispiel gut war, kostet hier einen Bauern.

8. ♗e7: ♕e7: 9. cd5: ♘c3: 10. ♕c3: ed5: 11. ♕c7: mit Bauerngewinn. Derselbe Reinfall kann sich mit 7. ♖c1 ♘e4? ergeben.

Nr. 139

1. d4 d5 2. c4 e6 3. ♘c3 ♘f6 4. ♘f3 a6 5. ♗g5 dc4: 6. e3 b5 7. a4 c6 8. ab5:

Weiß tut besser, nicht auf Rückeroberung des Bauern, sondern auf Angriff zu spielen: 8. ♘e5 nebst ♕f3.

8. ... cb5: 9. ♘b5: ♕b6 10. ♘c3

Auf 10. ♗c4: spielt Schwarz 10. ... ab5:!.

10. ... ♕b2: 11. ♕c1 ♗a3!

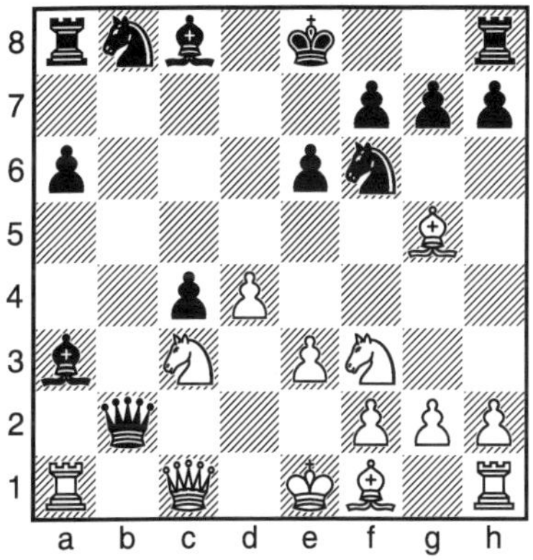

Einen ganz ähnlichen Kraftzug haben wir schon im Beispiel Nr. 80 kennengelernt. Am besten antwortet Weiß hier 12. ♘a2.

12. e4 (?) ♕c1:+ 13. ♗c1: ♗b4

Schwarz gewinnt bei ausgezeichneter Stellung einen Bauern.

Nr. 140

1. d4 d5 2. c4 e6 3. ♘c3 ♘f6 4. cd5: ed5: 5. ♗g5 ♗e7 6. e3 c6 7. ♕c2 ♘e4?

Wie im vorletzten Beispiel übersieht Schwarz dabei die Wirkung der weißen Dame auf der c-Linie.

8. ♗e7: ♕e7: 9. ♘d5:!

Der ungedeckte Läufer c8! Wie leicht zu sehen, hat Schwarz nichts Besseres als den Springer zu nehmen.

9. ... cd5: 10. ♕c8:+ ♕d8 11. ♗b5+

Besser als 11. ♕b7: 0-0! 12. ♕a8:? ♕a5+.

11. ... ♘c6 12. ♗c6:+ bc6: 13. ♕c6:+ und gewinnt.

Cambridge-Springs-Verteidigung

Diese Verteidigung, die als vollwertig anzusehen ist, führt häufig zu lebhaften Wendungen, in denen unerfahrene Spieler leicht verunglücken können. Dem Lernenden ist warm zu empfehlen, die Weltmeisterschaftskämpfe Dr. Aljechins gegen Capablanca und Bogoljubow zu studieren, wo er wertvolle Aufschlüsse über die Cambridge-Springs-Verteidigung erhalten wird.

Beispiel Nr. 141 folgt einer Turnierpartie zwischen Grünfeld und Bogoljubow aus Mährisch-Ostrau 1923 und endet in einem überraschenden Damenfang. Nr. 142 zeigt die Gefahr auf, die der Schwarze bei einer Schwächung seiner Königsstellung durch den Zug f5 läuft, während er in Nr. 143 an den Folgen eines verfrühten Vorstoßes c5 schwer leiden muss.

Die beiden letzten Beispiele beschäftigen sich mit der jugoslawischen Variante. In Nr. 144 begegnet Weiß den Schwierigkeiten, die nach einem

Bauernraub entstehen, in unsachgemäßer Weise und geht rasch zugrunde. Nr. 145 ist das Gegenstück hierzu, Weiß und Schwarz haben die Rollen vertauscht. Das Beispiel ist eine schöne Gewinnpartie Stahlbergs aus Zoppot 1935 und sieht den Weißen als Sieger.

Nr. 141

1. d4 d5 2. c4 e6 3. ♘c3 ♘f6 4. ♗g5 ♘bd7 5. e3

Wie bereits im 1. Abschnitt erwähnt, gerät Weiß mit 5. cd5: ed5: 6. ♘d5:? in eine Falle: 6. ... ♘d5:! 7. ♗d8: ♗b4+ und Schwarz gewinnt eine Figur.

5. ... c6 6. ♘f3 ♕a5 7. ♘d2 ♗b4 8. ♕c2 0-0 9. ♗e2

Wieder ist eine Falle zu beachten: 9. ♗d3? dc4: mit Gewinn des Läufers g5, der durch den Damenausfall 6. ... ♕a5 stets bedroht ist.

9. ... e5 10. de5:

Der ruhige Zug 10. 0-0 gibt dem Weißen das etwas bessere Spiel.

10. ... ♘e4 11. ♘de4: de4: 12. 0-0 ♗c3: 13. bc3: ♘e5:

Eigentlich ein riskanter Zug; 13. ... f6 sichert den Ausgleich.

14. ♕e4:. Nach 14. ♗e7 steht Weiß noch immer sehr gut.

14. ... f6 15. ♗f4?

Aber erst hiermit ist er endgültig in die Falle getappt. Mit 14. ♗h4 brauchte er zumindest nicht in Nachteil zu geraten.

15. ... ♗f5!

Schwarz gewinnt die Dame (16. ♕f5: ♘f3+ bzw. 16. ♕d4 ♖ad8).

Nr. 142

1. d4 d5 2. c4 e6 3. ♘c3 ♘f6 4. ♗g5 ♘bd7 5. e3 c6 6. ♘f3 ♕a5 7. ♘d2 ♗b4 8. ♕c2 (soweit wie Nr. 141) **8. ... ♘e4 9. ♘de4: de4: 10. ♗h4**

Ein viel besserer Zug als 10. ♗f4.

10. ... e5 11. ♗e2 0-0 12. 0-0 f5

Dies gestattet dem Weißen eine bemerkenswerte Kombination, wonach dem Schwarzen ein schlechtes Spiel bleibt. Aber die andere Möglichkeit 12. ... ♗c3: ist nicht sehr einladend, denn Weiß behält zwei starke Läufer, von denen besonders der auf h4 sehr gut verwendbar ist.

13. ♘e4:!

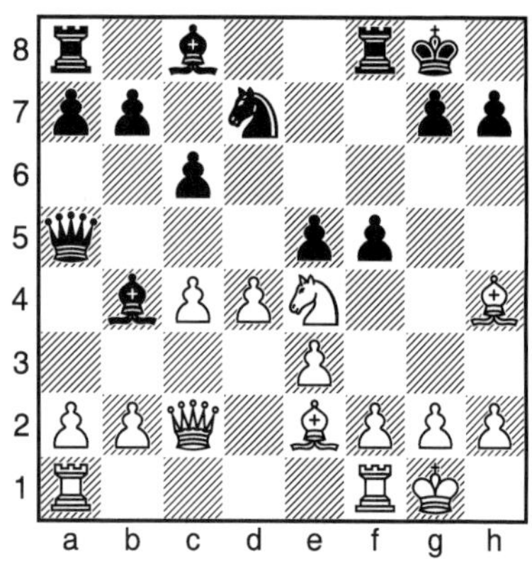

Ein sehr interessantes Opfer, welches den schwarzen Königsflügel zerbricht und das Spiel zum Vorteil von Weiß öffnet.

13. ... fe4: 14. a3 ♗d6 15. b4 ♕c7

Schwarz kann die Mehrfigur nicht behaupten, und der Damenzug ist noch am besten. Wenn statt dessen 15. ... ♗b4: 16. ab4: ♕b4: geschieht, dann gewinnt Weiß mit 17. ♕e4: ed4: 18. ♗d3 g6 19. ♗e7.

16. c5 ed4: 17. cd6: ♕d6: 18. ♗c4+ ♔h8 19. ♕e4: ♘b6

Schwächer ist 19. ... de3:, was dem Weißen ein mächtiges Angriffsspiel gestatten würde.

20. ♗e7 ♖e8 21. ♗d3 ♕g6(h6) 22. ♕d4: und Weiß hat einen Bauern mehr.

Nr. 143

1. d4 d5 2. c4 e6 3. ♘c3 ♘f6 4. ♗g5 ♘bd7 5. e3 c6 6. ♘f3 ♕a5 7. ♘d2 (soweit wie Nr. 141/142) **7. ... dc4:**

Ein vorsichtiger Zug, der aber dem Weißen die Herrschaft über die Mitte einräumt.

8. ♗f6: ♘f6: 9. ♘c4: ♕c7 10. ♗d3 ♗e7 11. 0-0 0-0 12. ♖c1 c5?

Dieser Versuch, das Spiel zu befreien, erfolgt ohne genügende Vorbereitung. Mit 12. ... ♖d8 13. ♕e2 ♗d7 nebst ♗e8 (Aljechin – Kashdan 1931) kann Schwarz eine solide Stellung einnehmen, die trotz weißen Raumvorteils spielbar sein dürfte.

13. dc5: ♕c5:

Ob 13. ... ♗c5:, was auch erfolgen könnte, eine Verbesserung darstellt, ist sehr fraglich.

14. ♕f3 ♖b8

Dieser unerfreuliche Zug ist eine notwendige Vorbereitung zur Entwicklung des Damenläufers.

15. ♘e4 ♘e4: 16. ♕e4: g6 17. ♕f4 ♗d7 18. ♘e5 ♕d6 19. ♖fd1 ♖bc8 20. ♗c4 und gewinnt.

Nr. 144

1. d4 d5 2. c4 e6 3. ♘c3 ♘f6 4. ♗g5 ♘bd7 5. e3 c6 6. ♘f3 ♕a5 (soweit wie Nr. 141-143) **7. cd5: ♘d5:**

Die jugoslawische Variante. Schwarz nimmt auf d5 mit dem Springer wieder, um in der Diagonalen a5-e1 schärfer angreifen zu können.

8. ♕b3. Nach heutiger Meinung kann Weiß nur mit 8. ♕d2 (siehe Nr. 145) um Vorteil kämpfen.

8. ... ♗b4 9. ♖c1 e5 10. ♘e5:

Der stärkste, wenn auch bei richtigem schwarzen Spiel nur zum Ausgleich führende Zug ist 10. ♗c4.

10. ... ♘e5: 11. de5: ♗e6 12. a3 ♗c3:+ 13. bc3: 0-0 14. ♗c4?

Richtig ist hier 14. ♕b2.

14. ... h6 15. ♗h4 ♘e3:!

und Schwarz ist im Vorteil.

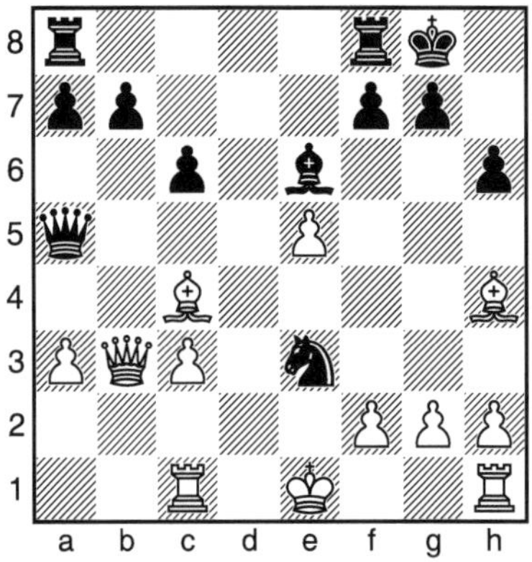

33. Frage:

Wie würden Sie nach 16. fe3: den Angriff des Schwarzen fortführen?

(Lösung S. 149)

Nr. 145

1. d4 d5 2. c4 e6 3. ♘c3 ♘f6 4. ♗g5 ♘bd7 5. e3 c6 6. ♘f3 ♕a5 7. cd5: ♘d5: (soweit wie Nr. 144) **8. ♕d2 ♘7b6 9. ♖c1 ♘c3: 10. bc3: ♘d5 11. ♗c4**

Laut Theorie steht dieser Läufer besser auf d3.

11. ... ♘c3:!?

Schwarz kann statt dessen auch vorsichtiger mit 11. ... b5 fortsetzen, was nach Ansicht der Bücher zu gleichem Spiel führt.

12. 0-0

Den Springer darf Weiß wegen 12. ... ♗b4 nicht schlagen.

12. ... ♗b4?

Gerade hierauf war 11. ♗c4 berechnet. Schwarz sollte nun definitiv 12. ... b5 spielen und hätte zumindest nicht schlechtere Chancen.

13. a3 ♕a3:

Ähnliche Wendungen kamen in einer 1935 gespielten Wettkampfpartie Dr. Aljechin – Dr. Euwe vor, nur stand damals der weiße Königsläufer auf d3.

14. ♖a1

Gerade hier zeigt sich ein Vorteil des Läufers c4: die schwarze Dame hat nicht das Feld b3.

14. ... ♘e4 15. ♕e2 ♕c3 16. ♖fc1 und gewinnt.

Halbslawische Verteidigung

Von den hierher gehörigen Verteidigungen, in denen Schwarz sich mit den Zügen e6 und c6 aufbaut, ist wohl die Meraner Variante am bekanntesten. Das Beispiel Nr. 146 zeigt eine der vielen Kombinationen und Fallen, die in dieser interessanten und schwierigen Spielweise möglich sind. In Nr. 147 missachtet Schwarz die Bedrohung seiner Königsstellung und wird mit Hilfe von Figurenopfern mattgesetzt. Der Lernende möge diese Art des Doppelopfers auf f7 und e6 gut beachten. Es ist dann anwendbar, wenn f7 nur vom König geschützt ist und weder der schwarze Damenläufer noch der Königsturm den Punkt e6 decken. Der schwarze König soll so ins Freie gejagt und mattgesetzt werden. Nr. 148 enthält eine häufig in ähnlicher Form wiederkehrende Wendung, die den Schwarzen einen wichtigen Bauern kostet. Ein typisches Fallenspiel zeigt Nr. 149: Das Bauernopfer des Weißen ist bei richtiger Verteidigung unzureichend.

Als nächstes Beispiel (Nr. 150) ist eine Probe der sehr verwickelten Wiener Variante angefügt, die eigentlich nicht in diesen Abschnitt gehört. Hier gilt es für beide Teile, ungewöhnlich viele Fallen und Abwege zu vermeiden, und eine genaue Kenntnis der einzelnen Verzweigungen ist unerlässlich. Unser Beispiel folgt einer prächtigen Partie zwischen Apscheneek und Grünfeld aus den Länderkämpfen in Folkestone 1933.

Im letzten Beispiel Nr. 151, das der britischen Meisterschaft 1950 entnommen ist, gewinnt J. Penrose in der heute sehr beliebten Katalanischen Eröffnung die weiße Dame durch ein schönes Läuferopfer. Dieses Spiel erinnert an die Leonhardt-Falle in der Philidor-Verteidigung, wo die schwarze Dame auf ähnliche Weise gefangen wird.

Nr. 146

1. d4 d5 2. c4 e6 3. ♘c3 ♘f6 4. ♘f3 c6 5. e3 ♘bd7 6. ♗d3 dc4: 7. ♗c4: b5 8. ♗d3 a6 9. e4 c5 10. e5 cd4:

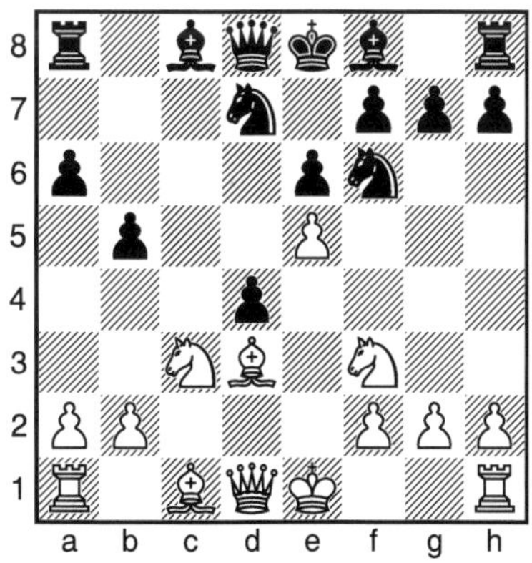

11. ♘b5: ♘e5: 12. ♘e5: ab5: 13. ♕f3

Ein Bauernopfer, das von Schwarz eine präzise Variantenkenntnis verlangt.

13. ... ♖a5?

Die richtige Verteidigung ist 13. ... ♗b4+ 14. ♔e2 ♖b8.

14. 0-0

Nutzlos ist 14. ♘c6 wegen des Gegenangriffs ♗b7.

14. ... b4 15. ♗f4 ♗e7 16. ♖fc1 0-0 17. ♕h3 mit sehr starkem Angriff. Auf 17. ... ♗b7 folgt 18. ♘g4 und Weiß droht zweierlei: 19. ♘f6:+ nebst Matt, oder 19. ♗c7 mit Qualitätsgewinn.

34. Frage:

Wie setzt Weiß den Angriff nach 17. ... ♖c5 fort? (Lösung S. 149)

Nr. 147

1. d4 d5 2. c4 e6 3. ♘c3 ♘f6 4. ♘f3 c6 5. e3 ♘bd7 6. ♗d3 (soweit wie Nr. 146) **6. ... ♗e7**

Eine solide, aber passive Entwicklungsmethode, die Weiß fühlbaren Raumvorteil überlässt.

7. 0-0 0-0 8. e4 dc4:

Gebräuchlicher ist 8. ... de4: 9. ♘e4: b6, aber auch dabei behält Weiß die besseren Aussichten.

9. ♗c4: ♖e8 10. ♘g5 h6?

Stürzt in die vom Gegner vorbereitete Falle.

11. ♘f7: ♔f7: 12. ♗e6:+!

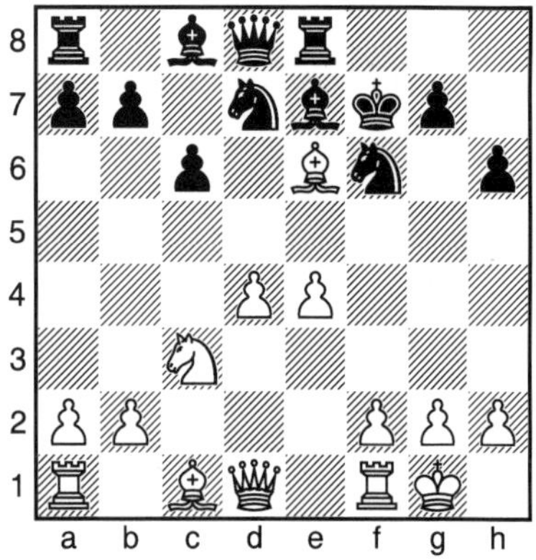

12. ... ♔e6:?

Schwarz sollte wenigstens 12. ... ♔f8 13. e5 ♘b6 spielen.

13. ♕b3+ ♘d5 14. ♘d5: ♔f7 15. ♘f4+ ♔f8 16. ♘g6 matt.

Nr. 148

1. d4 d5 2. c4 e6 3. ♘c3 ♘f6 4. ♘f3 ♘bd7 5. cd5: ed5: 6. ♗f4 c6 7. e3 ♗e7 8. ♗d3 0-0 9. h3 ♖e8 10. 0-0 ♘f8 11. ♘e5 ♗d6 12. ♗g3

Der Läufer macht dem f-Bauern Platz und stellt mit dem Rückzug nach g3 (statt h2) dem Schwarzen eine Falle.

12. ... ♘6d7? 13. ♘f7: mit Bauerngewinn.

Nr. 149

1. d4 d5 2. c4 e6 3. ♘c3 ♘f6 4. ♘f3 ♘bd7 5. cd5: ed5: 6. ♕b3 c6 7. e4

Dieses Bauernopfer ist unrichtig, wenn Schwarz die stärkste Entgegnung findet, nämlich 7. ... ♘e4: 8. ♘e4: ♕e7!.

7. ... de4: 8. ♘g5 ♕e7 9. ♗c4 mit Vorteil für Weiß.

Nr. 150

1. d4 d5 2. c4 e6 3. ♘f3 ♘f6 4. ♗g5 ♗b4+ 5. ♘c3 dc4: 6. e4 c5 7. e5

Im Zentrum der Theoriediskussion steht in neuerer Zeit die Variante 7. ♗c4:. Auf 7. dc5: muss sich Schwarz vor folgender Übereilung hüten: 7. ... ♕d1:+ 8. ♖d1: ♘e4:?? 9. ♖d8 matt, und richtig 7. ... ♕a5 ziehen.

7. ... cd4: 8. ef6:

35. Frage:

Kennen Sie die Folgen von 8. ♕a4+?

(Lösung S. 149)

8. ... gf6: 9. ♕a4+

Eine vereinfachende Möglichkeit, die etwa zu Ausgleich führen dürfte, ist laut Buch 9. ♗h4 ♘c6 10. ♘d4: ♘d4: 11. ♗c4:. Die nun folgenden Komplikationen sind für Weiß gefährlicher als für den Gegner.

9. ... ♘c6 10. 0-0-0 ♗c3: 11. ♗h4?

Weiß sollte 11. bc3: fg5: 12. ♘d4: ziehen, aber Schwarz hat auch dann eine günstige Antwort in 12. ... ♗d7 und falls 13. ♘c6: ♕c7!.

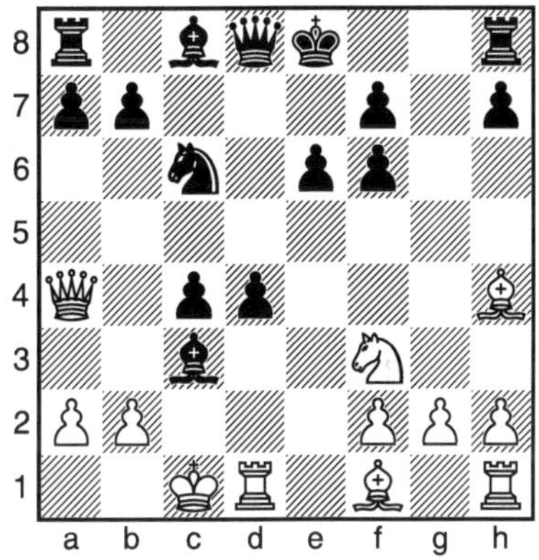

11. ... b5! 12. ♕b5: ♖b8 13. ♕c6:+ ♗d7 14. ♕c4: ♗b2:+

Schwarz hat einen überaus starken Angriff, der mit 15. ... ♕a5 fortgesetzt wird.

Nr. 151

1. d4 ♘f6 2. c4 e6 3. ♘f3 d5 4. g3 dc4:

Wohl die bequemste Methode gegen das Katalanische System.

5. ♘bd2?

Richtig ist 5. ♕a4+.

5. ... c5 6. dc5:

Entwickelt den Gegner. Besser war 6. ♘c4:.

6. ... ♗c5: 7. ♗g2?

Weiß ahnt nichts Böses, sonst hätte er sich mit 7. ♕a4+ usw. noch leidlich aus der Affäre gezogen.

7. ... ♗f2:+! 8. ♔f2: ♘g4+ 9. ♔e1

Wenn 9. ♔g1, so ♕b6+.

9. ... ♘e3 und die weiße Dame ist verloren (10. ♕a4+ ♗d7 11. ♕a3 ♘c2+).

Slawische Verteidigung

Neben der Orthodoxen ist die Slawische Verteidigung die beliebteste gegen das Damengambit. Sie gewährt dem Schwarzen in vielen Fällen lebhaften Gegenangriff, die Aussichten des Weißen sind aber ebenfalls sehr beträchtlich. Zum Unterschied von der Orthodoxen Verteidigung, wo Schwarz mit dem Zug e6 den Damenläufer einschränkt, vollzieht sich in der Slawischen die Entwicklung dieses Läufers ohne Schwierigkeit. Allerdings muss Schwarz dann mit einer gewissen Schutzbedürftigkeit seines Damenflügels rechnen.

Ein gutes Beispiel hierfür ist Nr. 152. Wer den richtigen Zug für Schwarz (7. ... ♘fd7) nicht kennt oder findet, gerät mit dieser Falle in erheblichen Nachteil. Die nächsten Beispiele beschäftigen sich mit der nachträglichen Annahme des Damengambits, die weniger den Zweck verfolgt, den Gambitbauern zu behaupten, als vielmehr die Entwicklung des Weißen zu stören. dass Schwarz in Nr. 153 mit der Angenommenen Slawischen einen derart durchschlagenden Erfolg erzielt, ist einem schweren Fehler des Weißen zuzuschreiben.

Sehr bemerkenswert ist Nr. 154, wo Schwarz ein Damenopfer auf lange Sicht bringt. Das Material, das als Ersatz der geopferten Dame gewonnen wird, reicht an und für sich nicht aus, die Stellung des Schwarzen ist aber überwältigend stark. Wie Weiß richtig spielen soll, ist aus einer Partie Dr. Aljechins gegen Dr. Euwe des ersten Weltmeisterschaftskampfes zwischen ihnen zu ersehen.

In Nr. 155 vernachlässigt Schwarz die Entwicklung und wird durch ein Bauernopfer des Weißen schwer bestraft. Nr. 156 zeigt die weiße Dame auf Abwegen und die üblichen Folgen solcher Abenteuer. Das Gegenstück hierzu ist Nr. 157, wo Schwarz ein Figurenopfer bringt, mit der zu früh in den Kampf geführten Dame aber nicht viel ausrichten kann und sie sogar einbüßt.

Besondere Beachtung verdient das sehr interessante und verwickelte Beispiel Nr. 158. Schwarz glaubt, dass das Opfer seines c-Bauern nur vorübergehend sei, gerät aber beim Rückgewinn des Bauern in eine Verluststellung.

Nr. 159 zeigt auf seiten des Schwarzen den sogenannten Stonewall, einen schwer zu behandelnden Aufbau, von welchem dem weniger erfahrenen Spieler abzuraten ist. Hier kommt Weiß mit einem Durchbruch im Zentrum, den der Schwarze scheinbar besonders gründlich verhindert hat, in Vorteil.

In Nr. 160 tritt der sehr seltene Fall ein, dass ein Bauer bereits in einem sehr frühen Stadium der Partie den sofortigen Gewinn erzwingt. Wer würde daran denken, in einem Damengambit einen Bauern schon im 10. Zug in die Dame zu führen? In der Partie Schlechter – Dr. Perlis, Karlsbad 1911, witterte Schwarz die Gefahr und schlug den gefährlichen Bauern im 7. Zug, ohne die Partie halten zu können.

Nr. 152

1. d4 d5 2. c4 c6 3. ♘f3 ♘f6 4. e3 ♗f5 5. cd5: cd5: 6. ♘c3 e6 7. ♘e5

Eine Falle, auf die die richtige Antwort nicht leicht zu finden ist.

7. ... ♘bd7?

Der entscheidende Fehler. Merkwürdigerweise muss der andere Springer auf dieses Feld ziehen, also 7. ... ♘fd7! geschehen.

8. g4 ♘e5:?

Nicht viel besser ist 8. ... ♗g6 9. h4 h6 10. ♘g6: fg6: 11. ♗d3, denn die Bauernstellung am schwarzen Königsflügel ist arg zersplittert.

9. de5: ♘g4: 10. ♕a4+ ♔e7 11. ♕b4+ ♔d7 12. ♕b7:+ und gewinnt.

Nr. 153

1. d4 d5 2. c4 c6 3. ♘f3 ♘f6 4. ♘c3 dc4: 5. e3 b5 6. a4 b4 7. ♘b1 ♗a6 8. ♕c2 b3

Gegen einen Spieler, der die folgende Falle zu durchschauen vermag, ist der Zug 8. ... e6 angebracht.

9. ♕c3?

36. Frage:

Wie setzt Weiß richtig fort?

(Lösung S. 150)

9. ... ♘e4 10. ♕b4 e6 mit Gewinn der weißen Dame.

Nr. 154

1. d4 d5 2. c4 c6 3. ♘f3 ♘f6 4. ♘c3 dc4: 5. a4

Im vorigen Beispiel war der Vormarsch des schwarzen b-Bauern lästig. Diesmal wird er vom Weißen nicht zugelassen.

5. ... e6 6. e4 ♗b4 7. e5 ♘e4 8. ♕c2 ♕d5

Schwarz treibt ein gefährliches Spiel, da er für einen Angriff nicht genügend entwickelt ist.

9. ♗d2?

Die richtige Fortsetzung ist 9. ♗e2 c5 10. 0-0 ♘c3: 11. bc3: cd4: 12. cd4: c3 13. ♗d2! mit Vorteil für den Weißen.

9. ... ♘d2:!

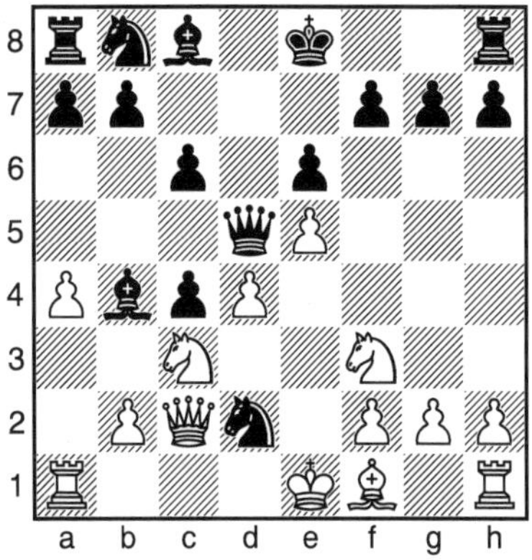

10. ♘d5: ♘f3:++ 11. ♔d1 cd5: 12. gf3: ♘c6

Schwarz hat die besseren Aussichten, obwohl er nach dem Zug 13. ... ♘d4: nur Läufer, Springer und zwei Bauern für die Dame hat.

Nr. 155

1. d4 d5 2. c4 c6 3. ♘f3 ♘f6 4. ♘c3 dc4: 5. a4 ♗f5 6. ♘e5 c5?

Die stärkere Antwort 6. ... ♘bd7 wird in den nächsten zwei Beispielen ausgeführt. Am gebräuchlichsten in der heutigen Praxis dürfte aber 6. ... e6 sein.

7. e4 ♘e4: 8. ♕f3 cd4:?

Auf 8. ... ♘d6 folgt 9. dc5:. Aber wenn Schwarz schon so spielt, musste er 8. ... e6 versuchen, um 9. ♘e4: mit ♕d4: zu beantworten. Weiß dürfte allerdings in den großen Verwicklungen dennoch das bessere Ende für sich haben, z. B. 9. ♘f7: ♔f7: 10. g4 ♘c3: 11. gf5: ♕d5 12. fe6:++ ♔e8 (♔e6: 13. ♕g4+ ♔f7 14. ♗g2) 13. ♕f7+ ♔d8 14. bc3: ♗e7 15. ♖g1 ♖f8 16. ♗g2 ♕d6 17. ♕g7: ♕e6:+ 18. ♕e5 ♕f7 19. ♕d5+ und Weiß gewann in der Fernpartie Kalinitschenko – Landolfi 1988-92.

9. ♕f5: ♘d6 10. ♗c4:! e6 11. ♗b5+ ♔e7

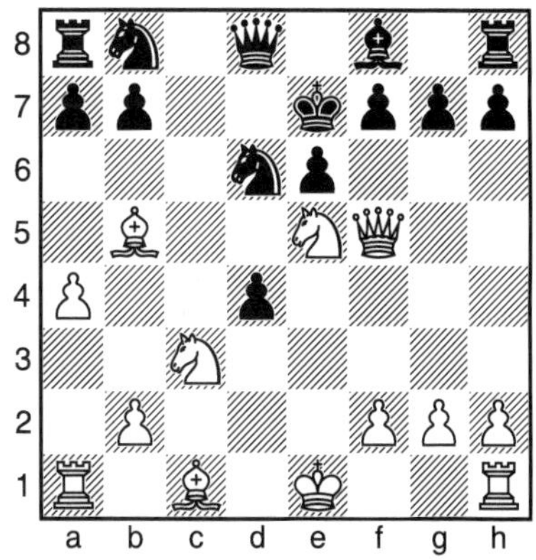

12. ♘d5+ ed5: 13. ♘g6+ hg6:

Oder 13. ... fg6: 14. ♗g5 matt.

14. ♕e5 matt.

Nr. 156

1. d4 d5 2. c4 c6 3. ♘f3 ♘f6 4. ♘c3 dc4: 5. a4 ♗f5 6. ♘e5 (soweit wie Nr. 155) **6. ... ♘bd7 7. ♘c4: ♕c7 8. ♕b3**

Die beste Fortsetzung ist 8. g3, worauf Schwarz 8. ... e5 antwortet.

8. ... e5

Diesen Zug wollte Weiß durch Bedrohung des Bauern b7 verhindern. Auf 9. ♘e5: ♘e5: 10. de5: folgt nun 10. ... ♗e6.

9. de5: ♘c5 10. ♕a2 ♘a6 11. ef6:?

37. Frage:

Wie kann sich Weiß noch retten? (Lösung S. 150)

11. ... ♘b4 12. fg7: ♗g7: 13. ♕b3 ♘c2+ und gewinnt.

Nr. 157

1. d4 d5 2. c4 c6 3. ♘f3 ♘f6 4. ♘c3 dc4: 5. a4 ♗f5 6. ♘e5 ♘bd7 7. ♘c4: (soweit wie Nr. 156) **7. ... e6**

Dieser Zug ist wohl nicht so gut wie das im vorigen Beispiel gezeigte 7. ... ♕c7, weil Schwarz hier dem weißen Zentrumsaufbau nicht so leicht mit einem Gegenstoß wie e5 entgegentreten kann.

8. f3 ♗b4 9. e4 ♘e4:

Auch die ruhige Alternative 9. ... ♗g6 10. ♗e2 0-0 11. 0-0 schlägt wegen des starken Zentrums zugunsten von Weiß aus.

10. fe4: ♕h4+

Schon im 1. Abschnitt wurde an Hand von Beispielen gezeigt, dass das Damenschach auf h4 oft nicht so stark ist, wie es aussieht.

11. ♔d2 ♕e4:?

Schwarz vertraut zu sehr auf die Fesselung des Springers c3. Notwendig war 11. ... ♗e4: mit praktischen, wenn auch objektiv, wie die Praxis gezeigt hat, nicht ausreichenden Chancen.

12. ♘d6+ und gewinnt.

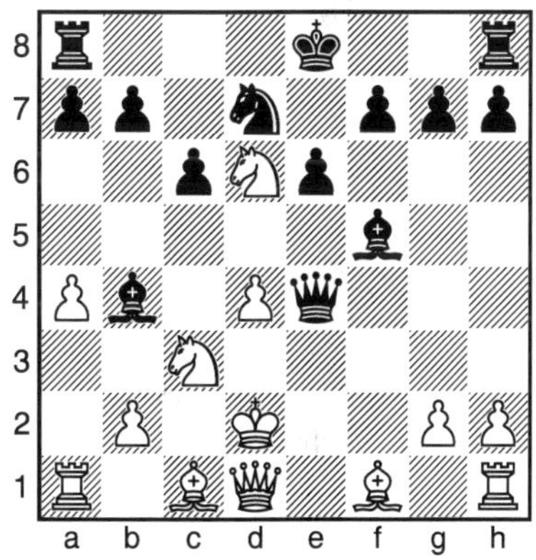

Nr. 158

1. d4 d5 2. c4 c6 3. ♘f3 ♘f6 4. ♘c3 dc4: 5. a4 ♗f5 6. e3 e6 7. ♗c4: ♗b4 8. 0-0 0-0 9. ♕e2 c5

9. ... ♘e4, 9. ... ♗g4 oder 9. ... ♘bd7 10. e4 ♗g6 gelten heute als bessere Fortsetzungen.

10. ♘a2 ♗a5 11. dc5: ♘c6 12. ♖d1 ♕e7 13. ♘d4 ♕c5:?

Nach diesem Fehlzug verliert der Schwarze mindestens die Qualität.

38. Frage:

Was folgt auf den besseren Zug 13. ... ♖fd8? (Lösung S. 150)

14. b4! ♘b4:.

Oder 14. ... ♗b4: 15. ♘c6: bc6: 16. ♘b4: ♕b4: 17. ♗a3.

15. ♗a3 ♖fc8. Auf 15. ... ♕b6 folgt 16. ♘f5: ef5: 17. ♖ab1.

16. ♖dc1 ♕b6 17. ♘f5: ♘a2: 18. ♘e7+ ♔h8 19. ♕a2: und gewinnt.

Nr. 159

1. d4 d5 2. c4 c6 3. ♘f3 e6 4. e3 f5 5. ♘c3 ♘d7 6. ♗d3 ♕f6 7. 0-0 ♗d6 8. ♕c2

Weiß droht nun 9. cd5:, worauf Schwarz mit dem c-Bauern wieder schlagen müsste und am Damenflügel in Nachteil käme: 10. ♘b5 usw.

8. ... ♘e7?

Besser ist ♘h6. Dann ist der folgende Durchbruch ebenfalls möglich, aber nur unter Preisgabe einer Figur und großen Verwicklungen: 9. cd5: ed5: 10. e4!.

9. e4 fe4: 10. ♗e4: de4: 11. ♘e4:

Schwarz verliert den Läufer d6 (z. B. 11. ... ♗h2:+ 12. ♔h2:) und steht dann sehr schlecht.

Nr. 160

1. d4 d5 2. c4 c6 3. ♘f3 ♗f5 4. ♕b3

Im Hinblick auf die Anmerkung zum 5. Zug gilt sofort 4. cd5: cd5: und nun 5. ♘c3 ♘f6 6. ♕b3 als bestes, um den etwas verfrühten Läuferausfall nach f5 auszunutzen.

4. ... ♕b6 5. cd5:

Der Beginn eines wunderbaren Siegesmarsches dieses Bauern.

5. ... ♕b3:?

Nach neueren Erkenntnissen musste Schwarz hier zuerst auf b1 nehmen. Nach 5. ... ♗b1: 6. ♖b1: ♕b3: 7. ab3: cd5: ist kein Vorteil für Weiß ersichtlich.

6. ab3: ♗b1:

Schwarz ist bereits in ernsten Schwierigkeiten, denn auf 6. ... cd5: folgt 7. ♘c3 e6 8. ♘b5, und 8. ... ♘a6 wird dann mit 9. ♖a6: beantwortet.

7. dc6: ♗e4

Hier würde Schwarz besser 7. ... ♘c6: spielen und mit einem Bauern weniger bleiben. Der Versuch, die Figur zu behaupten, erfährt eine schlagende Widerlegung.

8. ♖a7:!

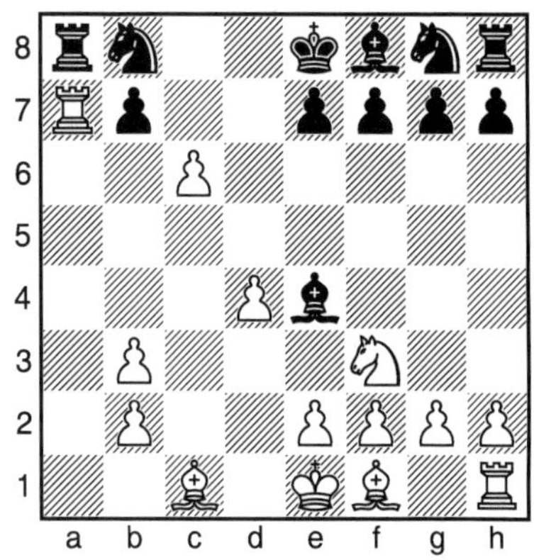

Ein Volltreffer. Auf 8. ... ♖a7: folgt 9. c7 und nichts kann das Entstehen einer neuen Dame verhindern.

Albins Gegengambit

Als einziges Beispiel für unregelmäßige Verteidigungen gegen das Damengambit sei Albins Gegengambit angeführt. Das von Schwarz gebrachte Bauernopfer ist nicht völlig korrekt, gibt ihm aber Gelegenheit zu Fallen wie im Beispiel Nr. 161, das einer Partie Albins entnommen ist. Die Variante sieht für Weiß verführerisch aus, führt ihn aber ins Verderben. Ähnlich wie in Nr. 160 gelangt ein Bauer zur Verwandlung, aber sogar noch früher, schon im 7. Zug, und überdies verwandelt er sich **nicht** in eine Dame!

Nr. 161

1. d4 d5 2. c4 e5 3. de5: d4 4. e3?

Die richtige Fortsetzung ist 4. ♘f3 ♘c6 5. g3, um schleunigst die Rochade anzustreben, z. B. 5. ... ♗g4 6. ♗g2 ♕d7 7. 0-0 mit der Falle 7. ... ♘ge7 8. b4! ♘b4: 9. e6! ♗e6: 10. ♘e5 ♕c8 11. ♕a4+!, Tolusch–Horne, Hastings 1953/54.

4. ... ♗b4+ 5. ♗d2 de3:! 6. ♗b4:

Oder 6. fe3: ♕h4+ 7. g3 ♕e4 und Schwarz hat das bessere Spiel. Auch nach 6. ♕a4+ ♘c6 7. ♗b4: kommt Schwarz in Vorteil, und zwar durch 7. ... ef2:+ 8. ♔f2: ♕h4+ 9. g3 ♕d4+.

6. ... ef2:+ 7. ♔e2 fg1:♘+! 8. ♔e1 ♕h4+ mit Vorteil für Schwarz.

Damenbauernspiel

Wenn Weiß in einer beidseits mit dem Damenbauern eröffneten Partie den Damengambitzug c4 unterlässt, entsteht zumeist ein ruhiges Spiel, in welchem Kombinationen und Fallen nicht sehr häufig auftreten. Der Lernende darf aber nicht glauben, dass er im Damenbauerspiel der Pflicht enthoben sei, stets nach möglichen Überraschungen Ausschau zu halten.

Der sogenannte Colle-Aufbau ist ein vorzügliches Beispiel für die Notwendigkeit, sich durch das harmlose Aussehen einer Eröffnung nicht täuschen zu lassen. Sein Erfinder hat mit diesem Partieanfang eine Reihe glänzender Siege errungen, von denen zwei in Nr. 162 und 163 wiedergegeben sind. Im ersten Beispiel haben wir es wieder mit dem Läuferopfer auf h7 zu tun (das allerdings, wie spätere Analysen gezeigt haben, hier fragwürdig ist), während im zweiten Beispiel gezeigt wird, welche schlimmen Folgen die Lockerung einer Rochadestellung durch Bauernzüge nach sich zieht.

Mit der frühen Entwicklung des weißen Damenläufers beschäftigen sich die nächsten Beispiele. Nr. 164 weist einen Bauernraub durch die schwarze Dame als schädlich nach, während in Nr. 165 ein nicht genügend überlegter Bauernzug den Weißen in Schwierigkeiten bringt. In Nr. 166 begeht Weiß sehr frühzeitig einen Fehler; der Tausch eines entwickelten Läufers gegen einen unentwickelten Springer ist ein armseliger Einfall. Die Spielführung des Schwarzen ist vorbildlich und die mit 10. ... ♖d8 beginnende Kombination genauer Beachtung wert.

Das letzte Beispiel Nr. 167 zeigt eigenartige Wendungen. Weiß siegt durch listenreiche Spielführung, doch hätte Schwarz bei sorgfältiger Verteidigung mindestens gleiches Spiel erlangen können.

Nr. 162

1. d4 d5 2. ♘f3 ♘f6 3. e3 e6 4. ♗d3 c5 5. c3 ♘bd7 6. ♘bd2 ♗d6 7. 0-0 0-0 8. ♖e1 ♖e8

Stärker ist 8. ... ♕b6 mit Druck gegen d4.

9. e4 de4: 10. ♘e4: ♘e4: 11. ♗e4: cd4:

Offenbar fürchtet Schwarz das Läuferopfer auf h7 nicht. Mit Recht, denn er hat ja auf d7 einen Springer, der für die Verteidigung bereit steht.

12. ♗h7:+!?

Gewinnt zwar, aber nur, weil sich der Nachziehende ungenügend verteidigt. Immerhin hat die Erfahrung gezeigt, dass solche spekulativen Opfer merkwürdig oft Erfolg haben.

12. ... ♔h7: 13. ♘g5+ ♔g6!

Zum ewigen Schach führt 13. ... ♔g8 14. ♕h5 ♘e5! 15. ♖e5: ♗e5: 16. ♕f7:+.

14. h4 ♖h8?

Schwarz übersieht die überraschende Antwort. Wie Vukovic in „Der Rochadeangriff“ festgestellt hat, weist 14. ... f5! 15. h5+ ♔f6 16. ♕d4:+ ♗e5 17. ♖e5: ♘e5: 18. ♘h7+ ♔f7 19. ♘g5+ ♔g8 20. ♕e5: ♕d1+ den Angriff ab, und auch 15. ♘e6: ♕h4: 16. ♘f4+ ♗f4: 17. ♖e8: ♕h2+ 18. ♔f1 ♕h1+ 19. ♔e2 ♕d1:+ 20. ♔d1: ♗e5! führt zu nichts.

15. ♖e6:+! und gewinnt.

39. Frage:

Wie würden Sie den Angriff des Weißen fortführen?

(Lösung S. 150)

Nr. 163

1. d4 d5 2. ♘f3 ♘f6 3. e3 e6 4. ♗d3 c5 5. c3 ♘c6 6. ♘bd2 ♗e7 7. 0-0 c4 8. ♗c2 b5 9. e4

Dieser Vorstoß im Zentrum ist die richtige Antwort auf das nicht ratsame Vorgehen der schwarzen Bauern am Damenflügel.

9. ... de4: 10. ♘e4: 0-0? 11. ♕e2 ♗b7 12. ♘fg5 h6 13. ♘f6:+ ♗f6: 14. ♕e4 g6

Noch am besten für Schwarz, der durch die Rochade nahezu Selbstmord begangen hat, ist jetzt 14. ... ♖e8.

15. ♘e6:! und gewinnt.

Nr. 164

1. d4 d5 2. ♘f3 c5 3. ♗f4 ♘c6 4. e3 ♕b6? 5. ♘c3 ♕b2:

Auf 5. ... e6 kommt Weiß mit 6. ♘b5 in Vorteil.

6. ♘b5 ♔d7 7. ♖b1 ♕a2: 8. ♗c7

Damit droht Damengewinn durch 9. ♘c3 ♕a3 10. ♖b3.

8. ... ♘b4 9. ♘e5+ ♔e8 10. ♖b4:

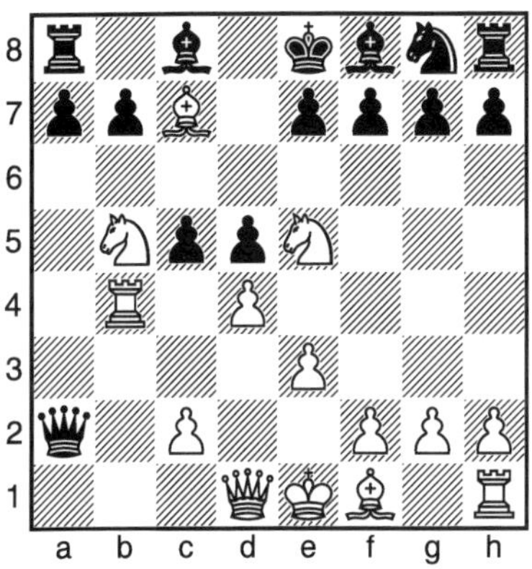

10. ... cb4: 11. ♘c3 bc3: 12. ♗b5+ ♗d7 13. ♗d7: matt.

Nr. 165

1. d4 d5 2. ♘f3 c5 3. ♗f4 ♘c6 4. e3 e6 5. c3

Jetzt wäre 5. ♘c3 eine Falle, die nur auf 5. ... ♗d6? ihre Wirkung tut (nämlich 6. ♗d6: ♕d6: 7. ♘b5 ♕e7 8. dc5: usw.), nach der richtigen Antwort 5. ... a6 aber versagt.

5. ... ♘f6 6. ♘bd2 ♗d6 7. ♗g3 0-0 8. ♗d3 ♖e8 9. ♘e5

Notwendig, um den Gegenzug e5 zu verhindern, nach welchem Schwarz die Oberhand behalten würde.

9. ... ♗e5: 10. de5: ♘d7 11. f4?

Danach kann Schwarz einen Bauern gewinnen. Weiß sollte den Bauern e5 einstehen lassen und rochieren; auf 11. 0-0 ♘de5: 12. ♗e5: ♘e5: folgt 13. ♗h7:+ ♔h7: 14. ♕h5+ ♔g8 15. ♕e5: mit ungefähr gleichem Spiel.

11. ... c4 12. ♗c2 ♕b6

mit Bauerngewinn.

Nr. 166

1. d4 d5 2. ♗f4 c5 3. ♗b8:? ♖b8: 4. dc5: e6 5. e3 ♘f6 6. ♘f3 ♗c5: 7. c3 0-0 8. ♘bd2 ♕e7 9. ♗d3 e5 10. e4 ♖d8

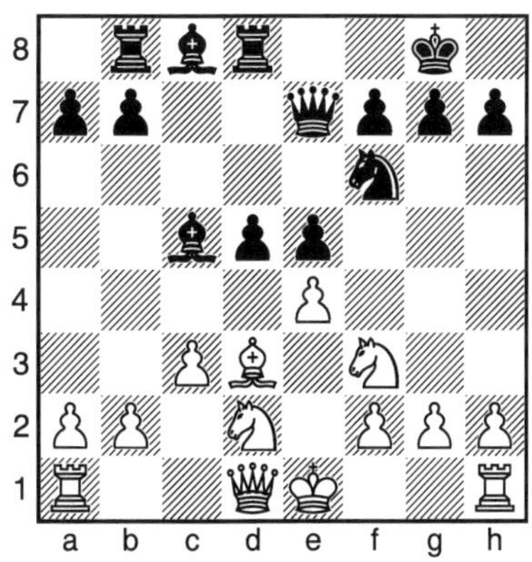

11. ♕c2 de4: 12. ♘e4: ♘e4: 13. ♗e4: f5! 14. ♗f5:

Falls 14. ♗d3, dann 14. ... e4 15. ♗c4+ ♔h8 16. ♘d2 e3 und gewinnt; oder 16. ♘d4 ♗d4: und Schwarz behält bei guter Stellung einen Bauern mehr.

14. ... e4 15. ♗e4:

Oder 15. ♕e4: ♗f5: und gewinnt.

15. ... ♗f5 16. ♘d2 ♖d2: und gewinnt.

Nr. 167

1.d4 d5 2.♘c3 ♘f6 3.♗g5 ♗f5 4. f3 c5

Sicher und gut ist die Fortsetzung 4. ... c6. Statt des folgenden Abtauschs betrachtet die Theorie heute hauptsächlich direkt 5. e4, obwohl 5. dc5: und falls 5. ... d4, so 6. e4 stärker sein mag.

5. ♗f6: ef6: 6. e4 de4: 7. d5 ef3:?

Richtig war, den Bauern mit 7. ... ♗d6 für die Kontrolle der dunklen Felder zurückzugeben.

8. ♕f3: ♗c2:?

Schwarz muss sich hier mit 8. ... ♗d7 9. 0-0-0 ♗d6 verteidigen.

9. ♗b5+ ♘d7 10. ♔d2 ♗g6 11. ♖e1+ ♗e7 12. d6 und gewinnt.

Blackmar-Diemer-Gambit

Der süddeutsche Schachmeister Emil Josef Diemer vertrat die These, man müsse „vom ersten Zug an auf Matt" spielen. Jahrelang setzte er sich mit allen Mitteln für das „Blackmar-Diemer-Gambit" ein, an das er nach Ansicht aller führenden Meister übertriebene Erwartungen knüpfte. Ein kombinationsfreudiger Spieler hat gleichwohl mit diesem Gambit häufig Gelegenheit, einen unachtsamen Widersacher rasch zu überrumpeln. Unser erstes Beispiel (Nr. 168) zeigt, wie sich mitunter die Schwäche des Punktes d4 ausnützen lässt und macht auf eine Achillesferse der Variante (der Anfang einer Partie Diemer – Kloss 1958) aufmerksam. Nr. 169 weist darauf hin, wie bündig verfrühte Angriffszüge widerlegt werden können. Die zwei Damenopfer sind nett (Diemer – Patz, Scheidegg 1948).

Nr. 168

1. d4 d5 2. e4 de4: 3. ♘c3 ♘f6 4. f3 ef3: 5. ♘f3: g6 6. ♗c4 ♗g7

Ein solider und häufig empfohlener Aufbau. Nach der Rochade steht der König sicher, und der ♗g7 drückt auf d4.

7. 0-0 0-0 8. ♕e1

Auf die in ähnlichen Stellungen oft

gesehene Überführung der Dame nach h4 ist Schwarz hier gut vorbereitet.

8. ... ♘c6 9. ♕h4 ♘g4!

und es ist die Frage, ob Weiß sein Spiel verstärken kann. Zum Beispiel 10. ♘e2 ♘d4: 11. ♘g5 ♘e2:+ 12. ♔h1 h5 13. ♘f7: ♕d4! und Schwarz gewinnt. Auf 10. h3 erhält Weiß zwar nach 10. ... ♗d4:+ 11. ♔h1 mächtigen Angriff (11. ... ♗f6 12. ♘g5), stärker ist aber 10. ... ♘d4: mit der Idee 11. hg4: ♘f3:+ 12. ♖f3: ♕d4+. Nach 11. ♘g5 ♘h6 dürfte Schwarz sich erfolgreich behaupten können, z. B. (nach einer Fernpartie) 12. ♖f7: ♖f7: 13. ♗f7:+ ♘f7: 14. ♕h7:+ ♔f8 15. ♕g6: ♘h8. Nach neuerer Ansicht muss Weiß wohl 10. ♘e4 versuchen, z. B. 10. ... ♗f5 (das Schlagen auf d4 ist jetzt sehr zweifelhaft) 11. c3 mit unklarer Lage.

Nr. 169

1. d4 d5 2. e4 de4: 3. ♘c3 ♘f6 4. f3 ef3: 5. ♕f3: ♕d4:

Hier dürfte der Aufbau mit g6 noch mehr am Platz sein als nach 5. ♘f3:.

6. ♗e3 ♕b4?!

Die kritische Variante nach der Annahme des zweiten Bauernopfers besteht in 6. ... ♕g4 7. ♕f2.

7. 0-0-0

Lädt freundlich zum Qualitätsgewinn ein.

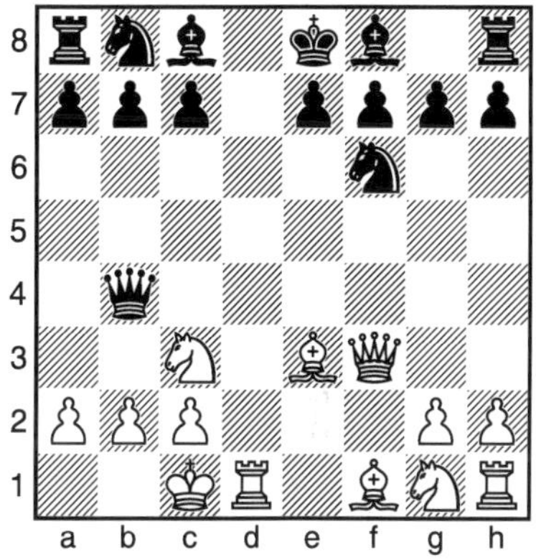

7. ... ♗g4?

Schwarz verkennt die Gefahr, der 7. ... c6 vorgebeugt hätte.

8. ♘b5!

Gewinnt sofort, denn es droht nicht nur auf c7 matt, sondern auch ♕b7:.

8. ... e6 9. ♘c7:+ ♔e7 10. ♕b7:! ♕b7: 11. ♗c5 matt.

Holländische Verteidigung

So wie nach 1. e4 der Schwarze mit der Sizilianischen Verteidigung 1. ... c5 sich gegen den Aufzug des zweiten weißen Mittelbauern wendet, ist nach 1. d4 die Holländische Verteidigung 1. ... f5 gegen den Doppelschritt des Weißen e4 gerichtet. Dadurch tritt zwar eine Entblößung der wichtigen Königsdiagonale e8-h5 des Schwarzen ein; ihre Ausnutzung durch Weiß ist indessen bei ruhigem Stellungsspiel nicht möglich. In diesem Fall baut Schwarz sehr oft einen Stonewall auf und erlangt Gegenmöglichkeiten, die nicht unterschätzt werden dürfen. Sorglosigkeit hätte böse Folgen für Weiß wie in der Falle des Beispiels Nr. 170, das der Partie zwischen Grünfeld und Torre aus dem Meisterturnier von Baden-Baden 1925 entnommen ist.

Wenn Weiß sofort etwas gegen die durch 1. ... f5 geschwächte schwarze Königsstellung unternehmen will, so muss er das Staunton-Gambit wählen. Ein glänzendes Beispiel ist Nr. 171, das einer 1920 gespielten Partie zwischen Reti und Euwe folgt. Das doppelte Turmopfer des Weißen, das den Raubzug der schwarzen Dame so unerbittlich bestraft, ist von blendender Schönheit. Bemerkenswert ist die originelle Behandlung der Eröffnung durch Weiß in Nr. 172. Sie führt aber nur deshalb so rasch zu einer Gewinnstellung, weil Schwarz auf Behauptung des Gambitbauern anstatt auf Entwicklung seiner Streitkräfte spielt.

Nr. 170

1. d4 f5 2. g3 e6 3. ♗g2 ♘f6 4. ♘f3 d5 5. 0-0 ♗d6 6. c4 c6 7. ♕c2 0-0 8. b3

Weiß kann ohne Sorge um seinen c-Bauern 8. ♘c3 spielen. Geschieht dann 8. ... dc4:, so gewinnt Weiß entweder mit 9. ♘d2 sofort diesen Bauern zurück oder er bricht noch stärker mit 9. e4 in der Mitte durch.

8. ... ♘e4 9. ♗b2 ♘d7 10. ♘e5 ♕f6 11. f3 ♘e5:

Auf eine Falle gespielt, die in der Tat zuschnappt. Der normale Zug wäre 11. ... ♘g5 mit vielleicht etwas besserem Spiel für Weiß.

12. de5:?

So geht es ganz bestimmt nicht.

40. Frage:

Was ist die beste Fortsetzung für Weiß? (Lösung S. 150)

12. ... ♗c5+ 13. ♔h1 ♘g3:+

Schwarz setzt in zwei Zügen matt.

Nr. 171

1. d4 f5 2. e4 fe4: 3. ♘c3 ♘f6 4. ♗g5 g6

Mit 4. ... d5? stürzt Schwarz in folgende Falle: 5. ♗f6: ef6: 6. ♕h5+ g6 7. ♕d5: und Weiß ist im Vorteil. In Frage kommen aber 4. ... c6, 4. ... e6 oder 4. ... ♘c6.

5. f3 ef3: 6. ♘f3: ♗g7 7. ♗d3 c5?!

Eine bessere Entwicklung gewährt 7. ... d5 oder 7. ... 0-0.

8. d5 ♕b6 9. ♕d2

Weiß vermeidet die Falle 9. 0-0? c4+ mit Läufergewinn.

9. ... ♕b2:? 10. ♖b1 ♘d5:

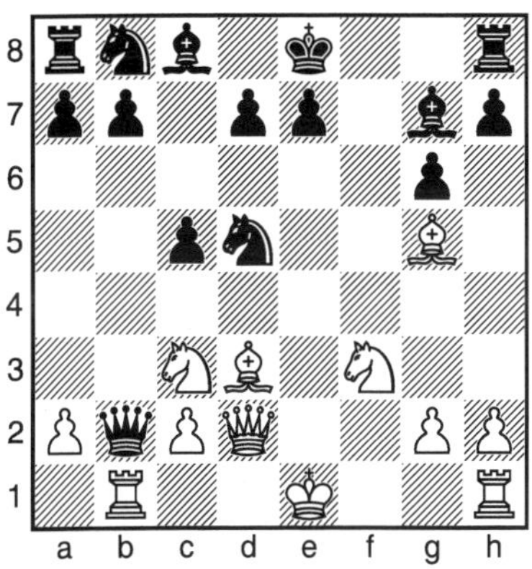

Diese List wendet sich gegen ihren Urheber, denn Weiß zieht nicht 11. ♖b2:? ♗c3: usw. , sondern gewinnt in glänzendem Stil. Auch bei der Fortsetzung 10. ... ♕a3 11. ♘b5 ♕a2: 12. 0-0 steht Schwarz schlecht genug.

11. ♘d5:! ♕b1:+ 12. ♔f2 ♕h1: 13. ♗e7: d6 14. ♗d6: ♘c6 15. ♗b5 ♗d7 16. ♗c6: bc6: 17. ♕e2+ und gewinnt.

Nr. 172

1. d4 f5 2. e4 fe4: 3. ♘c3 ♘f6 4. g4 d5

Die beste Antwort des Schwarzen ist 4. ... h6.

5. g5 ♘g8 6. f3 ef3:?!

Schwarz darf nicht auf Bauerngewinn spielen, sondern muss sich mit 6. ... e5 entwickeln.

7. ♕f3: e6?!

Eine modernere Empfehlung wäre noch 7. ... ♘c6 8. ♗e3 e5.

8. ♗d3 g6 9. ♘ge2 ♕e7 10. ♗f4

Weiß erlangt auf Grund seines riesigen Entwicklungsvorsprungs einen siegreichen Angriff.

41. Frage:

Wie setzt Weiß nach 10. ... c6 fort?

(Lösung S. 150)

Unter modernen Eröffnungen verstehen wir diejenigen, in welchen die Bildung eines Bauernzentrums von einem oder beiden Spielern nicht angestrebt bzw. auf später verschoben wird. Die richtige Behandlung dieser Eröffnungen ist sehr schwierig. Jener Spieler, der kein Bauernzentrum errichtet hat, nimmt häufig auf einige Zeit eine sehr beengte Stellung ein. Aber sein Gegner, der den größeren Teil des Brettes beherrscht, gerät dadurch in Versuchung, zu weit mit seinen Figuren und Bauern vorzurücken. Wenn ein Vorstoß ohne genügende Vorbereitung unternommen wird, so führt er zu Nachteil, denn die vorgeschobenen Truppen sind leicht einem verheerenden Gegenangriff durch die zusammengeballte Streitmacht des Gegners ausgesetzt.

Es liegt auf der Hand, dass bei beiderseits korrekter Spielführung diese Partien im allgemeinen einen ruhigen Spielcharakter tragen werden, und deshalb sind nicht übermäßig viele Gelegenheiten für hübsche Fallen und plötzliche Überfälle vorhanden. Trotzdem kann auch hier der unerfahrene Spieler leicht straucheln und die gebotene Auswahl ist sicherlich für den Leser lehrreich.

V. Moderne Eröffnungen

Königsindische Verteidigung

Als Königsindisch bezeichnet man die Verteidigungen, in denen Schwarz seinen Königsläufer flankiert, also seinen Angriff vorzugsweise gegen den weißen Zentrumspunkt d4 richtet. Im Beispiel Nr. 173 kommt Schwarz tatsächlich durch Beherrschung dieses wichtigen Feldes in Vorteil, allerdings hat Weiß durch seine allzu breite Bauernfront und durch den Fehler im 11. Zug die Sache des Gegners gefördert. Auch in Nr. 174 geht der Kampf zunächst um den Punkt d4. Weiß entwickelt seine Figuren unzweckmäßig, man betrachte nur die schlechte Stellung seiner Dame und seines Königsläufers. Immerhin sind nicht weniger als drei schwache Züge des Weißen nötig, bevor Schwarz einen entscheidenden Vorteil erlangen kann.

Die anderen drei Beispiele zeigen eine vorsichtigere Zentrumsbehandlung durch den Weißen, der dafür seine Angriffsaussichten am Königsflügel kräftig wahrnimmt. Nr. 175 ist eine Wettkampfpartie zwischen Dr. Euwe und Dr. Aljechin (1935), in welcher ein Turmopfer auf h7 zugunsten des Weißen entscheidet. In Nr. 176 wird auf h5 der Turm und dann erst auf h7 geopfert, wenn auch der Erfolg alles andere als zwingend ist. In Nr. 177 platzt die Bombe auf dem Punkt f7. Die beengten Stellungen, die in den modernen Eröffnungen bei Schwarz entstehen, müssen von wenig erfahrenen Spielern besonders sorgfältig auf derartige Überfälle geprüft werden.

Nr. 173

1. d4 ♘f6 2. c4 g6 3. ♘c3 ♗g7 4. e4 d6 5. f4

Das Indische Vierbauernspiel.

5. ... 0-0

Nach Gligoric ist 5. ... c5 noch besser.

6. ♘f3 c5 7. d5

Auf 7. dc5: folgt 7. ... ♕a5 8. cd6: ♘e4: bzw. 8. ♗d3 ♕c5: mit etwa gleichen Chancen. Solide ist 7. ♗e2.

7. ... e6 8. de6:

Ein anderer wichtiger Komplex beginnt mit 8. ♗e2 ed5:.

8. ... fe6: 9. ♗e2

Die Theorie gibt 9. ♗d3 den Vorzug; auch das unklare 9. e5 kommt in Frage.

9. ... ♘c6 10. 0-0 ♕e7 11. ♗e3? ♘g4 12. ♗d2

Nach 12. ♕d2 gewinnt Schwarz mit 12. ... ♘e3: 13. ♕e3: ♗d4 mindestens eine Figur.

12. ... ♘d4 13. ♔h1 ♘f3: 14. ♗f3: ♘h2:! und gewinnt.

Nr. 174

1. d4 ♘f6 2. c4 g6 3. ♘c3 ♗g7 4. e4 d6 5. ♘f3 0-0 6. ♗d3

Hier steht der Läufer ungünstig. Weiß sollte 6. ♗e2 ziehen und falls dann 6. ... ♗g4, so 7. ♗e3.

6. ... ♗g4 7. h3 ♗f3: 8. ♕f3: ♘c6 9. ♗e3?!

Besser ist d5, jetzt oder auch noch einen Zug später.

9. ... ♘d7 10. ♘e2? ♘de5!

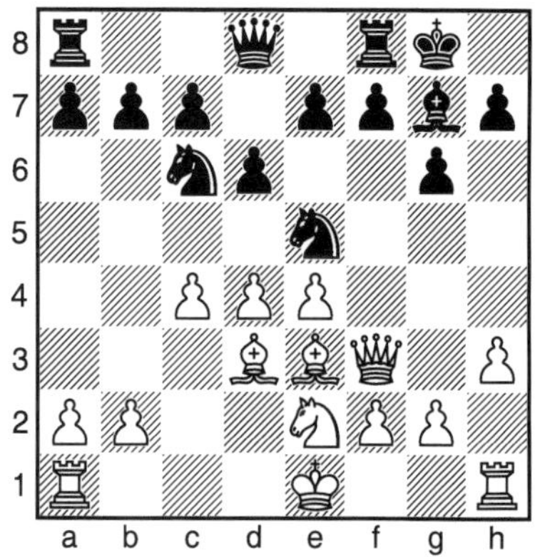

11. de5: ♘e5: 12. ♕g3 ♘d3:+ und gewinnt.

Nr. 175

1. d4 ♘f6 2. c4 g6 3. ♘c3 d5

Die Grünfeld-Verteidigung.

42. Frage:

Was plant Schwarz nach den Zügen 4. cd5: ♘d5: 5. e4?

(Lösung S. 150)

4. ♗f4 ♘h5

Eine Falle. Kräftiger ist aber 4. ... ♗g7 nebst 0-0.

5. ♗e5!

Weiß vermeidet den Reinfall 5. ♘d5:? ♘f4: 6. ♘f4:, weil Schwarz nach 6. ... e5 ein tödliches Läuferschach auf b4 drohen würde; falls dann 7. ♘d3, so 7. ... e4.

5. ... f6 6. ♗g3 ♘g3: 7. hg3: c6 8. e3 ♗g7 9. ♗d3 0-0?

Der entscheidende Fehler. Es drohte aber 10. ♖h7: ♖h7: 11. ♗g6:+ und Schwarz steht auch bei anderen Verteidigungszügen nicht gut.

10. ♖h7: und gewinnt. Auf 10. ... ♔h7: folgt 11. ♕h5+ ♔g8 12. ♗g6:. Schwarz muss zur Abwehr des Matts mit 12. ... ♖e8 den Turm zurückgeben und hat dann zwei Bauern weniger.

Nr. 176

1. d4 ♘f6 2. ♘f3 g6 3. ♗f4 ♗g7 4. e3 0-0 5. ♗d3 d6 6. ♘bd2 ♘bd7 7. h4

Eine nicht ungefährliche, aber objektiv wohl kaum völlig korrekte Attacke.

7. ... ♖e8 8. h5 ♘h5:

Im Sinn des vorherigen Zuges war 8. ... e5 konsequenter.

9. ♖h5: gh5: 10. ♗h7:+

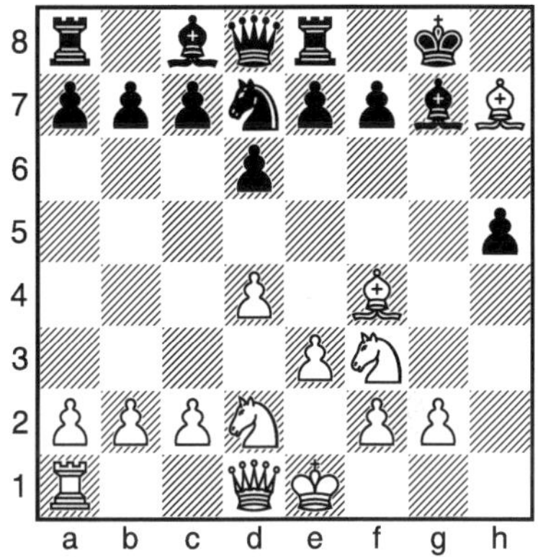

10. ... ♔h7:?

Nach 10. ... ♔f8 ist eine klare Fortsetzung des weißen Angriffs nicht zu erkennen, obwohl Schwarz noch vor etlichen praktischen Problemen steht.

11. ♘g5+ ♔g6

Falls 11. ... ♔g8, so 12. ♕h5: e5 13. ♕f7:+ ♔h8 14. 0-0-0 und gewinnt.

12. ♘df3 e5 13. ♘h4+ ♔f6 14. ♕f3 und gewinnt.

Nr. 177

1. d4 ♘f6 2. ♘f3 g6 3. ♗f4 ♗g7 4. ♘c3 d6 5. e4 ♘bd7 6. ♗c4

Damit droht der Anziehende auf f7 zu opfern, nämlich 7. ♗f7:+ ♔f7: 8. ♘g5+ ♔g8 9. ♘e6 ♕e8 10. ♘c7: nebst ♘a8:.

6. ... c5 7. e5 ♘h5 8. ♘g5 0-0

Das Schlagen des Läufers f4 ist ebenfalls möglich, aber doch nicht ohne Gefahr für Schwarz.

9. ♕f3 cd4:?

43. Frage:

Wie setzt Schwarz hier richtig fort?

(Lösung S. 150)

10. ♘f7: ♖f7: 11. ♗f7:+ ♔f7: 12. e6+! ♔e6:?

Beim Rückzug 12. ... ♔g8 wäre Schwarz mit Qualitätsverlust und erträglichem Spiel davongekommen.

13. ♕d5+ ♔f6 14. ♗g5 matt.

Damenindische Verteidigung

Die Damenindische Verteidigung ist durch die Flankierung des schwarzen Damenläufers gekennzeichnet. Schwarz strebt demgemäß vor allem nach der Beherrschung des Zentrumspunktes e4 und der weißfeldrigen Hauptdiagonale a8-h1. Auf dieser Zugstraße hat Schwarz öfters Gelegenheit zu kombinatorischen Überfällen. So gewinnt er im Beispiel Nr. 178, das einer Partie Bogoljubows aus dem Turnier zu Göteborg 1920 entnommen ist, durch eine sehr hübsche Kombination eine Figur. Auch in Nr. 179, einer in Brüssel 1942 gespielten Partie, macht sich die Wichtigkeit der Schrägen a8-h1 durch eine überraschende Mattwendung bemerkbar. Nr. 180 ist ein neueres Beispiel (Malcanek – Teschner, Reggio Emilia 1965) der gleichen Diagonal-Wendung. Es gelingt Weiß hier, die unmittelbare Mattgefahr abzuwehren; ohne Stellungsnachteil kommt er dennoch nicht davon.

In den folgenden Beispielen stößt der schwarze Damenläufer auf den weißen Königsläufer als mindestens gleichwertigen, wenn nicht überlegenen Gegner. Der Zweikampf zwischen dem Läufer g2 und Läufer b7 gibt Gelegenheit zu Fallen der verschiedensten Art, bei denen in der Regel Schwarz der leidende Teil ist. Alle

Beispiele dieser Gruppe zeigen dasselbe Bild: Weiß öffnet im geeigneten Augenblick die Schräge g2-b7 und beschäftigt den Schwarzen gleichzeitig durch eine zweite Drohung, so dass Schwarz durch die ungedeckte Stellung des Läufers b7 in Nachteil kommt. Auf Überfälle dieser Art muss der Lernende in der Damenindischen Verteidigung ganz besonders achten; das Studium der angeführten Beispiele wird ihm sehr nützlich sein.

Nr. 181 ist die Monticelli-Falle, in welcher Weiß die Qualität gewinnt. Obwohl Capablanca in zwei seiner Wettkampfpartien gegen Dr. Euwe trotz dieses Materialverlustes Remis erzielen konnte, ist die Variante kaum für Schwarz empfehlenswert. Nr. 182 ist eine Abart dieser Falle. Hier richtet sich die Drohung des Weißen nicht wie im vorigen Beispiel gegen h7, sondern gegen f7, ein Feld, das wir schon oft als Schwäche kennengelernt haben.

In Nr. 183 gewinnt Weiß mit Hilfe dieser Art von Fallen einen Bauern. Das Beispiel ist der Turnierpartie zwischen Dr. Euwe und Colle aus Karlsbad 1929 entnommen. Ebenfalls aus der Turnierpraxis, und zwar aus der Partie Bogoljubow – Nimzowitsch, Karlsbad 1923, stammt die ähnliche Falle Nr. 184. Ganz andere Formen desselben Grundgedankens zeigen das sehr verwickelte und interessante Beispiel Nr. 185 und die einfachere Falle Nr. 186.

In den letzten Beispielen taucht eine neue Gefahr auf: Verlust des schwarzen Königsläufers, dessen Stellung auf b4 in vielen modernen Eröffnungen besondere Achtsamkeit erfordert. Die Falle Nr. 187 ist sehr leicht zu durchschauen, aber in der neueren Meisterpraxis zweimal vorgekommen und einmal von Weiß sogar nicht ausgenützt worden! Sehr lehrreich ist das Beispiel Nr. 188, wo Weiß durch ein feines Bauernopfer die Bedrohung des Läufers b4 einleitet und schließlich die Qualität gewinnt.

Nr. 178

1. d4 ♘f6 2. ♘f3 e6 3. c4 b6 4. ♗g5 ♗b7 5. e3 h6 6. ♗h4 ♗b4+ 7. ♘bd2?

Ein schwerer Fehler. Der andere Springer muss dazwischengesetzt werden.

7. ... g5! 8. ♗g3 g4 und gewinnt. Weiß verliert eine Figur, z. B. 9. ♘e5 ♘e4 oder 9. a3 gf3: 10. ab4: fg2: 11. ♗g2: ♗g2:.

Nr. 179

1. d4 ♘f6 2. c4 e6 3. ♘f3 b6 4. ♘c3 ♗b7 5. e3 ♗b4 6. ♕c2 ♘e4 7. ♗d3 f5 8. a3

Ein Tempoverlust. Weiß sollte gleich rochieren (siehe Nr. 180).

8. ... ♗c3:+ 9. bc3: 0-0 10. 0-0 ♖f6 11. ♘d2 ♖h6 12. g3?

Im Hinblick auf den ♗b7 sehr gefährlich – wie sich gleich zeigt. 12. ♘e4: fe4: 13. ♗e4: hätte Schwarz mit 13. ... ♕h4 beantwortet, doch könnte Weiß sich dann durch 14. f4 noch leidlich aus der Affäre ziehen.

12. ... ♕h4!

Ein schönes Damenopfer, das den Angriff entscheidend verstärkt.

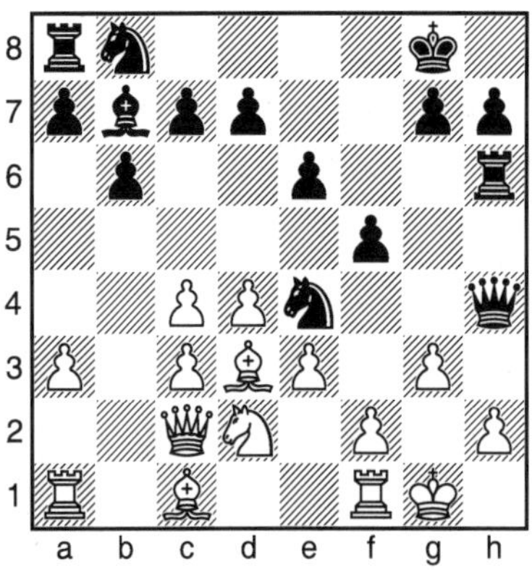

13. ♘f3

13. gh4:? führt nach 13. ... ♖g6+ 14. ♔h1 ♘f2: zum Matt.

13. ... ♘g5!!

Wieder sehr hübsch: 14. ♘h4: ♘h3 matt.

14. gh4: ♘f3:+ 15. ♔g2 ♘e1++ 16. ♔g3 ♖g6+ 17. ♔f4 ♖g4+ 18. ♔e5 ♘f3 matt.

Nach seinem schwachen 12. Zug kam Weiß nicht mehr zum Aufatmen.

Nr. 180

1. d4 ♘f6 2. c4 e6 3. ♘f3 b6 4. ♘c3 ♗b7 5. e3 ♗b4 6. ♕c2 ♘e4 7. ♗d3 f5 (soweit wie Nr. 179) **8. 0-0 ♗c3: 9. bc3: 0-0 10. ♘d2**

Man kann 10. ♘e1 spielen, nimmt dabei aber die Schwäche des Punktes e4 in Kauf. Zum Beispiel 10. ... ♘c6 11. f3 ♘d6, gefolgt von ♗a6.

10. ... ♕h4

10. ... d5 11. cd5: ed5: ist eine ruhige, gute Fortsetzung. Der Damenausflug soll den Gegner verlocken, auf Bauerngewinn auszugehen.

11. g3?

Er fällt herein. Schwarz kann sich jetzt die bessere Stellung verschaffen. Richtig ist 11. f3 ♘d2: 12. ♗d2: ♘c6.

11. ... ♘g5!

Wie sich die Bilder gleichen (siehe Nr. 179)! Die Dame darf wegen der Drohung ♘h3 matt nicht genommen werden.

44. Frage:

Wie antwortet Schwarz am besten auf 12. e4? (Lösung S. 150)

12. d5

Weiß muss sich wohl oder übel dazu verstehen, die Felder e5 und c5 dem Gegner zu überlassen. Im Augenblick braucht er keinen Bauernverlust zu fürchten, weil die schwarze Dame flüchten muss. Die Gefahr besteht im folgenden jedoch ständig, zumal ein Tausch auf e6 die Lage weiter verschlechtern würde.

12. ... ♕h5 und Schwarz ist im Vorteil (13. h4 ♘f7 14. ♗a3 ♖e8 15. ♖ae1 ♘e5 16. ♗e2 und nun am besten 16. ... ♕g6! 17. ♕b3 ♕f7).

Nr. 181

1. d4 ♘f6 2. ♘f3 e6 3. c4 b6 4. g3 ♗b7 5. ♗g2 ♗b4+ 6. ♗d2 ♗d2:+ 7. ♕d2: 0-0 8. ♘c3 ♘e4 9. ♕c2 ♘c3:? 10. ♘g5!

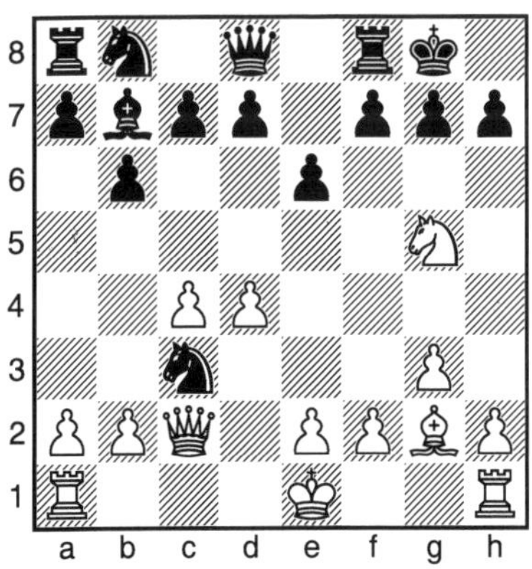

10. ... ♘e4

Noch der beste Zug. Falls 10. ... ♕g5:, so 11. ♗b7: nebst ♗a8:.

11. ♗e4: ♗e4: 12. ♕e4: ♕g5: 13. ♕a8:

Weiß hat die Qualität gewonnen, muss aber sorgfältig spielen. Schwarz antwortet am stärksten 13. ... ♘c6.

Nr. 182

1. d4 ♘f6 2. ♘f3 e6 3. c4 b6 4. g3 ♗b7 5. ♗g2 ♗b4+ 6. ♗d2 ♗d2:+ 7. ♕d2: (so weit wie Nr. 181) **7. ... d6 8. ♘c3 ♘e4?**

Schwarz sollte zunächst einfach rochieren.

9. ♕f4 ♘c3:?

Nach dem kleinlauten Rückzug 9. ... ♘f6 besetzt Weiß mit 10. 0-0 ♘bd7 11. e4 das Zentrum und steht deutlich besser, wenn dies auch wohl noch das kleinere Übel war.

10. ♘g5 ♕c8 11. ♕f7:+ ♔d8 12. d5! und gewinnt.

45. Frage:

Warum greift Weiß nicht sofort mit 12. ♘e6:+ zu? (Lösung S. 150)

Nr. 183

1. d4 ♘f6 2. ♘f3 e6 3. c4 b6 4. g3 ♗b7 5. ♗g2 ♗b4+ 6. ♗d2 ♗d2:+ (soweit wie Nr. 181/182) **7. ♘bd2: d6 8. 0-0 0-0 9. ♖e1 ♘bd7 10. ♕c2 e5? 11. ♘e5: ♗g2: 12. ♘d7:** mit Bauerngewinn. Man sieht jetzt, wozu im 9. Zug ♖e1 gut war!

Nr. 184

1. d4 ♘f6 2. ♘f3 e6 3. c4 b6 4. g3 ♗b7 5. ♗g2 ♗e7 6. 0-0 0-0 7. ♘c3 d5 8. ♘e5 ♘bd7?

Dies kostet bald Material bzw. bringt klaren Positionsnachteil. Richtig ist 8. ... c6 oder, falls Schwarz c5 vorbereiten wollte, kommt eher 8. ... ♘a6!? in Frage.

9. cd5: ♘e5:

Oder 9. ... ed5: 10. ♕a4 und Schwarz hat nichts Besseres als den traurigen Rückzug 10. ... ♘b8. Nach 10. ... ♘e5: 11. de5: ♘e8 12. ♘d5: ♗d5: 13. ♖d1 c6 14. e4 ♘c7 15. ed5: cd5: 16. ♗e3 bleibt er mit dem schwachen Bd5 und einer deutlich minderwertigen Stellung zurück.

10. d6! ♗g2: 11. de7: ♕e7: 12. de5: ♗f1: 13. ef6: ♕f6: 14. ♕f1: mit Vorteil für Weiß.

Nr. 185

1. d4 ♘f6 2. ♘f3 e6 3. c4 b6 4. g3 ♗b7 5. ♗g2 c5

Dieser Zug ist wohl hier als verfrüht zu betrachten.

6. d5! ed5: 7. ♘h4

Eine bemerkenswerte Fesselung des Bauern d5.

7. ... g6 8. ♘c3 ♗g7 9. 0-0 0-0 10. ♗g5 h6 11. ♗f6: ♗f6:?

Schwarz muss 11. ... ♕f6: ziehen und mit 12. ♘d5: ♗d5: 13. ♕d5: ♘c6! einen Bauern opfern.

12. ♘g6:! und gewinnt.

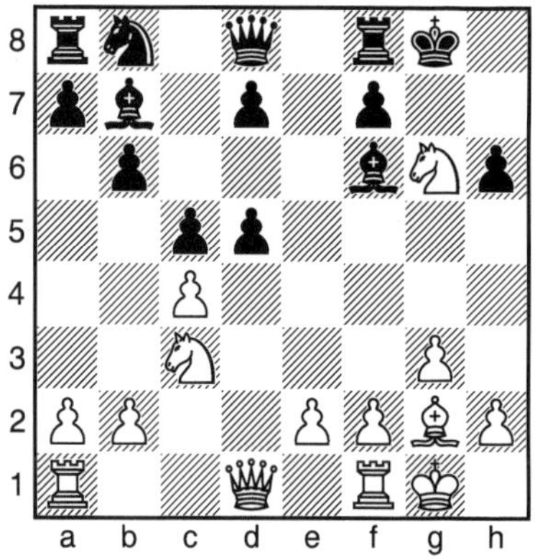

Auf 12. ... fg6: erobert Weiß mit 13. ♗d5:+ die Qualität; auf 12. ... ♖e8 folgt günstig 13. ♘f4.

Nr. 186

1. d4 ♘f6 2. ♘f3 b6 3. g3 ♗b7 4. ♗g2 c5 5. c3 g6

Besser ist die Entwicklung mit 5. ... e6.

6. ♕b3 d6? 7. ♘e5!

Weiß gewinnt mindestens einen Bauern: 7. ... d5 8. dc5: usw.

Nr. 187

1. d4 ♘f6 2. c4 b6 3. ♘c3 ♗b7 4. ♕c2 e6

Eine schwierige Verteidigung.

Schwarz muss den Punkt e4 dem Gegner überlassen.

5. e4 ♗b4 6. ♗d3 d6? 7. ♕a4+ ♘c6 8. d5 und gewinnt.

Nr. 188

1. d4 ♘f6 2.♘f3 e6 3. c4 b6 4. g3 ♗b7 5. ♗g2 ♗b4+ 6. ♗d2 ♕e7 7. 0-0 0-0?!

Viel besser ist es, die Läufer jetzt zu tauschen.

8. ♗f4 d5

Auch nach 8. ... ♗d6 9. ♗d6: ♕d6: 10. ♘c3 ist Weiß im Vorteil, da die schwarze Dame einem Aufbau sowohl mit d6 wie d5 im Weg steht.

9. c5 bc5:?

Schwarz musste mit 9. ... ♘bd7 10. a3 ♗c5: gleich eine Figur geben, wofür er nach 11. dc5: e5 in Form einer starken Bauernmasse noch einige Gegenchancen gehabt hätte. Laut Buch setzt Weiß dann am besten mit 12. c6 ♗c6: 13. ♕c2 fort.

10. a3 ♗a5 11. dc5: c6 12. ♗d6 und gewinnt.

Nimzoindische Verteidigung

Die von Nimzowitsch herrührende Form der indischen Verteidigung ist schwierig zu führen, gibt aber dem Schwarzen ein vollwertiges Gegenspiel und erfreut sich in der modernen Turnierpraxis einer großen Beliebtheit. Deswegen haben wir uns auch mit ihr besonders eingehend zu befassen.

Den Charakter der Partie bestimmt der 4. Zug von Weiß. Harmlos sieht 4. ♗d2, wie in Nr. 189, aus. Weiß gewinnt durch eine Falle, die der Gegner nicht durchschaut, einen Bauern. Der von Sämisch herrührende Zug 4. a3 zwingt den Läufer zur Erklärung, nimmt aber dafür Tempoverlust und Doppelbauer in Kauf, eine scharfe, zweischneidige Spielweise. Der Erfinder errang mit der in Nr. 190 angegebenen Wendung, die eigentlich ziemlich einfach ist, einen Sieg über Capablanca in Karlsbad 1929. Selten gespielt wird 4. ♘f3, obwohl der Zug sehr natürlich aussieht. Häufig geht das Spiel in eine Variante der Damenindischen Verteidigung über, wie in Beispiel Nr. 191, einer Glanzpartie des estnischen Großmeisters Paul Keres aus Margate 1937. Hier gestattet ein frühzeitiger Flankenstoß dem Weißen, die Rochade des Gegners zu verhindern und als Folge davon rasch in Vorteil zu kommen. In neuester Zeit stößt man öfter auf den alten Zug 4. ♗g5. Nr. 192 zeigt, wie ein verfrühter Angriff gegen c3 daran scheitert, dass Weiß den c-Bauern einfach preisgibt und später durch die offene c-Linie in Vorteil kommt. Eine Zeitlang war 4. ♕b3, Deckung von c3 und gleichzeitiger Angriff auf den Läufer, sehr beliebt. Nr. 193 zeigt eine reizende Falle auf Kosten des Schwarzen. Nr. 194 bringt eine Glanzpartie Spasski – Kinnmark aus Göteborg 1971, in der der damalige Weltmeister mit seiner Lieblingsvariante zum Erfolg kommt. Nr. 195 zeigt einen heimtückischen Überfall, dessen Grundgedanke in zahlreichen Fällen anwendbar ist und von unerfahrenen Spielern gut beachtet werden muss. In Nr. 196 fordert Schwarz die lange Rochade des Gegners heraus, die besser aussieht als sie ist, denn Schwarz kann durch einige präzise Züge den weißen König in starke Bedrängnis bringen. Das Beispiel folgt einer berühmten Partie zwischen Keres und Botwinnik, die in Moskau 1941 gespielt wurde. Nr. 197 ist eine Falle, mit der Dr. Euwe in Mar del Plata 1947 Najdorf überrumpelte.

Am gebräuchlichsten ist heute 4. e3, ein einfacher, guter Zug, der die Entwicklung des Königsflügels anstrebt. Nr. 198 zeigt das moderne Gegenmittel, den Zug 4. ♕c2 zu entkräften. Schwarz erlangt rasch am Damenflügel die Initiative (eine Partie aus Monaco 1969). Nr. 199 ist eine Falle, die von Bondarewsky herrührt. Schwarz glaubt, durch einen Zentrumsvorstoß gleiches Spiel erlangen zu können, doch Weiß hat nur darauf gewartet und kann ein überraschendes Läuferopfer anbringen, das einen Bauern erobert. Eine weitere moderne Falle, die in der Partie Kortschnoi – Simagin, Leningrad – Moskau 1960, vorkam, zeigt Nr. 200. Auch hier gewinnt Weiß durch ein Scheinopfer einen Bauern. Ganz amüsant ist schließlich das „erstickte Matt“ in Nr. 201, dem ein Großmeister in einer Simultanpartie in Israel 1958 zum Opfer fiel.

Nr. 189

1. d4 ♘f6 2. c4 e6 3. ♘c3 ♗b4 4. ♗d2 d5 5. e3 0-0 6. ♘f3 ♖e8

Am kräftigsten ist die Entwicklung 6. ... c5 nebst ♘c6.

7. ♗d3 ♘bd7 8. 0-0 c6? 9. ♘d5:! ♘d5:

Auf 9. ... ♗d2: folgt 10. ♘f6:+ nebst ♕d2:.

10. cd5: ♗d2: 11. dc6: ♗a5 12. cd7: mit Bauerngewinn.

Nr. 190

1. d4 ♘f6 2. c4 e6 3. ♘c3 ♗b4 4. a3 ♗c3:+ 5. bc3: d6 6. f3 e5 7. e4 ♘c6 8. ♗e3 b6

Schwarz sollte rochieren und dann ♕e7 ziehen. Später konnte er dann mit b6, ♗a6 und ♘a5 den Bauern c4 angreifen.

9. ♗d3 ♗a6?

Ein schweres Versehen, das eine Figur kostet.

10. ♕a4 ♗b7 11. d5 und gewinnt.

Nr. 191

1. d4 ♘f6 2. c4 e6 3. ♘c3 ♗b4 4. ♘f3 b6 5. g3 ♗b7 6. ♗g2 ♕c8 7. 0-0 c5?

Bei diesem Stoß gegen das weiße Zentrum übersieht Schwarz, dass das Feld d6 schwach wird. Er sollte 7. ... ♗c3: 8. bc3: 0-0 spielen.

8. ♘b5!

Eine unangenehme Überraschung für Schwarz. Er hat jetzt fast nur noch Zwangszüge.

8. ... cd4:

Auf 8. ... 0-0 kommt Weiß durch 9. ♘d6 ♕c6 (9. ... ♕c7 10. ♗f4 ♘h5 11. ♘b5 nebst ♗d6) 10. ♘e1 in materiellen Vorteil.

9. ♗f4 ♘a6 10. ♗d6!

So ist der König festgehalten, und außerdem droht 11. ♗b4: nebst ♘d6+.

10. ... ♕c4:

Wenn 10. ... ♗c5, so 11. b4!.

11. ♕a4! ♗c6 12. ♘fd4: ♗g2: 13. ♕a6:! ♗f1: 14. ♖f1:! ♕d4:

Es drohte vor allem 15. ♘c7+ nebst ♕c4:.

15. ♘d4: ♗d6: 16. ♘b5 ♔e7 17. ♖d1 und gewinnt, weil die schwarzen Türme nicht mehr zur Aktion kommen (die Partie endete 17. ... ♗c5 18. a3! ♘e4 19. ♖d7:+! ♔f6 20. ♕b7 Aufgegeben).

Nr. 192

1. d4 ♘f6 2. c4 e6 3. ♘c3 ♗b4 4. ♗g5 d5

Im Sinn der Eröffnung liegt eher 4. ... h6 5. ♗f6: ♗c3:+ bzw. 5. ♗h4 c5.

5. e3 c5 6. ♘f3 ♕a5

Dies erschien Schwarz aussichtsreich, weil nicht nur doppeltes Schlagen auf c3, sondern auch ♘e4 droht. Der Angriff ist aber verfrüht.

7. ♗f6:! ♗c3:+ 8. bc3: ♕c3:+ 9. ♘d2 gf6: 10. ♖c1 ♕a5 11. cd5:

Es wird schnell deutlich, dass an dem gewonnenen Bauern kein Segen war.

11. ... ♘a6 12. ♕f3! cd4: 13. ♕f6: ♖g8 14. d6 ♕d8 15. ♕d4: und gewinnt.

Nr. 193

1. d4 ♘f6 2. c4 e6 3. ♘c3 ♗b4 4. ♕b3 c5 5. a3 ♕a5

Schwarz fasst den verfehlten Plan, den Austausch des Läufers vermeiden zu wollen.

6. ♗d2 ♘c6 7. ♕d1 ♘d4:?

Damit stellt Schwarz dem Gegner

eine Falle, indem er auf 8. ab4:? mit 8. ... ♕a1: 9. ♕a1: ♘c2+ nebst ♘a1: die Qualität gewinnen will. Er fällt aber dabei selbst herein.

8. e3 mit Figurgewinn.

Nr. 194

1. d4 ♘f6 2. c4 e6 3. ♘c3 ♗b4 4. ♗g5

Spasskis Lieblingszug.

4. ... 0-0 5. e3 d6 6. ♗d3 ♗c3:+ 7. bc3: e5 8. ♘e2 h6 9. ♗f6: ♕f6: 10. ♘g3 c6 11. 0-0 d5 12. f4!

Weiß hat schon die Oberhand.

12. ... ed4: 13. cd4: ♕e7 14. ♕f3 ♘d7 15. cd5: cd5: 16. ♘f5 ♕a3

Auf 16. ... ♕e6 sollte 17. ♕d5: folgen (17. ... ♕d5: 18. ♘e7+).

17. ♕g4!

Eine Übermacht greift an.

17. ... g6 18. ♘h6:+ ♔h7 19. ♘f7:!

Schwarz ist verloren, gleichgültig ob er Läufer oder Springer nimmt.

19. ... ♕d3: 20. f5! ♕a6

Oder 20. ... ♖g8 21. ♕h4+ ♔g7 22. f6+! ♔f8 23. ♕h6+ ♔e8 24. ♕h7 ♖f8 25. ♘d6+ ♔d8 26. ♕e7+ ♔c7 27. ♖fc1+ mit Gewinn.

21. ♘g5+ ♔g8 22. ♕h4 ♘f6 23. fg6: ♔g7 24. ♘h7! Schwarz gab auf.

Nr. 195

1. d4 ♘f6 2. c4 e6 3. ♘c3 ♗b4 4. ♕c2 d5 5. cd5: ♕d5: 6. e3 0-0 7. ♘ge2 c5 8. ♗d2 ♕d8 9. a3 cd4: 10. ♘d4: ♗a5

Schwarz will sich den Königsläufer erhalten.

11. ♗e2 ♗b6 12. ♘f3 ♘c6 13. 0-0 ♕e7 14. ♖fd1 e5 15. ♘g5 h6?

Übersieht die Tücke des Gegners. Er sollte einfach ♗e6 ziehen.

16. ♘d5! und gewinnt.

Nr. 196

1. d4 ♘f6 2. c4 e6 3. ♘c3 ♗b4 4. ♕c2 d5 5. cd5: ed5: 6. ♗g5 h6 7. ♗h4?!

Die heute übliche Fortsetzung ist 7. ♗f6: ♕f6: 8. a3.

7. ... c5 8. 0-0-0?!

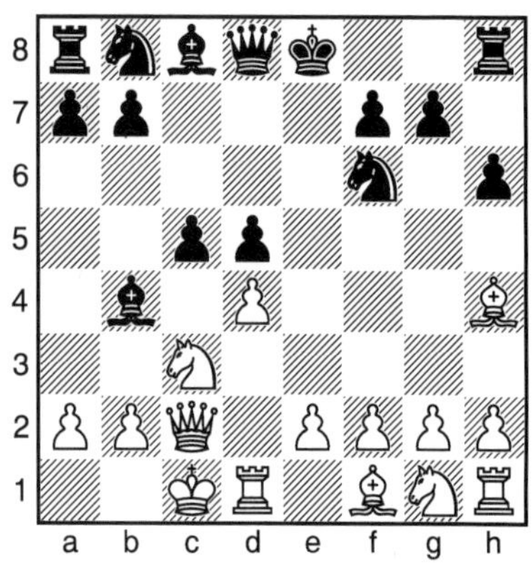

Sieht gut aus, denn Weiß entfesselt den Springer und bringt den Turm gegen die Schwäche d5 in Stellung. Er übersieht, dass der König in eine brenzlige Situation gerät.

8. ... ♗c3:! 9. ♕c3: g5 10. ♗g3 cd4: 11. ♕d4: ♘c6 12. ♕a4 ♗f5!

Ein für solche Stellungen typischer Zug, der den weißen König in der c-Linie festhält, wo bald ein schwarzer Turm den entscheidenden Schlag führen wird.

13. e3?!

Offenbar durch die misslungene Eröffnung niedergeschlagen, ergibt sich Weiß in sein Schicksal. Mit 13. f3 nebst e4 konnte er nach Meinung der Bücher Schwarz noch manche Probleme stellen.

13. ... ♖c8 14. ♗d3 ♕d7! 15. ♔b1 ♗d3:+ 16. ♖d3: ♕f5 17. e4 ♘e4: 18. ♔a1 0-0 19. ♖d1

Auf 19. ♕d1 führt 19. ... ♘b4 20. ♖f3 ♘c2+ usw. zum Matt.

19. ... b5! 20. ♕b5: ♘d4 21. ♕d3 ♘c2+ 22. ♔b1 ♘b4 und gewinnt entweder die Dame oder setzt Matt.

Nr. 197

1. d4 ♘f6 2. c4 e6 3. ♘c3 ♗b4 4. ♕c2 d5 5. a3 ♗c3:+ 6. ♕c3: ♘e4 7. ♕c2 c5 8. dc5: ♘c6 9. cd5: ed5: 10. ♘f3 ♗f5

Ein nicht ganz gefahrloser Versuch, seinen Entwicklungsvorsprung auszunutzen. Das ruhige 10. ... ♕a5+ 11. ♗d2 ♘d2: 12. ♕d2: ♕c5: 13. ♖c1 ♕b6 14. e3 lässt Weiß angesichts des isolierten Bd5 wohl zumindest leichten Vorteil.

11. b4 0-0

Hier erkennt Schwarz die Falle: 11. ... ♘g3 12. ♕b2 ♘h1: 13. ♕g7: ♖f8 14. ♗h6: mit besserem Spiel.

12. ♗b2 ♘g3?

Doch nun fällt er herein. Eine umstrittene, undurchsichtige Variante mit Figurenopfer leitet 12. ... b6 ein: 13. b5 bc5: 14. bc6: ♕a5+ 15. ♘d2 ♖ab8. Daneben kommt noch 12. ... d4 in Betracht.

13. ♕c3 d4 14. ♘d4: ♘d4: 15. fg3:! und Weiß bleibt materiell im Vorteil.

Nr. 198

1. d4 ♘f6 2. c4 e6 3. ♘c3 ♗b4 4. ♕c2 c5

Die einfachste Antwort.

5. dc5: 0-0 6. ♗f4 ♘a6!

Der Springer strebt über c5 nach e4.

7. a3

Schwächt b3. Wenn 7. ♗d6, so 7. ... ♖e8 und Schwarz wird Bc5 mit gutem Spiel zurückgewinnen.

7. ... ♗c3:+! 8. ♕c3: ♘c5: 9. f3

Es liegt nahe, den Springer von e4 fernzuhalten; doch die verzögerte Entwicklung ist bedenklich.

9. ... d5 10. ♖d1?

Weiß will offenbar zuviel. Nach 10. e3 hält die Theorie die Stellung für ausgeglichen.

10. ... ♗d7 11. e3 ♗a4!

Nun ist Weiß in ernsten Schwierigkeiten; wenn 12. ♖d2 ♘b3 13. ♖d3 ♖c8 14. ♕b4 ♘c5 15. ♖d2 a5 16. ♕c3 ♘b3 17. ♖d3 b5, und Schwarz ist klar im Vorteil.

12. ♖b1 dc4: 13. ♕c4:

Auch 13. ♗c4: ist wegen 13. ... ♖c8 14. b3 ♘b3: 15. ♖b3: b5 nachteilig.

13. ... ♖c8 14. ♗e2 ♗b3 15. ♕d4 ♘d5 mit Vorteil für Schwarz. Gegen 16. ... ♗c2 gibt es keine brauchbare Parade.

Nr. 199

1. d4 ♘f6 2. c4 e6 3. ♘c3 ♗b4 4. e3 0-0 5. ♗d3 d5 6. ♘ge2 ♘bd7 7. 0-0 dc4: 8. ♗c4: e5?

Der vorhergegangene Abtausch sollte diesen Vorstoß vorbereiten, der aber nicht so unbedenklich ist wie es scheint. Sicherer war 8. ... c5.

9. ♗f7:+!

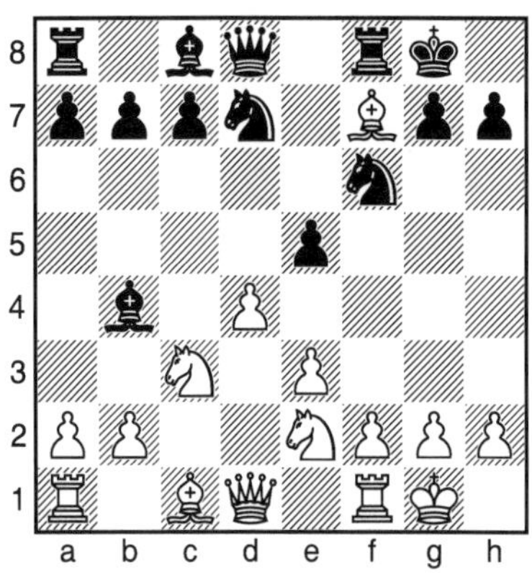

Ein überraschender Bauerngewinn! Nimmt Schwarz mit dem König, erobert 10. ♕b3+ die Figur zurück; spielt er 9. ... ♖f7:, so folgt 10. de5: ♘g4 11. e6 und Weiß behält in jedem Fall einen Bauern mehr.

Nr. 200

1. d4 ♘f6 2. c4 e6 3. ♘c3 ♗b4 4. e3 0-0 5. ♘f3 b6 6. ♗e2 ♗b7 7. 0-0 d5 8. ♗d2

Jetzt hängt ein Abzug des ♘c3 in der Luft.

8. ... ♘bd7?

Am einfachsten hätte Schwarz auf c3 getauscht.

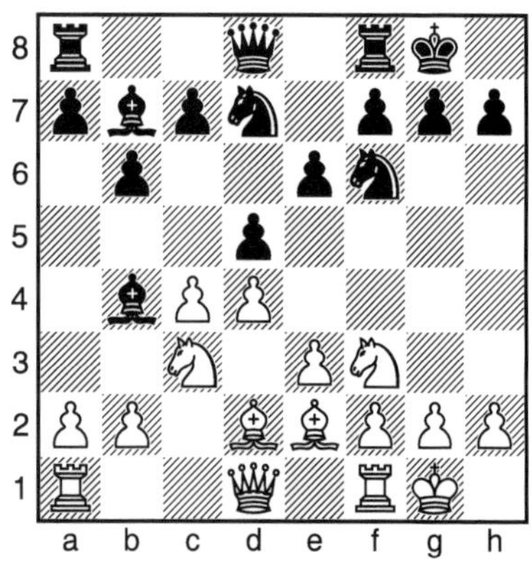

9. ♘d5:! und Schwarz muss sich mit dem Bauernverlust abfinden, z. B. 9. ... ♗d2: 10. ♘f6:+ oder 9. ... ed5: 10. ♗b4: oder 9. ... ♘d5: 10. cd5: ♗d2: 11. de6: ♗e3: 12. ef7:+ ♖f7: 13. fe3:. Eine nette Wendung.

Nr. 201

1. d4 ♘f6 2. c4 e6 3. ♘c3 ♗b4 4. e3 c5 5. ♘ge2

Mit der Absicht, Schwarz durch a2-a3 zum Abtausch des Läufers zu nötigen, ohne einen Doppelbauern auf der c-Linie in Kauf nehmen zu müssen.

5. ... ♕a5

Scheinbar ein zweckloser Versuch, den Druck gegen c3 zu verstärken. In Wirklichkeit bereitet Schwarz eine Falle vor.

6. ♗d2 d5 7. a3 ♘c6!?

Weiß sollte nun auf c5 tauschen.

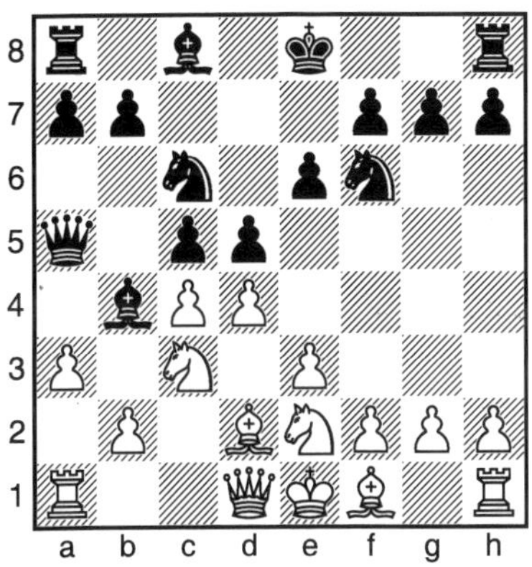

8. ab4:? ♘b4:!!

Wer rechnet auch mit solcher Arglist?

9. ♖a5:?

46. Frage:

Gibt es noch eine Rettung für Weiß?

(Lösung S. 151)

9. ... ♘d3 matt.

Andere Indische Verteidigungen

Unter dieser Überschrift findet der Leser die verschiedenartigsten Verteidigungen gegen die Damenbauereröffnung vereinigt. Das erste Beispiel Nr. 202 zeigt ein Mittelding zwischen der Damenindischen und der Nimzoindischen Verteidigung. Die unheilvollen Folgen einer solchen Mischung werden durch ein glänzendes Damenopfer des Weißen dick unterstrichen. In Nr. 203 wird das Blumenfeld-Gambit ausgeführt. Schwarz folgt einer Turnierpartie Grünfeld – Bogoljubow aus Wien 1922 und verliert durch einen Raubzug seiner Dame, da seine Entwicklung zu sehr vernachlässigt ist. Nr. 204 behandelt das vom Hamburger Meister Wagner herrührende Gambitspiel und endet überraschend frühzeitig in einer zwangsläufigen Zugwiederholung.

Das Budapester Gambit im Beispiel Nr. 205 wird von Weiß anfangs musterhaft behandelt. Er fällt aber auf schreckliche Art einem erstickten Matt zum Opfer. Nr. 206 zeigt eine Wendung, deren Grundgedanken wir schon im 1. Abschnitt kennengelernt haben. Schwarz opfert einen Springer, um mit der Dame das Schach auf h4 geben zu können. Er gewinnt wohl dabei den weißen Turm, verdirbt aber seine Stellung in entscheidender Weise.

Sehr interessant ist das Beispiel Nr. 207, das einer vor Jahren gespielten Turnierpartie Bogoljubows folgt. Ähnlich wie in der Aljechin-Verteidigung treibt Weiß einen Springer quer über das Brett. Er erobert auch die Figur, aber um einen zu hohen Preis. Das Damenschach auf h4 erweist sich diesmal als sehr stark. In dieses Kapitel passt auch das Englund-Gambit, das das letzte Beispiel (Nr. 208) zeigt.

Nr. 202

1. d4 ♘f6 2. c4 e6 3. ♘c3 b6? 4. e4 ♗b4?

Schwarz vermengt die Züge der Damenindischen und Nimzoindischen Verteidigung. Notwendig war zunächst 4. ... ♗b7.

5. e5 ♘e4? 6. ♕g4 ♘c3: 7. bc3:

Auch 7. a3! ist ein sehr starker Zug.

7. ... ♗c3:+ 8. ♔d1 ♔f8 9. ♗a3+ ♔g8 10. ♖b1 ♘c6 11. ♖b3 ♗d4:

Mit 11. ... h5 glaubte man das weiße Spiel widerlegen zu können, doch ist auch dieser Zug unbefriedigend. Weiß zieht die Dame nach g3 zurück und hat dieselbe undeckbare Opferdrohung wie vorher. Das Fluchtfeld h7 nützt dem schwarzen König wegen ♗d3+ nicht viel.

12. ♕g7:+!

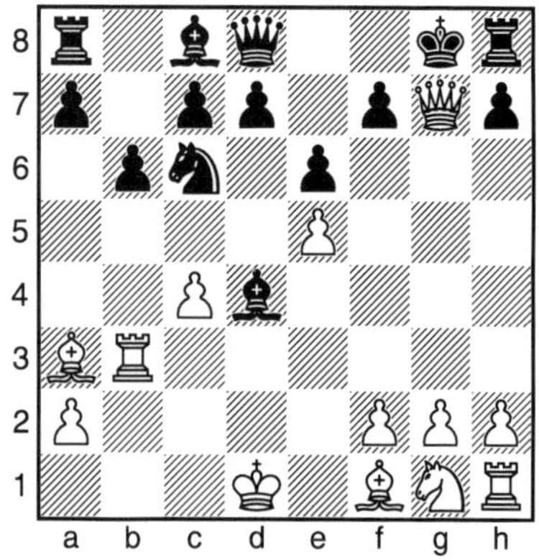

12. ... ♔g7: 13. ♖g3+ ♔h6 14. ♗c1+ und gewinnt.

Nr. 203

1. d4 ♘f6 2. ♘f3 e6 3. c4 c5 4. d5 b5

Über den Sinn dieses Gambitspiels siehe das Beispiel Nr. 231 des 6. Abschnitts.

5. ♗g5

Hauptsächlich wegen dieses Zuges gilt die schwarze Idee heute als nicht mehr voll befriedigend.

5. ... h6 6. ♗f6: ♕f6: 7. ♘c3 b4 8. ♘b5 ♘a6 9. e4 ♕b2:

Dieses Abenteuer geht schlecht aus, aber auch andere Fortsetzungen dürften Schwarz kein vollwertiges Spiel sichern.

10. ♗d3 ♕f6

Schwarz sollte jetzt d6 ziehen; er steht freilich auch dann nicht gut.

11. e5 und gewinnt. Auf 11. ... ♕f4 fängt Weiß mit 12. g3 ♕g4 13. h3 ♕h5 14. g4 die feindliche Dame.

47. Frage:

Was würden Sie auf 11. ... ♕d8 antworten? (Lösung S. 151)

Nr. 204

1. d4 ♘f6 2. ♘f3 e6 3. ♗g5 c5 4. e4 ♕a5+

Auf 4. ... ♕b6 bringt Weiß das Bauernopfer 5. ♘bd2 cd4: 6. e5 ♘d5 7. ♘c4. Als Bestes gilt 4. ... cd4: und falls 5. e5 h6 6. ♗h4 g5. Wahrscheinlich kann Schwarz so das weiße Unternehmen als nicht ganz gesund nachweisen.

5. ♘bd2

Den folgenden Friedensschluss kann Weiß mit 5. ♕d2! sehr gut vermeiden.

5. ... ♘e4: 6. b4! ♕b4: 7. ♖b1 ♕c3 8. ♖b3 ♕a5 9. ♖b5 ♕c3 Remis durch Wiederholung der Züge.

Nr. 205

1. d4 ♘f6 2. c4 e5 3. de5: ♘g4 4. ♗f4 ♘c6 5. ♘f3 ♗b4+ 6. ♘bd2

48. Frage:

Kennen Sie die Folgen von 6. ♘c3? (Lösung S. 151)

6. ... ♕e7 7. a3 ♘ge5: 8. ab4:??

Nach der richtigen Fortsetzung 8. ♘e5: ♘e5: 9. e3 ♗d2:+ 10. ♕d2: kann Weiß wohl auf solide Art einen gewissen Vorteil behaupten, obwohl die schwarzen Gegenchancen im Mittelspiel nicht unterschätzt werden dürfen.

8. ... ♘d3 matt.

Nr. 206

1. d4 ♘f6 2. c4 e5 3. de5: ♘g4 4. e4 ♘e5: 5. f4 ♘g6

Die Alternative ist der Rückzug des Springers nach c6.

6. ♘f3 ♗c5?

Nach 6. ... ♗b4+ sind die Folgen unklar.

7. f5 ♘e5?

49. Frage:

Welchen Zug würden Sie für Schwarz als relativ besten vorschlagen? (Lösung S. 151)

8. ♘e5: ♕h4+ 9. g3! ♕e4:+ 10. ♕e2 ♕h1: 11. ♘g6+ und gewinnt.

Nr. 207

1. d4 ♘c6 2. d5 ♘e5 3. f4 ♘g6 4. e4 e5 5. f5?

Weiß darf nicht weiter auf Springerjagd spielen und muss mit 5. de6: fortsetzen.

5. ... ♕h4+ 6. ♔d2 ♕e4:

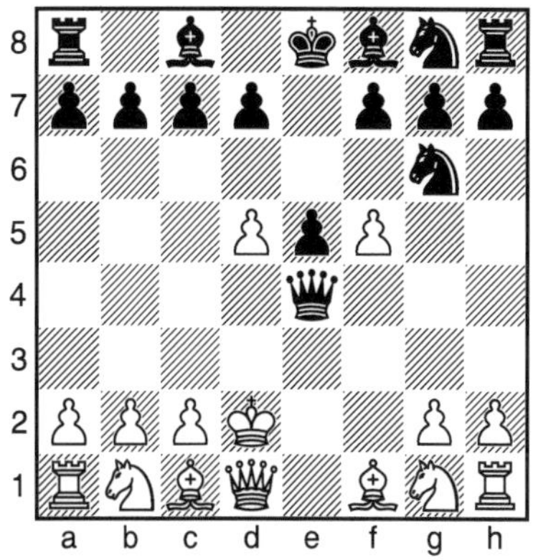

7. fg6: ♕d5:+ 8. ♔e1 ♕d1:+ 9. ♔d1: hg6:

Schwarz ist im Vorteil, weil nach dem Damentausch seine drei Bauern mehr wert sind als der Springer des Gegners.

Nr. 208

1. d4 e5 2. de5: ♘c6 3. ♘f3 ♕e7

Ein zweischneidiges Fallenspiel.

4. ♗f4 ♕b4+ 5. ♗d2

5. ♕d2 (in einem Mannschaftskampf zu Berlin-Wilmersdorf 1959 vorgekommen) büßt nach 5. ... ♕b2: einen Turm (oder bei 6. ♕c3 ♗b4 gar die Dame) ein.

5. ... ♕b2: 6. ♗c3?

Auch diesen Reinfall haben schon viele erleben müssen. Spielt Weiß richtig 6. ♘c3!, steht er sehr gut.

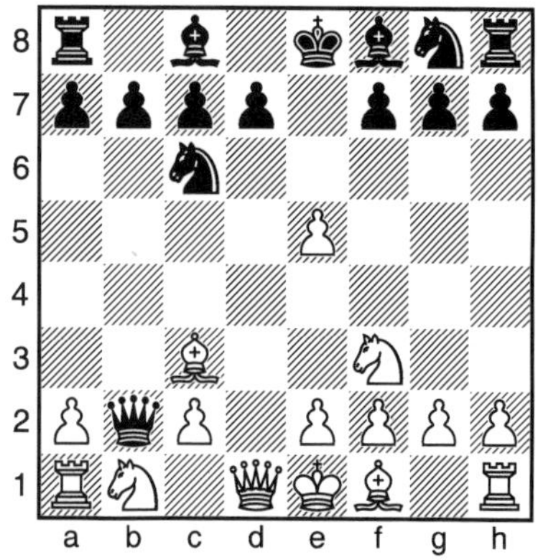

6. ... ♗b4! 7. ♕d2

Oder 7. ♗b4: ♘b4:, Schwarz gewinnt.

7. ... ♗c3: 8. ♕c3: ♕c1 matt!

Sizilianischer Angriff

Ein wichtiger Grundgedanke moderner Eröffnungsbehandlung ist es, bewährte Verteidigungssysteme des Schwarzen auf die weißen Steine zu übertragen. Geschieht diese Vertauschung der Farben mit der Sizilianischen Verteidigung 1. e4 c5, so kommt man zum Sizilianischen Angriff 1. c4 e5. Weiß hat bei dieser Übertragung gegenüber dem ursprünglichen Vorbild ein Tempo mehr und dementsprechend ist er in der Regel der angreifende Teil.

Die beiden ersten Beispiele Nr. 209 und 210 sind leicht zu durchschauen, in beiden Fällen büßt Schwarz seine Unvorsichtigkeit mit Figurenverlust. Weiß darf aber ebenfalls nicht in seiner Aufmerksamkeit erlahmen, sonst stürzt er in Fallen wie Nr. 211, wo ihm ein Bauernraub verderblich wird, oder Nr. 212, wo die unzweckmäßige Flankierung des weißen Königsläufers der Anfang allen Übels ist.

Nr. 209

1. c4 e5 2. ♘c3 ♘c6 3. g3 ♘f6

Dieser scheinbar normale Zug ist gerade bei dieser Zugfolge seltsamerweise bereits weniger gut.

4. ♗g2 ♗b4 5. ♘d5 ♘d5: 6. cd5: ♘d4?. Notwendig war 6. ... ♘e7, wenn auch bereits mit besseren Aussichten für Weiß.

7. e3 ♘f5. Auch bei 7. ... ♘b5 8. ♕a4 verliert Schwarz eine Figur.

8. ♕g4 und gewinnt.

Nr. 210

1. c4 e5 2. ♘c3 ♘f6 3. ♘f3 ♘c6 4. e3 ♗b4 5. ♘d5 d6?

Dieser unvorsichtige Zug gefährdet den Läufer b4. Am besten ist 5. ... e4.

6. ♕a4 ♗c5?

Das kleinere Übel ist 6. ... ♗a5 7. b4 ♗b6 8. ♘xb6 cxb6.

7. d4 ♗b6 8. ♘f6:+ ♕f6: 9. d5 und gewinnt.

Nr. 211

1. c4 e5 2. ♘c3 ♘f6 3. ♘f3 ♘c6 4. d4 e4 5. ♘g5

Die stärkste Fortsetzung ist 5. ♘d2, obwohl Weiß auch damit keinen Vorteil erreichen kann.

5. ... h6! 6. ♘ge4: ♘e4: 7. ♘e4: ♕h4 8. ♕d3?

Weiß tut viel besser, mit 8. ♘c3 den gewonnenen Bauern sofort zurückzugeben. Das Spiel steht dann noch ungefähr gleich.

8. ... d5 9. cd5: ♘b4 10. ♕b1

Auf 10. ♕b5+ folgt ♔d8 mit Vorteil für Schwarz.

10. ... ♗f5 11. ♘d6+ cd6: 12. ♕f5: g6 13. ♕b1 ♖c8 und gewinnt.

Nr. 212

1. c4 e5 2. ♘c3 ♘f6 3. ♘f3 ♘c6 4. d4 ed4: 5. ♘d4: ♗b4 6. ♘c6:

Der übliche Zug ist hier 6. ♗g5, obwohl diese früher beliebte Variante nach heutiger Ansicht Weiß insgesamt wenig verspricht.

50. Frage:

Was kann Schwarz nach 6. ♗g5 h6 7. ♗h4 am besten zur Aufhebung der Fesselung tun?

(Lösung S. 151)

6. ... bc6: 7. g3?

Diese Läuferflankierung ist schwach.

7. ... ♕e7 8. ♗g2 ♗a6 9. ♕d3 d5 10. b3?

Der entscheidende Fehler. Weiß muss rochieren und sich damit abfinden, dass er einen Bauern verliert.

10. ... d4!

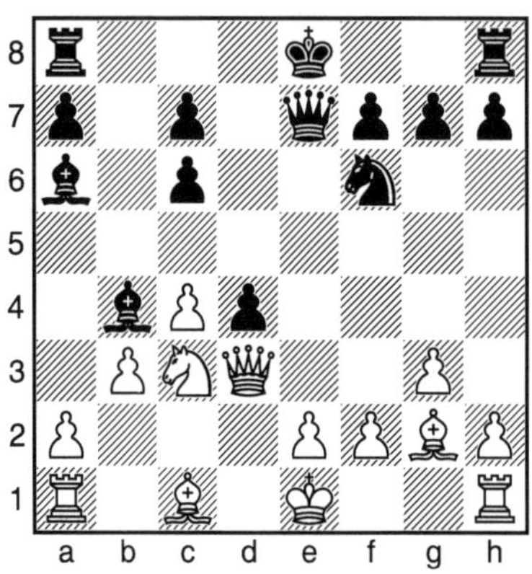

11. ♗c6:+ ♔f8 12. ♕d4: ♖d8 13. ♗d5 ♖d5: und gewinnt.

Zukertort- (Réti-) Eröffnung

Für die mit 1. ♘f3 beginnenden Partien wird häufig der Name Zukertort-Eröffnung verwendet, der eigentlich eine unzulängliche Bezeichnung darstellt. Mit dem Zug des Königsspringers hat sich Weiß noch nicht für eine bestimmte Eröffnung entschieden. Er kann einerseits ins Damengambit überlenken, andererseits noch zwischen den verschiedensten Eröff-nungssystemen wählen, wie z. B. Königsindischer oder Damenindischer Angriff.

Im Königsindischen Angriff verzichtet Weiß zunächst auf die Errichtung eines Bauernzentrums und flankiert seinen Königsläufer, genau so wie es der Schwarze in der Königsindischen Verteidigung tut. Demgemäß spielt in dieser Eröffnung der nach g2 entwickelte weiße Läufer die Hauptrolle. Zu welchen Taten er fähig ist, zeigen die überraschenden Wendungen des wunderschönen Beispiels Nr. 213, das dem Meisterturnier zu Bad Elster 1937 entnommen ist. Auch in Nr. 214 macht sich der weiße Königsläufer entscheidend bemerkbar. Gegen den sorglosen Aufbau des Schwarzen gewinnt Weiß im Zentrum plötzlich eine Figur. Nr. 215 ist der Turnierpraxis entnommen, und zwar der Partie zwischen Bogoljubow und Sämisch aus Bad Harzburg 1938. Der durch die Falle erzielte Bauerngewinn des Schwarzen war allerdings für den Partieausgang bedeutungslos. Sehr lehrreich und fein durchdacht ist die Kombination in Nr. 216. Ihr Grundgedanke ist die Überlastung des Läufers b2, der zwei Figuren – die Dame und den Springer – zu decken hat und dies nach 8. ... c3! nicht mehr kann.

Der Damenindische Angriff ist durch die Flankierung des weißen Damenläufers gekennzeichnet. Die Verwandtschaft dieser Eröffnung mit der Damenindischen Verteidigung wird durch das Beispiel Nr. 217, eine von Dr. Euwe gewonnene Partie, gut illustriert. Die siegbringende Kombination des Schwarzen stellt nichts anderes als eine sinngemäße Übertragung der Monticelli-Falle (Beispiel Nr. 181) dar. In Nr. 218 gewinnt Weiß den schwarzen Königsläufer, der wieder einmal auf b4 eine sehr bedrohte Stellung einnimmt.

Das letzte Beispiel Nr. 219 zeigt das sogenannte „Holländische Réti-System" und die Chancen eines Gambits, das Weiß dagegen wählen kann.

Nr. 213

1. ♘f3 ♘f6 2. c4 c5 3. ♘c3 d5 4. cd5: ♘d5: 5. g3 ♘c6 6. ♗g2 ♘c7

Schwarz darf nicht sogleich 6. ... e5? spielen, weil Weiß mit 7. ♘e5: einen Bauern gewinnt.

7. 0-0 e5 8. d3 f6 9. ♗e3 ♗e6 10. ♖c1 ♕d7 11. ♘e4 b6 12. a3 ♖c8? 13. b4 cb4:

Leichter erträglich für Schwarz ist der Bauernverlust nach 13. ... ♘d5 14. bc5: ♘e3:.

14. ♖c6:!

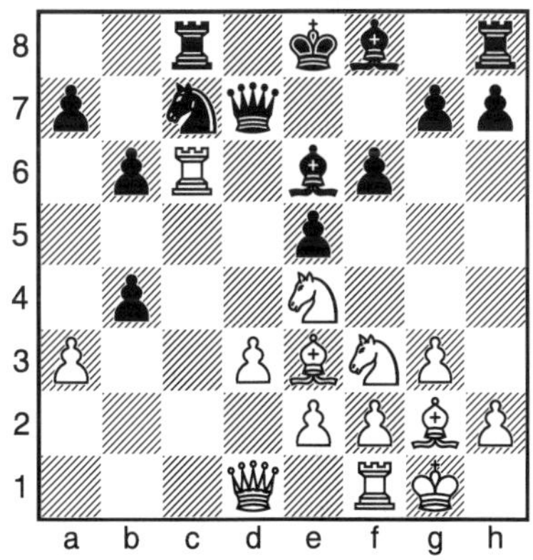

14. ... ♕c6: 15. ♘e5: ♕b5. Oder 15. ... fe5: 16. ♘f6+ gf6: 17. ♗c6+.

16. ♘d6+! ♗d6: 17. ♗c6+ mit Damengewinn.

Nr. 214

1. ♘f3 d5 2. c4 c6 3. b3 ♘f6 4. g3 ♗f5 5. ♗g2 ♘bd7 6. ♗b2 e6 7. 0-0 ♗d6 8. d3 e5

Besser angebracht ist eine vorsichtigere Behandlung mit 8. ... ♕e7 (um nach Entwicklung des weißen Damenspringers ♗a3 zu ziehen) oder 8. ... h6 (um den Läufer f5 vor Abtausch durch ♘h4 zu bewahren).

9. e4! de4:?

Nötig war 9. ... ♗e6, obwohl Weiß mit 10. ed5: cd5: 11. d4 in Vorteil kommt, z. B. 11. ... e4 12. ♘g5 0-0 13. cd5:.

10. de4: ♘e4: 11. ♘h4 mit Figurengewinn.

Nr. 215

1. ♘f3 d5 2. c4 e6 3. g3 ♘f6 4. ♗g2 ♗e7 5. 0-0 0-0

Auf 5. ... dc4: folgt 6. ♕a4+.

6. b3 c5 7. d4 ♘c6 8. cd5: ♘d5: 9. e4

Besser ist 9. ♗b2.

9. ... ♘f6 10. e5 ♘d7 11. ♗b2 cd4: 12. ♗d4: ♘d4: 13. ♕d4: ♘e5:!

Schwarz hat einen Bauern gewonnen. Auf 14. ♕d8: folgt 14. ... ♘f3:+ 15. ♗f3: ♖d8:; auf 14. ♕e5:? entscheidet 14. ... ♗f6 für Schwarz.

Nr. 216

1. ♘f3 d5 2. c4 dc4: 3. ♘a3 e5 4. ♘e5: ♗a3: 5. ♕a4+ b5 6. ♕a3:

Weiß vermeidet die gestellte Falle: 6. ♕b5:+ c6 7. ♘c6: ♘c6: 8. ♕c6:+ ♗d7 9. ♕e4+ ♗e7 und Schwarz hat einen Springer gewonnen.

6. ... ♗b7 7. b3 ♕d6 8. ♗b2? c3!

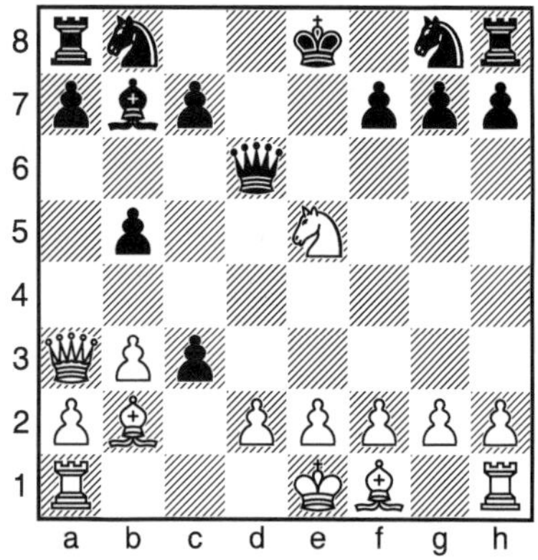

Weiß kann den Verlust einer Figur nicht vermeiden, z. B. 9. ♕d6: cd6:. In einer amerikanischen Meisterpartie übersah Schwarz diese günstige Gelegenheit und zog 8. ... f6?.

Nr. 217

1. ♘f3 d5 2. b3 ♘f6 3. ♗b2 c5 4. e3 ♘c6 5. ♗b5 g6 6. ♘e5 ♕c7 7. 0-0 ♗g7 8. d4

Dem von Weiß gewählten Entwicklungssystem entspricht der Zug 8. f4 besser.

8. ... 0-0 9. ♗c6: bc6: 10. dc5:? ♘g4!

Auf 10. ... ♘d7 hätte Weiß sich mit 11. ♘d3 verteidigen können.

11. f4 ♘e3: und gewinnt.

Nr. 218

1. ♘f3 d5 2. b4 ♗f5 3. ♗b2 e6 4. e3 ♘f6 5. c4 ♗b4:?

Habgier in der Eröffnung ist ein schreckliches Übel.

6. ♕a4+ ♘c6 7. ♘e5 ♕d6 8. ♘c6: bc6: 9. a3 ♗c5 10. d4 ♗b6 11. c5 und gewinnt.

Nr. 219

1. ♘f3 f5 2. e4 fe4: 3. ♘g5 ♘f6

Vielfach wird bereits hier 3. ... e5!? 4. d3 e3 als Bestes betrachtet.

4. d3 ed3:?

Vorzuziehen ist 4. ... d5 bzw. 4. ... e5 oder 4. ... e3.

5. ♗d3: mit Angriff für Weiß, der auf h7 zu opfern droht. Auf 5. ... g6 ist sowohl 6. ♘h7: ♖h7: 7. ♗g6:+ ♖f7 8. g4 wie auch vielleicht noch stärker 6. h4 nebst h5 sehr vielversprechend.

Holländischer Angriff

Die wesentlichen Merkmale der Holländischen Verteidigung 1. d4 f5 sind auch beim Holländischen Angriff 1. f4 erkennbar. Bei ruhiger Behandlung durch den Schwarzen ist die Öffnung der Königsdiagonalen e1-h4 ohne nachteilige Wirkung auf das weiße Spiel. Dagegen macht sich gelegentlich eine Schwäche des Punktes e3 bemerkbar wie im Beispiel Nr. 220, wo Weiß durch den Fehler im 9. Zug schweren Materialverlust erleidet. Ein Versuch, die durch den Aufzug des f-Bauern gelockerte Königsstellung zu stürmen, führt auf Froms Gambit wie in Nr. 221. Der Angreifer in diesem Beispiel ist aber der Weiße. Seine originelle Eröffnungsbehandlung gipfelt in einem Figurenopfer, bei dessen Annahme Weiß starken Angriff erhält; ob dieser jedoch bei bestem Gegenspiel wirklich ausreicht, bezweifelt die Theorie.

Nr. 220

1. f4 d5 2. e3 ♘f6 3. ♘f3 e6 4. b3 c5 5. ♗b2 a6

Um die nach dem Zug 5. ... ♘c6 mögliche Fesselung 6. ♗b5 zu vermeiden. Vergleiche das Beispiel Nr. 217.

6. ♗e2 ♘c6 7. 0-0 ♗d6 8. d3 0-0 9. ♘bd2? ♘g4 und gewinnt.

Nr. 221

1. f4 e5 2. fe5: d6 3. ed6: ♗d6: 4. ♘f3 g5 5. d4 g4 6. ♘g5

Weiß kann die peinlichen Folgen des drohenden Damenschachs auf h4 auch durch 6. ♘e5 vermeiden.

6. ... f5

Schwarz spielt darauf, dem feindlichen Springer den Rückweg abzuschneiden und ihn zu erobern. Eine vorsichtigere Alternative ist 6. ... ♕e7.

7. e4 h6 8. e5 ♗e7 9. ♘h3 gh3: 10. ♕h5+ ♔f8 11. ♗c4

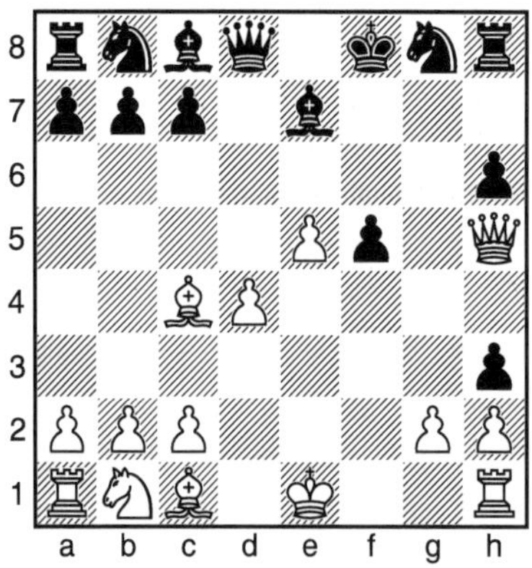

Dies ist die Grundstellung der Springeropfervariante, in der sich Schwarz nach 11. ... ♖h7 wahrscheinlich behaupten kann: 12. ♕g6 ♗b4+ (möglich ist auch 12. ... ♖g7 13. ♗h6: ♘h6: 14. ♕h6: ♗b4+ 15. c3 ♕g5) 13. ♔e2 (13. c3? ♖g7 14. ♗h6: ♕h4+) 13. ... ♖g7 14. ♗h6: ♘h6: 15. ♕h6: ♕g5 16. ♕g5: ♖g5: und nach heutiger Ansicht hat Schwarz die besseren Chancen.

VI. Positionsfallen

Wenn der Leser zu diesem Teil des Buches kommt, wird er vielleicht fürchten, dass man von ihm verlangt, sich mit sehr schwierigen und abstrakten Dingen zu befassen. Wir glauben aber, dass er diesen Abschnitt über Positionsfallen lehrreich und dabei doch leicht verständlich finden wird.

Je weiter ein Spieler in seinem Schachkönnen fortschreitet, desto leichter wird ihm sein Spiel. Seine Gedanken bewegen sich in glatteren Bahnen und er erreicht sein Ziel viel schneller und mit weniger Mühe als auf den früheren Stufen seiner schachlichen Entwicklung. Das kommt daher, dass zuerst so viel gelernt werden muss, oft auch ohne ersichtliche logische Grundlage, dass der Lernende keine Zeit findet, an das Spiel selbst zu denken. Mit anderen Worten, er muss das ABC lernen, bevor er zu lesen beginnen kann. Hat aber ein Spieler das schachliche ABC gelernt und vollkommen verstanden, dann wird er an den folgenden Ausführungen großen Gefallen finden.

In diesem Abschnitt sind nur Beispiele angeführt, die irgendeinen allgemeinen Grundsatz, einen strategischen Gedanken oder eine taktische Möglichkeit erklären und beleuchten. Obwohl in einigen Fällen die gegebenen Fortsetzungen nicht zu einem erzwungenen Gewinn führen, sondern nur zu Stellungsvorteil, haben wir jedes Mal versucht, ein Beispiel zu finden, wo der Vorteil auch einem zweitklassigen Spieler augenscheinlich ist.

Die Beispiele sind nicht zahlreich, ungefähr ein Dutzend, aber durchweg lehrreich.

Nr. 222

Wenn eine Figur entwickelt wird, ist es wesentlich, sie gegen die Möglichkeit zu schützen, dass sie auf längere Zeit eingesperrt werde, denn dies ist fast gleichbedeutend damit, um eine Figur schwächer zu sein. Im folgenden Beispiel gestattet Weiß, dass der Gegner einen weißen Läufer vollkommen einsperrt und dadurch ein gewonnenes Endspiel erlangt.

Vierspringerspiel

1. e4 e5 2. ♘f3 ♘c6 3. ♘c3 ♘f6 4. ♗b5 ♗b4 5. 0-0 0-0 6. ♗c6: dc6: 7. d3 ♗d6 8. ♗g5 h6 9. ♗h4 c5

Einleitung der Falle. Zugleich wird der gegnerische Zug d4 gründlich verhindert.

10. ♘d5 g5 11. ♘f6:+ ♕f6: 12. ♗g3 ♗g4 13. h3 ♗f3: 14. ♕f3: ♕f3: 15. gf3:

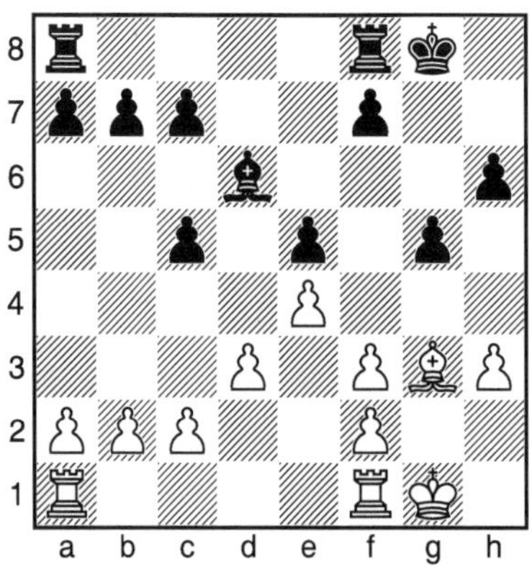

Der weiße Läufer ist völlig eingesperrt.

Nr. 223

Im vorigen Beispiel wurde ein Läufer bei beginnendem Mittelspiel eingesperrt. Gleiches geschieht häufig auch in der Eröffnung, wenn ein Spieler seine Figuren nicht zu entwickeln vermag oder sie schlecht entwickelt. Im folgenden Beispiel ist das Los des schwarzen Damenläufers beklagenswert. Er ist gezwungen, die schwachen Bauern a6 und c6 zu schützen, während Weiß in der Lage ist, die starken Felder c5 und a5 zu besetzen.

Damengambit

1. d4 d5 2. c4 e6 3. ♘c3 ♘f6 4. ♗g5 ♗e7 5. e3 ♘bd7 6. ♘f3 0-0 7. ♖c1 c6 8. ♕c2 b6?

Heute hält man diese Variante mit 8. ♕c2 für nicht mehr sehr aussichtsreich, und laut Theorie gibt es einige Alternativen, die Schwarz Ausgleich bringen (vgl. Nr. 137). Der gewählte Zug ist allerdings nicht gut.

9. cd5: ed5: 10. ♗d3 ♗b7 11. 0-0 h6 12. ♗h4 ♘h5 13. ♗e7: ♕e7: 14. ♖fe1 ♕d8 15. ♕a4 a6 16. ♗f5 g6? 17. ♗d7: ♕d7: 18. ♕b3 b5

Die Niederlage des Schwarzen ist besiegelt. Die Stellung des schwarzen Läufers im Zusammenhang mit den Bauern a6 und c6 ist zu schlecht.

19. ♘e5 ♕d6 20. ♘a4 ♖ae8 21. ♘c5 ♗c8 22. ♘a6: und gewinnt. Auf 22. ... ♗a6: folgt 23. ♖c6: nebst ♖a6:.

Nr. 224

In den vorigen zwei Beispielen haben wir die missliche Lage eines Spielers gesehen, der eine Figur mit geringer oder gar keiner Bewegungsfreiheit besitzt. Es ist wichtig, die Figuren so zu stellen, dass sie gute Wirkungslinien finden. Aber eine einwandfreie Entwicklung verlangt mehr als dies. Es kann vorkommen, dass jede Figur für sich betrachtet gut steht, aber ihr Zusammenwirken falsch ist. Was ist zum Beispiel natürlicher, als im Damengambit den Läufer auf d3 oder die Dame auf b3 zu stellen? Trotzdem kann sich, wie das folgende Beispiel zeigen wird, die gleichzeitige Aufstellung der beiden Figuren auf die bezeichnete Art leicht als schwach erweisen. Man entwickle nie eine Figur, ohne sich zu vergewissern, dass ihre Entwicklung mit der der anderen Figuren harmoniert.

Manhattan-Verteidigung des Damengambits

1. d4 d5 2. c4 e6 3. ♘c3 ♘f6 4. ♗g5 ♘bd7 5. ♘f3 ♗b4 6. e3 c5

Ein interessanter Gegenangriff, dessen völlige Korrektheit in der Theorie freilich umstritten ist. Weiß sollte nun zunächst auf d5 Bauern tauschen.

7. ♗d3 ♕a5 8. ♕b3?

Dieser Damenzug ist an und für sich nicht schwach, wohl aber in Verbindung mit dem vorausgegangenen Läuferzug. Die Stellung dieser beiden Figuren lässt nun eine siegreiche Kombination des Schwarzen zu.

51. Frage:

Was würden Sie hier für Weiß vorschlagen? (Lösung S. 151)

8. ... b5! 9. cb5:

Besseres ist nicht vorhanden. Auf 9. cd5: gewinnt Schwarz mit 9. ... c4 10. ♗c4: bc4: 11. ♕c4: ♗a6 12. ♕b3 ♘d5:.

9. ... c4 10. ♗c4: dc4: 11. ♕c4: ♘b6 12. ♕d3 ♘fd5 13. ♖ac1 ♗d7 und gewinnt.

Nr. 225

Wir haben bereits mit schwachen Bauern zu tun gehabt. Ein rückständiger Bauer (das ist ein Bauer, der nicht so weit vorgerückt ist wie seine Nachbarn) auf einer offenen Linie des Gegners ist immer schwach. Dieses Beispiel zeigt einen solchen Bauern – den schwarzen c-Bauern. Könnte er nach c5 oder noch besser nach c4 vorrücken, so hätte Schwarz mit seinem Läuferpaar das bessere Spiel. Aber der Bauer kann nicht vorgeschoben werden, und so ist seine Schwäche dauernd eine Quelle erheblicher Verlegenheiten des Schwarzen.

Spanische Partie

1. e4 e5 2. ♘f3 ♘c6 3. ♗b5 a6 4. ♗a4 ♘f6 5. 0-0 ♘e4: 6. d4 b5 7. ♗b3 d5 8. de5: ♗e6 9. c3 ♗e7 10. ♘bd2 0-0 11. ♕e2 ♘c5 12. ♘d4 ♘d4:?

Schwarz sollte 12. ... ♘b3: spielen, auf 13. ♘2b3: dann 13. ... ♕d7.

13. cd4: ♘b3: 14. ♘b3:

Der rückständige c-Bauer von Schwarz ist sehr schwach.

Nr. 226

Die Schwäche des rückständigen Bauern ist leicht zu verstehen. Wir dürfen aber nicht vergessen, dass auch ein zu weit vorgeschobener Bauer schwach sein kann. Das folgende Beispiel ist hierfür ungemein bezeichnend. Die Kräfte sind ausgeglichen und die Stellungen scheinbar ebenfalls, aber der schwarze a-Bauer ist nach a5 vorgerückt und bildet dort eine Marke für den gegnerischen Angriff. Alle schwarzen Figuren sind für seine Deckung in Anspruch genommen und dies führt in der Tat zum Verlust der Partie.

Nimzoindisch

1. d4 ♘f6 2. c4 e6 3. ♘c3 ♗b4 4. ♗g5 h6 5. ♗f6: ♕f6:

Schwarz sollte hier ♗c3:+ spielen, um den weißen c-Bauern zu verdoppeln, aber er will sich den Vorteil des Läuferpaares bewahren.

6. ♖c1 b6

Da Schwarz die Bauern ohnehin auf d6 und e5 postieren wird, sollte er wohl lieber auf dieses Fianchetto verzichten. Später werden seine weißen Felder am Damenflügel dadurch schwach.

7. ♘f3 ♗b7 8. e3 0-0 9. ♗e2 d6 10. 0-0 ♗c3:

Nun muss Schwarz doch diesen Läufer tauschen, denn Weiß droht ihn mit 11. ♘b5 nebst a3 zu gewinnen.

11. ♖c3: ♘d7 12. ♘d2 e5 13. ♗f3 ♗f3: 14. ♘f3: e4 15. ♘d2 ♕e7 16. ♕a4 f5 17. ♕c6 ♘f6 18. b4 a5

Mehr oder weniger erzwungen, aber ein schwacher Bauer ist nun unvermeidlich.

19. ♖a3 ♕d7 20. ♕d7: ♘d7: 21. ba5: ♖a5: 22. ♖a5: ba5: 23. ♖b1 ♖b8 24. ♖b8:+ ♘b8:

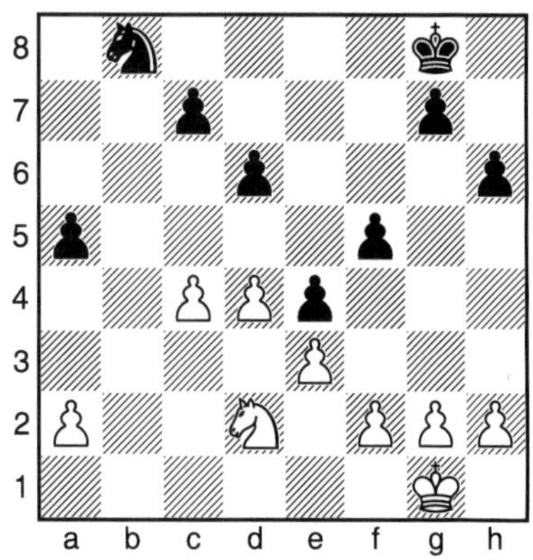

Eine interessante Stellung, die Dr. Aljechin als Weißer im Turnier zu

Birmingham 1926 wunderschön zu gewinnen verstand. Es folgte 25. ♔f1 ♘d7 (besser war es nach Aljechin, ebenfalls den König zum Damenflügel zu bringen, obwohl Weiß dann am anderen Flügel mit f3 bzw. g4 neue Chancen bekäme) 26. ♔e2 ♘b6 27. ♔d1 a4 28. d5 ♘d7 29. ♔c2 ♘e5 30. ♔c3 ♘g4 31. ♔b4 ♘f2: 32. ♔a4: und der freie weiße a-Bauer entschied letztlich die Partie.

Nr. 227

Unter einem „Loch" versteht man solche Punkte einer Stellung, in denen sich feindliche Figuren festsetzen und nicht mehr vertrieben werden können. Durch solche Löcher wird stets die eigene Stellung empfindlich geschwächt.

Spanische Partie

1. e4 e5 2. ♘f3 ♘c6 3. ♗b5 ♘f6 4. 0-0 d6 5. d4 ♗d7 6. ♘c3 ed4: 7. ♘d4: ♗e7 8. ♗g5 0-0 9. ♗c6: bc6: 10. ♖e1 ♖e8

Auf 10. ... ♘g4 gewinnt 11. ♘c6: einen Bauern.

11. ♕d3 h6

Schwarz kann statt dessen 11. ... ♘g4 spielen und damit dem Gegner folgende Falle stellen: 12. ♗e7: ♕e7: 13. f4? ♕h4 14.h3 (14. ♕g3 ist besser, aber Schwarz hat nach Damentausch eine starke Stellung fürs Endspiel) 14. ... ♕f2+ 15. ♔h1 ♕e1:+ 16. ♖e1: ♘f2+ und gewinnt.

12. ♗h4 ♘h7 13. ♗e7: ♕e7:?

Ein schwerer Fehler, der zum Verlust führt. 13. ... ♖e7: mit der Absicht ♕b8 und ♕b6 ist richtig.

14. ♕a6 c5

Nun ist die Schwäche des vorigen Zuges von Schwarz handgreiflich. Hätte er 13. ... ♖e7: gespielt, so könnte er nun mit 14. ... ♕e8 und auf 15. ♕b7 mit ♕b8 fortsetzen. Der Bauernzug schwächt den Damenflügel und gibt dem weißen Springer das Feld d5 frei.

15. ♘d5 ♕d8 16. ♘c6 ♗c6: 17. ♕c6:

Schwarz wird bald bei schlechterer Stellung einen Bauern verlieren.

Nr. 228

Eine ungedeckte Figur ist genauso eine Schwäche wie ein rückständiger Bauer oder ein schwacher Punkt und gibt häufig dem Gegner Gelegenheit zu einer Kombination.

Slawisch

1. d4 d5 2. c4 c6 3. ♘f3 ♘f6 4. e3 g6 5. ♘c3 ♗g7 6. ♗d3 0-0 7. 0-0 ♘bd7 8. b3?

Dieser Zug lässt den Springer ohne Deckung und gibt so dem Schwarzen Gelegenheit zu einem Manöver, auf das die von ihm gewählte Variante abzielt.

Die richtige Fortsetzung ist 8. cd5: cd5: (oder auch 8. ... ♘d5: 9. e4) 9. ♕b3 oder 9. ♕e2, wonach die schwarze Stellung keineswegs erfreulich ist.

8. ... e5

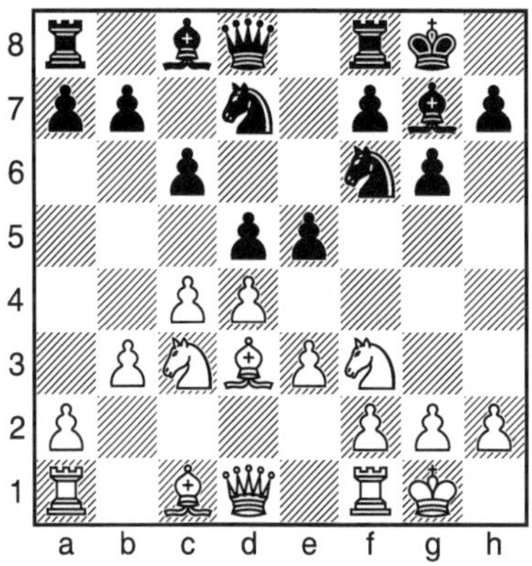

9. ♘e5: ♘e5: 10. de5: ♘g4 11. f4 ♕h4 12. h3 ♘e5: 13. fe5: ♗e5: 14. ♕c2 ♕g3 15. ♗b2 ♗h3:

Schwarz hat einen siegbringenden Angriff.

Nr. 229

Starke Punkte sind ebenso bedeutungsvoll wie schwache Felder. Wir dürfen nicht schwache Punkte in der eigenen Stellung schaffen und wir dürfen nicht zulassen, dass der Gegner für seine Figuren starke Felder gewinnt. Eine auf einem starken Feld stehende Figur ist dann besonders wirksam, wenn sie durch einen Bauernangriff nicht vertrieben werden kann. Deshalb müssen wir nach Besetzung eines starken Punktes auf Angriffe durch feindliche Bauern scharf achten.

Königsindisch

1. d4 ♘f6 2. c4 g6 3. ♘c3 ♗g7 4. e4 d6 5. ♗e2 0-0 6. ♗e3 ♘bd7 7. h3 e5 8. d5 ♘c5

Wegen der Bedrohung des Bauern e4 hat Weiß nun keine Zeit zu b4. Schwarz kann mit 9. ... a5 fortsetzen und auf absehbare Zeit verhindern, dass sein Springer aus der günstigen Stellung verjagt wird.

Nr. 230

Um gewisse Vorteile, wie z. B. starke Punkte, ein starkes Zentrum oder die „Zentralisation" der eigenen Figuren zu erlangen, ist es häufig ratsam, vielleicht nur vorübergehend einen Bauern zu opfern.

Französische Partie

1. e4 e6 2. d4 d5 3. ♘c3 ♗b4 4. ♘ge2 de4: 5. a3 ♗c3:+ 6. ♘c3:

Weiß wird mit 7. ♘e4: fortsetzen, denn Schwarz kann nicht gut den Bauern mit 6. ... f5 verteidigen, weil Weiß dann 7. f3 mit starkem Angriff antwortet.

52. Frage:

Ist das zeitweilige Bauernopfer des Weißen korrekt oder kann es widerlegt werden?

(Lösung S. 151)

Nr. 231

Um einen erheblichen Vorteil an Stellung zu erlangen, kann man oft totes Material opfern. In der Eröffnung sind die Opfer gewöhnlich von kombinatorischem Charakter; es gibt aber auch Positionsopfer wie z. B. das folgende, in welchem Schwarz einen Flügelbauern opfert, um ein mächtiges Zentrum zu erlangen.

Blumenfeld-Gambit

1. d4 ♘f6 2. ♘f3 e6 3. c4 c5 4. d5 b5 5. de6:

Am besten lehnt Weiß nach moderner Theorie das Opfer vorteilhaft durch 5. ♗g5 ab (vgl. Nr. 203).

5. ... fe6: 6. cb5: d5

Die starke Bauernmitte ermöglicht es dem Schwarzen, seine Figuren rasch auf wirksame Felder zu entwickeln. So ungünstig für Weiß, wie lange Zeit angenommen, ist diese Variante aber auch wieder nicht. Nach heutiger Ansicht erlangt Schwarz bei 7. ♗g5 ♗e7 8. e3 ♘bd7 9. ♘c3 ♗b7 10. ♗e2 0-0 11. 0-0 nicht mehr als ausreichende Kompensation für den Bauern, und auch 7. e3 mit späterem e4 ist eine interessante Möglichkeit, z. B. 7. ... ♗d6 8. ♘c3 ♗b7 (oder 0-0) 9. e4!?.

Nr. 232

Es ist stets ratsam, einen Bauern zu opfern, wenn man dadurch die Entwicklung des Gegners wirksam behindern kann. Das Fehlen des Bauern wird erst verspürt werden, wenn das Endspiel erreicht ist, vorher kommt indessen das Mittelspiel und da sind die Figuren ausschlaggebend. Derjenige Spieler, welcher sie besser entwickelt hat, hat auch die besseren Aussichten. Im folgenden Beispiel hat Schwarz eine Stellung ohne Schwächen, aber seine Entwicklung ist rückständig und dies genügt zum Verlust der Partie.

Vierspringerspiel

1. e4 e5 2. ♘f3 ♘c6 3. ♘c3 ♘f6 4. ♗b5 ♘d4 5. ♘d4: ed4: 6. e5 dc3: 7. ef6: cd2:+?

Dieser naheliegende Zug, der einen Bauern gewinnt, führt zu einer verlorenen Stellung des Schwarzen. Richtig war sofort ♕f6:.

8. ♗d2: ♕f6: 9. 0-0 ♗e7 10. ♗c3

Die Zugumstellung 10. ♖e1 0-0 11. ♗c3 ließe Schwarz in 11. ... ♕d6 noch eine Verteidigungschance.

10. ... ♕b6

Auf 10. ... ♕g5 käme ebenfalls 11. ♖e1, und wenn dann 11. ... 0-0, so 12. ♖e5 f5 13. f4 ♕f6 14. ♗c4+ ♔h8 15. ♕h5 d6 16. ♖e3 ♕h4 17. ♖g3! und Weiß hat Mattangriff.

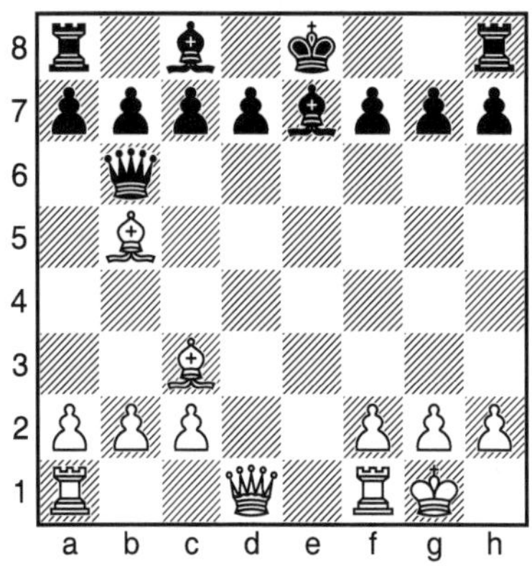

Der Entwicklungsvorsprung des Weißen springt ins Auge. Trotzdem ist genaues Spiel vonnöten. So verflüchtigt sich der Vorteil nach dem scheinbar selbstverständlichen Zug 11. ♕e2, nämlich 11. ... 0-0 12. ♕e7: ♕b5: 13. ♖fe1 d6 14. ♖e3 ♗f5!, wie Keres feststellte.

11. ♖e1! 0-0

53. Frage:
Was geschieht auf 11. ... ♕b5:?
(Lösung S. 152)

12. ♖e7: ♕b5: 13. ♕g4 g6 14. ♕d4 f6 15. ♖e8!

Der Turm darf wegen ♕f6: nicht genommen werden. Der Angriff dringt rasch durch (z. B. 15. ... ♕f5 16. ♖ae1 d6 17. ♕c4+ d5 18. ♕c5).

Nr. 233

Es ist nicht immer leicht, einen Entwicklungsvorteil richtig einzuschätzen. So scheint es von großer Bedeutung zu sein, den Gegner an der Rochade zu hindern, und so ist es auch – diese Tatsache ist aber nicht immer ausschlaggebend. Die sich ergebende Stellung muss in jedem einzelnen Fall gründlich geprüft werden. In diesem Beispiel verdirbt Weiß dem Gegner die Rochade, aber Schwarz erlangt das überlegene Spiel.

Vierspringerspiel

1. e4 e5 2. Sf3 Sc6 3. Sc3 Sf6 4. Lc4

Ein ungebräuchlicher Zug; die Eröffnung geht nun in die Preußische Partie mit der Fortsetzung 4. Sc3 über.

4. ... Se4:! 5. Lf7:+?

Nach 5. Se4: d5 6. Ld3 de4: 7. Le4: Ld6 8. d4 ed4: (weniger anspruchsvoll, aber auch zum Ausgleich genügend ist Sd4:) 9. Lc6:+ bc6: 10. Dd4: 0-0 11. 0-0 Te8 oder 11. ... c5 hat Schwarz keine Probleme. Das Schlagen auf f7 ist indessen zweifellos verfehlt.

5. ... Kf7: 6. Se4: d5 7. Seg5+ Kg8 8. d3 h6 9. Sh3 Lg4

Es ist leicht zu sehen, dass Schwarz durch den Verlust der Rochade keinen Schaden erlitten hat. Sein Läuferpaar, seine freie Stellung und seine starken Mittelbauern sichern ihm das weit bessere Spiel.

Nr. 234

Im letzten Beispiel schließlich nützt Schwarz eine kaum ins Auge fallende Tatsache zur Öffnung der c-Linie aus. Der ungeschickte Zug 7. S1d2 verstellt den Lc1 und beraubt so den Bf4 einer wichtigen Deckung, so dass Weiß gezwungen ist, mit dem c-Bauern auf d4 zurückzuschlagen, wenn er den Bauern behalten will. Diese Falle spielt auch in der Holländischen Verteidigung eine Rolle.

Stonewall im Anzug

1. d4 d5 2. e3 c5 3. c3 e6 4. Ld3 Sc6 5. f4 Sf6 6. Sf3 Dc7 7. Sbd2?

Weiß sollte rochieren und dann die Dame oder den Läufer über e1 nach h4 führen.

7. ... cd4:! 8. cd4:

Besser war es, mit 8. ed4: auf den f-Bauern zu verzichten.

8. ... Sb4 9. Lb1 Ld7 10. a3 Tc8!

Ein feiner Zwischenzug.

11. 0-0 Lb5. Wiederum eine indirekte Deckung des Sb4. Nach 12. ab4: Lf1: wäre der Lc1 wieder angegriffen.

12. Te1 Sc2 13. Lc2: Dc2: 14. Dc2: Tc2:. Schwarz hat die c-Linie besetzt und ist in die vorletzte Reihe eingedrungen. Er hat damit ein positionell gewonnenes Spiel.

Antworten auf die Fragen

Nr. 1: Mit 9. ... ♘d4: 10. ♗e7: ♕c8 kann Schwarz sofortigen Verlust vermeiden, allerdings steht Weiß nach 11. ♗f6! ♘e6 12. ♗g7: ♘g7: 13. ♕d4 weit überlegen.

Nr. 2: In der Breslauer Variante kann Weiß entweder das angebotene Opfer mit 13. ♗f4 ablehnen (z. B. 13. ... ♘c4 14. ♗d6: ♘ed6: 15. ♖e6: fe6: 16. ♘e6: ♕f6 17. ♘f8: ♖f8: 18. ♕d5:+ ♔h8 19. ♘d2 usw.) oder es annehmen mit der Folge 13. fe4: ♗g4 14. ♕d2 (möglich ist auch 14. ♕c2 c5 15. ♗d5: cd4: 16. ♗a8: ♕h4 17. ♖f1 d3 18. ♕f2) 14. ... ♕h4 15. h3 (15. g3 ist schwächer) mit ungefährem Ausgleich. Wenn 15. ... ♘d3, dann 16. ♖e3; wenn 15. ... c5, so 16. ♕f2; oder endlich 15. ... ♗d7 16. ♗d5:.

Nr. 3: Schwarz kann sich mit 9. ... ♗b7! verteidigen, hat es aber nach 10. c4! immer noch schwer. Ganz überlegen steht Weiß nach 9. ... d6 10. ♘c6 ♕d7 11. ♗b3 oder 11. ♗g5.

Nr. 4: Nach heutiger Ansicht kommt Weiß am zwingendsten durch 16. ♗d2 in Vorteil, z. B. 16. ... ♘g4? 17. ♖e8! oder 16. ... ♗g4? 17. ♕f2: ♗h2+ 18. ♔f1 ♗g3 19. ♗g5! oder 16. ... ♗b7 17. ♕b7: ♘d3 18. ♖e2 ♕g3 19. ♔f1 ♕h2 20. g4. Ebenfalls spielbar ist 16. ♖e2, das aber Schwarz die Möglichkeit gibt, mit 16. ... ♘g4! wahrscheinlich in etwa auszugleichen; z. B. 17. ♖e8 ♘f6!. Zu riskant wäre 17. ♕a8: ♕g3 18. hg4: ♕h2+ 19. ♔f2 ♗g4:.

Nr. 5: Statt des Bauernraubs 13. ♘e5:? sollte Weiß entweder 13. ♗b3 oder 13. ♘g5 ziehen, nicht aber 13. ♘e4?, weil der Gegner mit 13. ... ♘e4: 14. de4: ♗c4 die Qualität gewinnt.

Nr. 6: Weiß zieht 9. ♘b4: ♘b5: 10. ♘d5 ♘d4 11. ♕d2! ♕d7? 12. ♗f6: ♗f3: und nun findet die Symmetrie ihr Ende: 13. ♘e7+ ♔h8 14. ♗g7:+ ♔g7: 15. ♕g5+ ♔h8 16. ♕f6 matt. Besser zieht Schwarz 11. ... c6 oder

11. ... ♗f3:, obwohl Weiß die Oberhand behalten sollte, z. B. 11. ... ♗f3: 12. ♗f6: gf6: 13. ♕h6 ♘e2+ 14. ♔h1 ♗g2:+ 15. ♔g2: ♘f4+ 16. ♔h1 ♘g6 17. f4 oder 11. ... c6 12. ♘f6:+ gf6: 13. ♗h4 ♗f3: 14. ♕h6 mit ähnlichen Folgen. Schwarz kann auch mit 9. ... ♕c8 sofort von der Symmetrie abgehen, ohne damit das Spiel zu retten: 10. c3 ♗f3: 11. gf3: ♘b5: 12. ♗f6: gf6: 13. a4 usw.

Nr. 7: Der ungedeckte Läufer b5 kann zurückgehen, z. B. 12. ♗f1 nebst g2-g3 und ♗g2, oder auch 12. d5 ♘c7 13. ♗d3 nebst c3-c4. Allerdings ist auch der Tausch auf e5 keineswegs schlecht, nur sollte Weiß dann z. B. mit ♗b5-c4-d5 nebst evtl. c4 fortsetzen.

Nr. 8: Auf 7. ♘f7: folgt 7. ... d5! 8. ♘h8: dc4: und der ♘h8 findet nicht mehr zurück; auf 7. ♗f7:+ ♔d8 verliert Weiß eine Figur (8. f4 d6).

Nr. 9: 9. ... ♗f6 führt zu folgender Hauptvariante: 10. ♖e1 ♘e7 11. ♖e4: d6 12. ♗g5 ♗g5: 13. ♘g5: 0-0 (nicht ♗f5 wegen 14. ♕f3) 14. ♘h7: ♔h7: (hier ist jedoch ♗f5 möglich) 15. ♕h5+ ♔g8 16. ♖h4 f5. Nach umfangreichen Analysen gilt es als sicher, dass bei beidseits richtigem Spiel Remis das Ergebnis sein wird. Natürlich gibt es eine Reihe beidseitiger Abweichungen, wozu man nur auf die spezielle Fachliteratur hinweisen kann.

Nr. 10: Auf 10. ... d5 hat Weiß zwei Möglichkeiten: 11. ♗d5: 0-0 12. ♗f7:+ ♔h8 13. ♕c3: ♖f7: 14. ♕b3 oder 11. ♕c3: dc4: 12. d5 ♘e7 13. ♗a3 oder 13. ♗h6!? jeweils mit besseren Aussichten, jedoch kann Schwarz durchaus noch gut mitspielen.

Nr. 11: Auf 16. ♖d6: folgt am stärksten 16. ... ♘f3:+ 17. ♕f3: ♕f3: 18. ♖d8:+ ♖d8: 19. gf3: dc2: 20. ♗c1 ♖d1+. Die weißen Figuren können nicht ziehen und Schwarz gewinnt durch sein Bauernübergewicht am Damenflügel.

Nr. 12: Geschieht statt des richtigen Zuges 5. ♗e3 zuerst 5. c3, so antwortet Schwarz günstig 5. ... ♕e7.

Nr. 13: Die Dame muss nach e7 zurückgehen. 9. ♘c4 kann dann mit 9. ... d6 und 9. b4 mit 9. ... a6 beantwortet werden.

Nr. 14: Richtig ist 9. ♗c4 ♕f5 und dann erst 10. 0-0, z. B. 10. ... ♖d8 11. d4 ed3: 12. ♗d3: ♕c5+ 13. ♔h1 ♔c8 14. ♕c2 und nach Meinung der Theorie kann Weiß vielleicht sogar das etwas bessere Spiel erlangen.

Nr. 15: In einer Partie Rellstab – Tylor, Hastings 1929/30, wurde folgendermaßen fortgesetzt: 10. ... f6 11. ♕e2 ♕f7 12. ♗c4 b5 13. ♗b3 b4 14. ♘e4 ♗a6 15. ♕e3 ♘d7 16. ♗e6: ♕e6: 17. ♘f6:+ ♔f7 18. ♖d7:+ ♗e7 19. ♘e5+ und Schwarz gab auf.

Nr. 16: Zunächst muss Schwarz 11. ... ♘d7 ziehen, um mit c5 zur Rochade zu gelangen. Wenn darauf 12. ♗d6 geschieht, folgt ♘f8 mit der weiteren Absicht ♗e6, ♔d7, ♖ae8 usw. Wenn es dem Schwarzen gelingt zu rochieren, sollte er nicht davor zurückschrecken, die Qualität wieder preiszugeben.

Nr. 17: Mit 15. ... ♕e8 kann sich Schwarz noch einige Zeit über Wasser halten. Auf 16. 0-0-0 (nicht 16. h5 ♗d8 und Schwarz erzwingt Damentausch) folgt 16. ... ♕g6 17. ♕f4 ♖f8.

Nr. 18: Weiß hält seinen Vorteil mit 6. ♘fd2! fest.

Nr. 19: Auf 15. ... de4: kann folgen 16. ♘e4: ♘8d7 17. ♕c3 ♕e7 18. ♘f6+ ♔f8 (oder ♘f6: 19. ef6: ♕f8 20. ♕c7 ♘d7 21. ♘d5! und gewinnt) 19. ♘h7:+ ♔g7 20. ♘h5+! gh5: 21. ♕g3+ ♔h6 22. ♖h5:+ nebst Matt.

Nr. 20: 8. ♗h6! mit Qualitätsgewinn (8. ... ♘d7 9. ♗b5). Der Lernende beachte genau die Begleitumstände, unter denen die feine Falle des Weißen erfolgreich ist.

Nr. 21: Eine in Warschau gespielte Partie nahm nach 12. ... ♘f8 folgenden schönen Verlauf: 13. ♖e6:! ♘e6: 14. ♗c4 ♕d6 15. ♗h6 ♗f8 16. ♖e1 ♗c8 17. ♕e8 ♗d7 18. ♖e6: ♖e8: 19. ♖e8:+ ♗e6 20. ♗e6:+ ♕e6: 21. ♖f8: matt.

Nr. 22: Auf 7. ... ♕b2: spielt Weiß 8. ♗c4, um unter Opfer beider Türme über den schutzlosen schwarzen König herzufallen, z. B. 8. ... ♕a1:+ 9. ♔e2 ♕h1: 10. ♕f7:+ ♔d7 11. ♘c5+ ♔c7 12. ♘e6+ und gewinnt. Schwarz muss auf die unfreundliche Absicht freilich nicht eingehen und kann 8. ... ♘f6 ziehen (nach 8. ... ♕b4+ 9. ♘d2 e6 10. ♖b1 ♕e7 11. 0-0 ♘f6 12. ♗g5 hat Weiß starken Angriff), worauf freilich die weiße Initiative nach 9. 0-0 ♘bd7 (auf 9. ... ♕c2:? wäre 10. ♕f5 stark) 10. ♖ab1 auch mindestens das geopferte Material aufwiegt.

Nr. 23: Der Berliner Meister Koch hat auf 6. ... ♘e4 folgende Opferwendung zum Vorteil von Weiß ausgeführt: 7. ♕g4 ♘c3: 8. ♕g7: ♖f8 9. a3!. Als Beispiel: 9. ... ♕a5 10. ♘b3 ♕d5 11. ♗d3 ♘a2+ 12. ab4: ♘c1: 13. ♖c1: ♘c6 14. f4 ♘d4? 15. c4 und gewinnt. Notwendig ist 6. ... ♘d5.

Nr. 24: Darauf folgt 17. ♗f8: ♔f8: 18. ♗f3 mit der Drohung 19. ♖e1. Weiß hat starken Angriff.

Nr. 25: Auf 13. ... g6 muss Weiß 14. ♘c3! ziehen. Schwarz darf dann den ♗g5 nicht schlagen, weil Weiß 15. ♘d5: antwortet und hiermit 16. ♘c7 matt, aber auch 16. ♕b5+ droht.

Nr. 26: Weiß antwortet mit 7. ♕f3 f6 8. ♘b5: fe5: 9. ♕d5: ♕d5: 10. ♘c7+ nebst ♘d5:.

Nr. 27: Auf 4. ... ♘c6? gewinnt Weiß mit 5. d5 ♘e5: 6. c5 ♘bc4 7. f4 einen Springer.

Nr. 28: Schwarz wird auf 7. ♘a3 mit 7. ... b5! fortsetzen, z. B. 8. cb5: ♕d5: 9. bc6: ♕e4+! oder 8. ♕b5: ♖b8 9. ♕a4 e6 10. dc6:? ♘d3+. Noch stärker dürfte b7-b5 allerdings schon einen Zug früher in der gezeigten Variante sein, z. B. 6. ... b5 7. ♕b5: ♘c2+ 8. ♔d2 ♗d7! 9. dc6: ♗f5. Weiß hätte daher 6. a3! fortsetzen müssen, womit er in Vorteil gekommen wäre.

Nr. 29: Auf 9. d5 folgt 9. ... e5, z. B. 10. e4 ♗c5 11. d6 ♕d6: 12. ♕b7: (oder 12. ♕a5 ♗b4+) 12. ... ♗b4+ und Matt im nächsten Zug. Verhältnismäßig am besten ist 10. ♗c4: bc4: 11. ♕a4+.

Nr. 30: Weiß spielt am besten 11. ♗f4!, denn nach dem von Tarrasch empfohlenen 11. ... ♘e4 12. b4! ♘b4: 13. ♘d4: oder 12. ... ♗f6 13. b5 stünde er günstig. Schwarz muss 11. ... ♗e4 12. ♖c1 ♕d5 spielen, und nach 13. ♕b3 ♕h5 ergibt sich eine komplizierte Stellung mit beidseitigen Chancen. Wenn 11. ♘h4, so 11. ... ♗g4; wenn 11. ♘e1, so 11. ... ♕d7 nebst ♖ad8 und ♖fe8.

Nr. 31: Schwarz sollte 12. ... ♕c8 ziehen und die weiße Dame zum Rückzug bewegen. Nach 13. ♕a4 ist Schwarz positionell etwas im Nachteil, aber dies ist zweifellos immer noch besser, als einen Bauern einzubüßen.

Nr. 32: Nachteilig für Schwarz ist auch 17. ... ♕f6: wegen 18. ♕h5 ♕d6? 19. ♕f7:+ ♔h8 20. ♖d3 und Weiß gewinnt. Erzwungen ist die Aufreißung 17. ... gf6:. Weiß behält aber auch danach mit 18. ♕h5 deutliches Übergewicht, z. B. 18. ... f5 19. ♗f7:+ ♔h8 20. ♗b3.

Nr. 33: Schwarz wird mit 16. ... ♕c5 fortsetzen, z. B. 17. ♗e6: (besser ist 17. ♔f2) 17. ... ♕e3:+ 18. ♔d1 ♕d3+ 19. ♔e1 ♕e4+! 20. ♔f1 (auf 20. ♔d1 folgt ♖d8+) 20. ... fe6:+ 21. ♗f2 ♖f2:+ 22. ♔f2: ♖f8+ nebst baldigem Matt.

Nr. 34: In einer Turnierpartie Capablancas aus Moskau 1935 folgte: 18. ♖c5: ♗c5: 19. ♗g5 h6 20. ♘g4 ♗e7 21. ♗f6: gf6: (oder 21. ... ♗f6: 22. ♘h6:+ usw.) 22. ♘h6:+ ♔g7 23. ♕g4+! ♔h8 24. ♕h5 ♔g7 25. ♘f7: ♖h8 26. ♕g6+ und Schwarz gab auf.

Nr. 35: 8. ♕a4+ führt zu einem sehr verwickelten und fallenreichen Spiel: 8. ... ♘c6 9. 0-0-0 ♗d7 10. ♘e4 ♗e7 11. ef6: gf6: 12. ♗h4 und wenn jetzt 12. ... ♘b4, dann 13. ♕b4:! ♗b4: 14. ♘f6:+ ♔f8 15. ♖d4:; die leichten Figuren des Weißen sind stärker als die gegnerische Dame. Besser spielt Schwarz 12. ... ♖c8; die Stellung nach 13. ♔b1 ♘a5 14. ♕c2 e5 15.

♘d4: ed4: 16. ♖d4: ♕b6 wurde auch in der neuesten Turnierpraxis noch hin und wieder getestet. Vermutlich halten sich die beidseitigen Chancen etwa die Waage.

Nr. 36: Weiß zieht 9. ♕d1!, z. B. 9. ... e6 10. ♘e5 ♕d5 11. ♗d2 ♘e4 12. ♕f3 f6 13. ♘c4:!. Nach dem Fall des Bauern c4 wird auch der schwarze Bauer b3 schwach.

Nr. 37: In einer Partie Petrow – Capablanca des Semmering-Turniers 1937 folgte 11. e4! ♘e4: 12. ♘e4: ♗e4: 13. ♘d6+ ♗d6: 14. ed6: ♕d6: 15. ♗a6: und das Spiel endete nach 15. ... ba6: (aussichtsreicher ist ♗g2:!) bald mit Remis.

Nr. 38: Auf 13. ... ♖fd8 kann Weiß mit 14. b4! den Mehrbauern behaupten, weil 14. ... ♗b4:? an 15. ♘c6: scheitert und 14. ... ♘b4:? wegen 15. ♗d2 ♕c5: 16. ♘b3 schlecht ist.

Nr. 39: Schlägt Schwarz den Turm, so folgt 15. ... fe6: 16. ♕d3+ ♔f6 oder ♔h5 17. ♕f3+ usw. In der Turnierpartie Colle – O'Hanlon aus Nizza 1930 zog Schwarz 15. ... ♘f6 und es kam weiter: 16. h5+! ♔h6 17. ♖d6: ♕a5 18. ♘f7:++ ♔h7 19. ♘g5+ ♔g8 20. ♕b3+ Schwarz gab auf.

Nr. 40: Schwarz beantwortet 12. fe4: günstig mit 12. ... ♘g4, z. B. mit der Folge 13. e5 ♕h6 14. h3 ♘e3 oder 13. ♕d2 de4: 14. ♗e4: ♘h2:! 15. ♔h2: ♕h4+. Der richtige Zug für Weiß wäre aber 12. c5! gewesen. Nach 12. ... ♗c7 13. de5: ♗e5: 14. ♗e5: ♕e5: ist nämlich 15. fe4: möglich, weil 15. ... ♕a1: 16. ♘c3 Schwarz die Dame kostet.

Nr. 41: Eine Partie Dr. Tartakower – Mieses des Turniers von Baden-Baden 1925 nahm nach 10. ... c6 folgenden Ablauf: 11. ♗e5 ♗g7 12. ♕g3 ♘a6 13. 0-0 ♗d7 14. ♗d6 ♕d8 15. ♕f4 und Schwarz gab auf.

Nr. 42: Der Grundgedanke der Grünfeld-Verteidigung ist gleichfalls Angriff auf das weiße Zentrum. Auf 4. cd5: ♘d5: 5. e4 führt Schwarz seinen Plan wie folgt durch: 5. ... ♘c3: 6. bc3: ♗g7 und nun als eine der wichtigsten Hauptvarianten z. B. 7. ♗c4 c5 8. ♘e2 0-0 9. 0-0 ♘c6 10. ♗e3 cd4: 11. cd4: ♗g4.

Nr. 43: Die richtige Fortsetzung wird in der Partie zwischen Marshall und Maroczy aus dem New Yorker Turnier 1924 gezeigt: 9. ... de5: 10. ♗e5: ♘e5: 11. de5: e6 12. ♕e3 ♕d4! und Schwarz steht vorzüglich.

Nr. 44: Auf 12. e4 kann stilgetreu 12. ... fe4:! geschehen (13. gh4: ♘h3+ 14. ♔g2 ed3:+ 15. ♔h3: dc2:).

Nr. 45: Nach dem sofortigen Schlagen 12. ♘e6:+ droht Weiß eine Falle: 12. ... ♕e6: 13. ♕e6: ♗g2: 14. ♖g1? ♖e8 und Weiß muss die Dame zurückgeben, weil er sonst mattgesetzt wird. Er könnte besser 14. bc3: spielen, doch nach 14. ... ♗h1: ist der Läufer mit 15. f3? nicht zu fangen wegen 15. ... ♗f3: 16. ef3: ♖e8. Wie die Theorie angibt, behält Weiß mit 15. ♕g4 ♗b7 16. ♕g7: dank seiner Bauernmasse trotzdem die besseren Aussichten, jedoch liegt ein Gewinn hier wohl noch in weiter Ferne.

Nr. 46: 9. ♕a4+! ♕a4: 10. ♖a4: ♘d3+ 11. ♔d1 ♘f2:+ 12. ♔e1 war notwendig. Schwarz hat dann die Wahl, auf h1 zu nehmen oder mit 12. ... ♘d3+ 13. ♔d1 ♘b2:+ Materialvorteil zu erzielen.

Nr. 47: Auf 11. ... ♕d8 kam es in der Turnierpartie zwischen Grünfeld und Bogoljubow, Wien 1922, zu folgendem Schlussspiel: 12. de6:! de6: 13. ♗e4 ♕d1:+ 14. ♖d1: ♖b8 15. ♗c6+ ♔e7 16. ♘a7: g5 17. ♗b5 ♗g7 18. ♘c6+ nebst Matt.

Nr. 48: Die Folge von 6. ♘c3 wäre: 6. ... ♕e7 7. ♕d5 und nun 7. ... f6 oder 7. ... ♗c3:+ 8. bc3: f6 bzw. 8. ... ♕a3 9. ♖c1 f6. Schwarz hat für den geopferten Bauern beträchtliche Angriffschancen, die Theorie gibt jedoch bei bestem Spiel trotzdem in allen Fällen Weiß den Vorzug.

Nr. 49: Nach 7. ... ♘h4? folgt 8. ♘g5, und das schwarze Pferd hat sich verirrt. Weiß droht 9. ♕h5 oder 9. ♕g4. Am besten zieht Schwarz 7. ... ♘e7, er steht allerdings nicht mehr gut.

Nr. 50: Schwarz hat vermutlich mehrere Möglichkeiten, die ihm guten Ausgleich sichern. Am bekanntesten ist 7. ... ♗c3:+ 8. bc3: und auf das früher übliche 8. ... ♘e5 kann 9. f4!? ♘g6 10. ♗f6: ♕f6: 11. g3 folgen, aber 8. ... d6 bzw. 8. ... 0-0, um danach in der Regel das Manöver ♘e5-g6 unter günstigen Umständen auszuführen, sind gute Züge. Ein gewaltsames schwarzes Mittel wäre hingegen falsch, und zwar scheitert 7. ... ♘e4? 8. ♗d8: ♘c3: an 9. ♘c6:! (Damenzüge sind verfehlt, z. B. 9. ♕b3 ♘d4: oder 9. ♕d3 ♘e4+) 9. ... ♘d1:+ 10. ♘b4:. Weiß behält eine Figur mehr.

Nr. 51: Die Deckung des Punktes c3 bereitet dem Weißen Schwierigkeiten, z. B. 8. ♕c2 dc4: 9. ♗c4: ♘b6 10. ♗d3 (nicht 10. ♗b3 wegen c4) 10. ... ♘fd5 usw. Am besten opfert Weiß einen Bauern und zieht 8. 0-0.

Nr. 52: Zu widerlegen ist das Opfer nicht. Der Zug 6. ... ♘c6 des russischen Meisters Kan behauptet zwar den Bauern (es sei denn, Weiß ist mit sofortigem Ausgleich nach 7. d5 ed5: 8. ♕d5: ♗e6 9. ♕e4: ♘f6 zufrieden), die Empfehlung Pachmans 7. ♗b5 ♘8e7 8. ♗g5! f6 9. ♗e3 0-0 10. ♕d2 gibt Weiß jedoch eine mindestens ausreichende Kompensation. Versucht wurde in neueren Partien für Schwarz 10. ... f5, 10. ... e5 und 10. ... a6; bei richtigem Spiel dürfte sich Ausgleich ergeben.

Nr. 53: Nach Dr. Olland gibt es nach 11. ... ♕b5: 12. ♕g4! keine ausreichende Verteidigung mehr für Schwarz.